KB220961

잡보장경

원위(元魏) 길가야(吉迦夜)·담요(曇曜) 중역

제안 용하 편역

귀경게(歸敬偈)

그 행위(行爲)가 모든 세간에 이익을 주는 성자(聖者),
부사의(不思議)한 힘을 지닌
최상의 도사(導師)에게 귀의(歸依) 합니다.

그 행이 구족(具足)하면서도
출가(出家)하여 무상의 깨달음을 얻은 성자가 공경하는
최상의 법(法)에 귀의(歸依) 합니다.

계율(戒律)행의 공덕(功德)을 갖추고
네 가지 과위(果位)에 이르며
무상의 복전(福田)이 되는
성스러운 승가(僧家)에 귀의(歸依) 합니다.

이 세 가지 보배에 귀의(歸依) 함으로
복(福)이 생기고 그 위력(威力)에 의하여
모든 장애(障碍)는 끊어졌습니다.

마음을 평안하게 하는 생각과 행동 다짐

복(福)을 구하고자 하거든 항상 타인(他人)에게 베풀고 검소(儉素)한 생활(生活)과 성냄을 버리며 기쁜 마음을 갖도록 하라.

덕(德)을 얻고자 하거든 겸손(謙遜)하고 하심(下心)을 가지도록 하라.

근심을 없애고자 하거든 먼저 애욕(愛慾)에 탐착하지 말고, 재앙(災殃)을 면하고자 하거든 물욕(物慾)에서 벗어나야 할 것이니라.

허물은 거만(倨慢)과 아집(我執)에서 생기는 것이고, 죄(罪)는 인욕(忍辱)하지 못하는 데에서 생기느니라.

입으로 고운 말과 선(善)한 말을 하되 남을 헐뜯는 말을 하지 말고 눈으로는 언제나 그릇된 것을 보지 말며, 해로운 친구를 결코 가까이하지 말아야 할 것이니라.

타인(他人)의 시비(是非) 속에 뛰어들지 말고, 항상 타인(他人)을 너그럽게 용서(容恕)해야 할 것이니라.

어떤 일이 있어도 타인(他人)을 원망(怨望)하지 말고, 어른과 덕(德) 높은 이를 공경(恭敬)하고 배우고 따라야 할 것이니라.

세력(勢力)에 아부하지 말고, 나의 주관(主管)을 바르게 세워 튼튼한 인생(人生)의 목적(目的)을 갖도록 해야 할 것이니라.

타인(他人)을 탓하기 전에 항상 자신(自身)을 먼저 돌아 볼 줄 알아야 하느니라.

부지런히 하고 정직(正直)하라. 그리하면 모든 사람들은 저절로 나를 위하게 되느니라.

의상조사 일승발원문

한량없는 부처님께 머리숙여 귀의하고
원만하신 팔만장경 귀의정례 하시오며
일체모든 현성전에 삼가귀의 하옵나니
자비하신 광명으로 증명하여 주옵소서.

시작없는 옛적부터 이내몸에 이르도록
탐욕성냄 어리석음 갈마들며 업을짓고
남들에게 보고듣고 따라짓게 했나이다.

지어온바 온갖악업 오무간의 죄를지어
팔만사천 항하사수 모래처럼 많은죄업
삼보전에 머리숙여 모두참회 하옵나니
모든업장 남김없이 소멸되게 하옵소서.

원하오니 임종시에 온갖고통 전혀없이
아미타불 친견하여 극락세계 왕생하고
보현보살 광대행을 모두몸소 성취하여
미래제가 다하도록 중생제도 하여지다.

두루두루 원하오니 법계모든 중생이여
번뇌업장 영원도록 벗어나게 하옵시고
열부처님 보현경지 부지런히 닦고닦아
중생계가 다할때에 모두성불 하여지다.

다만오직 바라오니 세세생생 어디서나
삼도팔난 가운데에 떨어지지 않게하고
선재동자 큰마음을 발하면서 원하오니
문수보살 깊은지혜 닦아가게 하옵소서.

관음보살 크신자비 모두 얻기 원하옵고
보현보살 광대원을 닦아가길 원하오며
노사나불 대각열매 증득하기 원하옵고
법계모든 중생들을 제도하기 원합니다.

바라건대 세세생생 태어나는 곳곳마다
그릇중생 앎의세간 행동언어 마음으로
한량없는 여러가지 공양구를 만들어서
동서남북 상하중에 모든세계 가득채워

삼보님께 고양하고 정례불족 하사오며
육도세계 일체류에 두루베풀 겠나이다.
한생각의 티끌로서 한량없는 불사짓고
일체생각 티끌로도 또한그와 같이하리

하나의악 끊을적에 일체악이 끊어지고
하나의선 이룰적에 일체선이 이뤄지며
끝이없고 한량없는 선지식을 만나뵙고
법문받아 듣사오니 싫고족함 없나이다.

저들모든 선지식이 큰마음을 내시듯이
나와모든 중생들이 한결같이 마음내며
저들모든 선지식이 크신행을 닦으시듯
나와모든 중생들이 한결같이 닦으리다.

넓고크신 보현행을 완벽하게 갖추어서
화장세계 연화계에 생각대로 왕생하여
비로자나 부처님을 몸소만나 뵈온뒤에
너와나도 무리함께 부처님도 이뤄지다.

서 문

때로는 벙어리처럼 침묵을 지키고,
때로는 왕자처럼 말로써 가르치며,
때로는 눈처럼 차가워야 하고,
때로는 불꽃처럼 뜨거워야 하며,
때로는 수미산처럼 높고 커야 하며,
때로는 쓰러진 풀처럼 겸손해야 하며,
때로는 왕자처럼 위엄을 나타내고
때로는 고요하기 해탈한 것 같이 하라
- 『잡보장경』 제3권에서

귀의삼보(歸依三寶) 하옵고.

부처님께서 보리수나무 아래 금강좌(金剛座)에서 깨달음을 이루신 순간 펼쳐진 진리의 세계는 불가사의한 경지이며, 혹·업·고(惑業苦)에 얽힌 채로 생을 영위하는 우리 중생의 언어로는 표현할수 없는 것이었습니다. 그렇기에 당시 부처님은 그 깨달음을 그대로 안고 바로 열반(涅槃)에 들려고 하셨답니다. 그러나 부처님께서는 이내 자비를 행하셔서 교진나를 위시한 다섯 비구에게 최초로법을 말씀하시었고, 이를 필두로 우리에게 방대한 진리의 보고를남기셨습니다.

이렇듯 부처님 경전은 그 무엇보다도 논리 정연한 이치로서진리를 설파하시고 외도(外道)를 설복시키기도 하지만, 또한 언어의 한계를 뛰어넘는 그 경지(境地)를 설명하시기 위한 수단으로 비유설법을 자주 이용하셨습니다. 비유는 우리에게 친숙한 것들을 통하여 우리가 알 수 없는 경지를 공감각적으로 깨닫게 하는 통로가 됩니다. 불교경전을 달리 "비유의 바다(譬喩海비유해)"라고 불리우는 이유가 바로 여기 있습니다. 그러므로 부처님 경전에서 수없이 나오는 비유와 이야기들 하나하나가 모두 깨달음에 직통(直通)하는 화두와 다름 아님을 명심해야 하겠습니다.

『잡보장경(雜寶藏經)』 역시 부처님의 비유설법에 해당하는 경전이라 할 수 있습니다. 잡보장경은 모두 10권으로 구성되었으며, 그 안에 121편의 인연(因緣) 이야기가 담겨있습니다. 그 안에는 효행(孝行), 비방(誹謗)의 경계(境界), 보시(布施) 등 우리의 일상에서 중요한 교훈에 관한 이야기도 있으며, 부처님의 교화에 관한 내용도 있으며, 부처님의 전생 이야기도 풍부하게 담겨 있습니다. 마치 옛날이야기를 풀어나가듯 친숙하고도 흥미롭게 전개되는 설법내용을 따라가다 보면, 그 안에 중요한 깨달음의 화두들이 담겨져 있음을 깨닫게 됩니다.

예를 들어 제1권에 나오는 노인을 내다버리는 풍습이야기를 보면 이것이 우리가 익히 들어왔던 고려장 이야기임을 알 수 있는데, 나의 이기적인 행위가 어떻게 스스로에게 과보(果報)로 돌아오는지 직접적으로 깨닫게 해줍니다.

제2권에 나오는 흰 코끼리가 스스로 어금니를 뽑는 이야기는 일체중생이 반연하는 삼독심(三毒心탐진치)을 버리기가 얼마나 어려운지 반증하며, 우리가 악습을 타파하기 위하여 용맹한 결단을 내릴 것을 독려합니다.

이와 같은 비유의 인연담을 통하여 얻는 가장 큰 깨달음은 바로 우리의 삶, 나의 이 찰나의 손짓 하나가 얼마나 귀하고 소중한 인연의 소산이며, 또한 얼마나 위대한 결과를 낳을 수 있는 씨앗인지, 지금 이 순간을 살아감이 얼마나 감사한 일인지를 만끽할 수 있다는 점입니다.

이러한 소중한 경전말씀을 법보시하고자 이번에 『잡보장경』 10권을 출간하였습니다. 본 『잡보장경』 10권은 동국대학교 역경원 한역본을 근간으로 하여 불자님들이 보시기에 보다 편하도록 편역한 것입니다.

　　부디 이 인연으로 『잡보장경』의 부처님 말씀을 들으시는 모든 불자님들이 소소한 삶의 지침을 얻으시길 기원합니다.

　　어둠이 가시지 않은 어느 적막한 새벽에 무심코 접한 하나의 이야기가 곧 깨달음을 향한 크나큰 화두가 될 수 있으니, 여러 불자님들이 부디 이 인연으로 무한한 환희심(歡喜心)과 공덕심(功德心)을 얻으시길 부처님께 기원 드립니다.

　　　　　　　　　　포천 정변지사에서 제안 용하 합장

福의 힘으로 佛道를 성취한다

"아나율아, 네 바늘을 가져오라. 내가 실을 꿰어 주리라.
이 세상에서 복을 얻고자 나보다 더 노력하는 사람은 없다.
그래서 나는 여섯 가지 일에 게을리 하지 않는다.
여섯 가지는 ① 남에게 베푸는 것이요,
② 남을 가르침이며, ③ 억울함을 참아 견딤이요,
④ 계율을 가르침이요, ⑤ 중생을 감싸고 보호함이요,
⑥ 위없는 깨달음을 구하는 것이다.
나는 이 여섯 가지 일에 만족함이 없이 항상 힘쓴다."
부처님께서는 이렇게 게송으로 말씀하셨다.
"이 세상에서 닦은 힘 가운데 천상에서나 인간에서
안락하게 하는 것. 복의 힘이 가장 훌륭하나니
그 복의 힘으로 불도를 성취하리라."
- 증일아함경

차 례

한 작은 생명을 보게 될 때
이 생명을 위하여 깨달음을 얻어야겠다는 생각이
저절로 생기게 되면, 그 마음이 바로 보리심이다.
보리심이 생기게 되면 바로
대승의 길로 들어선 것이며,
깨달음의 길로 들어선 것이다.
보리심을 가지고 모든 가르침을 배우게 되면
더욱 빠르게 깨달음에 이를 수가 있는 것이다.
-깨달음에 이르는 올바른 순서

無緣大慈‧同體大悲

잡보장경(雜寶藏經) 제1권

원위(元魏) 서역삼장(西域三藏) 길가야(吉迦夜)·담요(曇曜) 공역

1. 십사왕(十奢王)의 인연

옛날 사람의 수명이 1만 세였을 때 한 왕이 있었는데, 이름을 십사(十奢)라 하였으며, 그는 염부제(閻浮提)의 왕이었다. 왕의 큰 부인은 아들을 낳아 이름을 라마(羅摩)라 하였고, 둘째 부인은 아들을 낳아 이름을 라만(羅漫)이라 하였다. 라마 태자(太子)는 큰 용맹과 힘이 있어 나라연(那羅延)과 같고, 또 선라(扇羅)가 있어서 소리를 듣거나 얼굴을 보고는 곧 해치기 때문에 아무도 당할 이가 없었다. 왕의 셋째 부인은 아들을 낳아 이름을 바라타(波羅陀)라 하였고, 또 넷째 부인은 아들을 낳아 이름을 멸원악(滅怨惡)이라 하였다.

왕은 그 셋째 부인을 유달리 사랑하여 그녀에게 말하였다. "나는 지금 내가 가진 모든 재보를 너에게 다 주어도 아까워하지 않겠다. 네가 원하는 것은 무엇이나 내게 말하라."

부인이 대답하였다. "나는 지금 구하는 것이 없습니다. 이 뒷날 원할 것이 있으면 다시 아뢰겠습니다."

그때 왕은 병을 만나 목숨이 매우 위독하게 되었다. 그리하여 태자 라마를 세워 자기를 대신해 왕을 삼고, 비단으로 머리털을 묶고 머리에 하늘관[天冠]을 씌워 위의와 법도를 왕의 법과 같게

하였다.

셋째 부인은 왕의 병을 보살피다가 왕의 병이 조금 나은 것을 보자 그것을 자기 힘이라 믿었다. 그리하여 라마가 왕의 자리를 이어받는 것을 보고 마음에 질투가 생겨, 곧 왕에게 아뢰어 전날의 소원을 말하였다. "원컨대 라마를 폐(廢)하고 내 아들을 왕으로 삼아 주소서."

왕은 이 말을 듣자, 마치 목구멍에 무엇이 걸려 그것을 삼킬 수도 뱉을 수도 없는 것처럼, 큰 아들을 폐(廢)하자니 이미 왕으로 세운 터요, 폐하지 않자니 전날 그 소원을 이미 허락한 터이었다. 그러나 십사왕은 젊을 때부터 일찍 약속을 어긴 일이 없었으며, 또 왕의 법에는 두 말이 있을 수 없고 앞의 말을 저버리지 않는 것이다. 이렇게 생각하고 곧 라마를 폐하고 그 의복과 하늘관을 빼앗았다.

그때 그 아우 라만은 그 형에게 말하였다. "형님은 그런 용맹과 힘이 있고 또 선라까지 겸하였는데, 어찌 그것을 쓰지 않고 이런 치욕(恥辱)을 당합니까?"

형은 대답하였다. "아버지 소원을 어기면 효자라 할 수 없다. 그리고 지금의 저 어머니가 우리를 낳지 않았지마는, 우리 아버지가 저를 사랑하고 대접하는 것은 우리 어머니를 대하는 것과 같다. 아우 바라타는 아주 온화하고 유순하여 조금도 다른 생각이 없는데 지금 내가 큰 힘과 선라를 가졌다 하여 어찌 그 부모와 아우에게 해를 끼쳐 못할 짓을 하겠는가?"

아우는 그 말을 듣고 이내 잠자코 있었다.

그때 십사왕은 두 아들을 멀리 깊은 산으로 보내면서, 12년이 지나서야 본국으로 돌아올 것을 허락한다고 말하였다. 라마 형제는 부모의 명령을 받들고 조금도 원한이 없이 부모에게 절하여 하직하고 멀리 깊은 산으로 들어갔다.

그때 바라타는 그 전에 다른 나라에 가 있었는데, 이내 불러 본국으로 돌아오게 하여 왕을 삼으려 하였다. 그러나 바라타는 본래부터 두 형과 화목하고 공순하며 매우 공경하고 겸양하는 터이었는데 본국에 돌아와 보니 부왕은 이미 세상을 떠난 뒤였다. 그리고 그 어머니가 함부로 그 형인 왕을 폐하고 자기를 왕으로 세운 뒤에 두 형을 멀리 떠나보낸 것을 비로소 알고는 그 생모의 소행이 도리가 아님을 미워하여 꿇어앉거나 절하지 않고 말하였다. "어머님은 왜 도리에 어긋나는 일을 하여 우리 집안을 망치려 하십니까?" 그리고 큰 어머니를 향해 절하고는 공경하고 효순하기가 보통 때보다 갑절이나 더하였다.

바라타는 곧 군사(軍士)를 이끌고 그 산으로 달려가 군사들을 뒤에 머물러 두고 자기 혼자 나아갔다. 아우가 오는 것을 보고 라만은 그 형에게 말하였다. "형님은 전에 늘 '저 아우 바라타는 의리가 있고 겸양하며 공순하다'고 칭찬하셨는데, 지금 군사를 끌고 온 것을 보면 우리 형제를 죽이려 하는 것이 분명합니다."

형은 바라타에게 말하였다. "아우는 지금 왜 군사를 거느리고 왔는가?"

아우는 형에게 말하였다. "길에서 도적을 만날까 두렵기 때문에 몸을 보호하기 위해 군사를 데리고 왔을 뿐이요, 다른 뜻은 없습니다. 형님은 본국으로 돌아가 나라 정사(政事)를 맡아 다스리기 바랍니다."

형은 대답하였다. "우리는 일찍 아버지 명령을 받들어 여기 왔는데 지금 어떻게 갑자기 돌아가겠는가. 만일 우리 마음대로 한다면 그것은 사람의 자식으로서 어버이에게 효도하는 의리가 아닐 것이다."

아우는 간절하고 절실하게 청하였지만 형의 뜻은 확고하여 먹은 마음은 더욱 굳었다. 아우는 마침내 그 형의 마음을 돌릴 수 없음을 알고 곧 형이 신은 가죽신을 얻어 가지고, 슬퍼하고 괴로워하면서 본국으로 돌아와 나라 일을 다스렸다. 나라를 다스리되 언제나 그 가죽신을 어좌(御座)에 올려놓고, 아침 저녁으로 예배하고 문안드리는 의리(義理)는 형을 대하는 것과 다름이 없었다. 그리고 항상 그 산으로 사람을 보내어 자주자주 그 형을 청하였다.

그러나 그 두 형은 12년이 지난 뒤에 돌아오라는 아버지의 명령을 받았기 때문에 연한이 차지 않았다 하여, 지극한 효도와 충성으로 감히 그 명령을 어기지 않았다. 그 뒤에 차츰 연한이 차게 되고, 또 그 아우가 자주 사람을 보내어 간절히 부르며, 신을 공경하기를 자기를 대한 것과 같이 한다는 말을 전해 듣고는, 아우의 지극한 정에 감동되어 드디어 본국으로 돌아왔다.

그들이 본국으로 돌아오자 아우는 왕위를 사양해 형에게 돌렸다. 그러나 형은 또 사양하면서 말하였다. "아버지가 먼저 아우에게 주셨는데 우리는 받을 수 없다."

아우도 사양하면서 "형님은 맏아들입니다. 아버지의 대업(大業)을 이어 받는 것은 바로 형님이어야 합니다."

이와 같이 자꾸 서로 사양하다가 할 수 없이 형이 도로 왕이 되었다. 그들은 형제끼리 서로 우의가 돈독하고 화목하였으므로 그 교화가 크게 떨치고 도덕이 널리 퍼져 백성들은 모두 그 감화를 입었고 서로 권하여 받들어 섬기며 효도하고 공경하였다.

바라타 어머니는 비록 큰 허물을 지었지만 거기에 대해서 조금도 원한이 없었으므로, 그 충성(忠誠)과 효도(孝道)의 인연으로 말미암아 바람과 비는 때를 맞추어 다섯 가지 곡식은 풍성하였고 사람은 병이 없었으며, 염부제 안의 모든 인민(人民)들은 보통 때보다 열 갑절이나 번성하고 풍만하였다.

2. 왕자가 제 살로 부모를 구원한 인연

이와 같이 내가 들었다.

어느 때 부처님께서는 사위국(舍衛國)에 계셨다. 그때 아난은 가사(袈裟)를 입고 발우를 들고 성(城)에 들어가 걸식하다가, 장님 부모를 모신 어린애가 걸식하면서 좋은 음식은 부모에게 공양하고 자기는 나쁜 음식을 먹고 있는 것을 보았다.

아난은 부처님께 아뢰었다. "세존이시여, 이 어린애는 참으로 드물게 보는 아이입니다. 음식을 빌되 좋은 것을 얻으면 부모께 공양하고, 나쁜 것은 가려서 제가 먹습니다."

부처님께서 말씀하셨다. "그것은 어려운 일이 아니다. 나는 지나간 세상에 부모님을 공양할 때에 참으로 어려운 일을 하였느니라."

아난이 다시 아뢰었다. "세존께서 지나간 세상에 부모를 공양하신 일은 어떠하였습니까?"

부처님께서 말씀하셨다. "과거에 어떤 큰 나라 왕이 나라를 다스리고 있었는데, 왕에게는 아들 여섯이 있어 제각기 한 나라씩 차지하고 있었다. 그때 라후구(羅睺求)라는 대신이 있었는데, 그는 은밀히 군사를 일으켜 그 나라의 왕과 다섯 아들을 죽였다. 여섯째 아들에게 만은 어떤 귀신(鬼神)이 미리 와서 일러 주었다. '네 부왕과 다섯 형은 모두 대신 라후구에게 죽었고, 다음은 네 차례가 될 것이다.'

왕자는 그 말을 듣고 곧 집으로 돌아갔다. 아내는 왕자의 근심하는 얼굴빛이 보통 때와 다른 것을 보고 물었다. '당신 얼굴이 왜 그렇습니까?'

왕자는 대답하였다. '남자의 일을 그대에게 말할 수 없소.'

'나는 당신과 생사(生死)를 같이하는데, 무슨 말 못할 일이 있습니까?'

'마침 어떤 귀신이 내게 와서 말하기를, 네 아버지 왕과 다섯 형들은 모두 남에게 죽었는데, 다음 차례는 너에게 온다고 하였소. 그 때문에 근심과 두려움으로 어쩔 줄을 모르겠소.'

두 부부는 곧 아이를 데리고 다른 나라로 떠났다. 거기까지 갈 수 있는 이레 분 양식을 준비하였으나 황급하고 두려운 탓에 딴 길로 잘못 들어 열흘이 지나도록 걸어도 도착하지 못하고, 양식은 떨어져 피로하고 굶주림으로 거의 죽게 되었다.

왕자는 생각하였다. '세 사람이 함께 살려 하니 고통이 더욱 심하다. 차라리 한 사람을 죽여 두 사람이 사는 것이 낫겠다.'

그가 곧 칼을 빼어 아내를 죽이려 하자 아이가 아버지를 돌아보면서 합장(合掌)하고 말하였다. '아버지, 우리 어머니를 죽이지 마십시오. 차라리 저를 죽여 어머님 목숨을 대신하십시오.'

아버지는 아이 말대로 그 아들을 죽이려 하였다. 아들은 다시 아버지에게 아뢰었다. '그러나 제 목숨을 끊지는 마십시오. 만일 제 목숨을 끊으면 살이 곧 썩어 오래 가지 못할 것입니다. 그리고 그렇게 되면 어머니가 저를 업고 나아가지 못할지 모릅니다. 그러니 제 목숨을 끊지 말고 날마다 조금씩 제 살을 베어 먹으십시오.'

그리하여 그들이 인가에 이르기 전, 아이 몸에는 오직 세 점 살이 남아 있을 뿐이었다. 아들은 다시 그 부모에게 아뢰었다. '이 살 두 점은 부모님이 자시고 남은 한 점은 저에게 주십시오.' 그들은 아이를 땅에 던져두고 앞으로 나아갔다.

그때 석제환인(釋帝桓因)의 궁전이 진동하였다. 석제환인은 이것이 무슨 까닭인가 하고 두루 관찰해 보다가, 그 아이가 희유한 일을 한 것을 보았다. 그리하여 곧 굶주린 이리로 화하여 아이에게 가서 살을 청하였다.

아이는 생각하였다. '내가 이 살을 먹더라도 끝내 죽을 것이요, 먹지 않더라도 또한 죽을 것이다.' 그리하여 마지막 지닌 살을 버려 굶주린 이리에게 주었다.

석제환인은 다시 사람으로 화하여 아이에게 말하였다.' 너는 지금 살을 베어 주고도 후회하는 마음이 생기지 않는가?'

'나는 후회하지 않습니다.'

'너는 지금 몹시 괴로워하고 있다. 그런데 네가 후회하지 않는다는 말을 누가 믿겠는가?'

그러자 아이는 맹세하였다. '만일 내가 후회하지 않는다면 몸의 살이 도로 생겨 예전과 같이 되고, 후회(後悔)한다면 여기서 곧 죽을 것입니다.'

이렇게 말하자 몸은 회복(回復)되어 본래와 다름이 없었다.

석제환인이 그 아이와 부모를 데리고 어느 곳에 이르러 그 나라의 국왕을 만날 수 있게 하였다. 그 왕은 크게 슬퍼하면서도 한편으로는 크게 기뻐하였으니, 아들의 지극한 효도(孝道)를 어여삐 여겨 일찍 없었던 일이라고 찬탄한 뒤에 군사들을 주어 본국으로 돌아가게 하였다. 그러자 석제환인은 그를 잘 옹호하여 염부제의 왕이 되게 하였다.

아난이여, 그때의 그 어린애는 바로 지금의 나요, 그 부모는 바로 지금의 내 부모이니라."

부처님께서 이어 말씀하셨다. "나는 오늘만 자비와 효도를 찬탄할 뿐 아니라, 과거 한량없는 겁 동안에도 항상 찬탄하였느니라."

비구들은 부처님께 아뢰었다. "세존께서 지나간 세상에 부모를 공양하신 그 일은 어떠하였습니까?"

부처님께서 말씀하셨다. "옛날 가시국왕(迦尸國王)의 나라에 큰 산이 있었고, 그 산에는 담마가(睒摩迦)라는 선인이 있었다. 그 부모는 늙었을 뿐 아니라 또 장님이었다. 그래서 그는 항상 맛있는 과실과 아름다운 꽃과 시원한 물을 가져다 부모께 공양하고 또 고요하고 두려움이 없는 곳에 부모를 모셔 두고, 무슨 일이 있어서 출입(出入)할 때에는 먼저 부모에게 아뢰고, 물을 길러 갔다.

그때 범마달왕(梵摩達王)은 사냥 하러 나갔다가 물을 먹고 있는 사슴을 보고 활을 당겨 쏘았다. 그러나 독약이 묻은 화살은 잘못하여 담마가를 맞추었다. 화살에 맞은 그는 큰소리로 외쳤다. '한 개 화살이 세 사람을 죽이니, 이 얼마나 비참한 일인가.'

왕은 그 소리를 듣자 활을 땅에 던지고 그에게 달려갔다. '이제 누가 그런 말을 하였는가? 내가 들으니 이 산중에는 담마가라는 선인이 있는데, 그는 자비와 효도로 장님 부모를 모시기 때문에 온 세상이 칭찬한다고 한다. 그대가 그 담마가가 아닌가?'

그는 '바로 그렇습니다'라고 대답하고, 이어 아뢰었다. '지금 내가 당하는 이 고통은 생각하지 않습니다. 다만 늙고 앞 못 보는 부모님이 지금부터 굶주리더라도 아무도 공양할 이가 없을 것이 걱정입니다.'

왕이 물었다. '네 장님 부모는 지금 어디 있는가?'

담마가는 손으로 가리키면서 말했다. '저 초막 속에 계십니다.' 왕은 곧 장님 부모가 있는 곳을 향해 갔다.

그때 담마가 아버지는 아내에게 말하였다. '내 눈이 이상하게 떨리오. 장차 우리 효자 담마가에게 어떤 불행이 있을 징조가 아닌지 모르겠소.' 그 부인도 남편에게 말하였다. '내 젖통도 이상하게 떨리는데, 우리 아들에게 어떤 불상사라도 없을는지 모르겠습니다.'

그때 장님 부부는 바삭바삭하는 왕의 걸음 소리를 듣고, 마음에 두려움이 생겨 '우리 아들 걸음이 아닌데, 그 누구인가' 하였다. 왕이 그들 앞에 이르러 큰소리로 인사하자 장님 부부가 말하였다. '우리는 아무것도 보지 못합니다. 인사하는 이는 누구십니까?'

'나는 가시국의 왕이오.' 그때 장님 부부는 왕을 향해 말하였다. '자리에 앉으십시오. 우리 아들이 있었더라면 대왕께 좋은 꽃과 과실을 올렸을 것입니다. 그런데 우리 아들은 아침에 물 길러 나가서는 날이 저물도록 오래 기다려도 오지 않습니다.'

왕은 이내 슬피 울면서 게송(偈頌)으로 말하였다.

나는 이 나라의 왕으로서
이 산에 나와 사냥할 때에
다만 짐승을 쏘려 하였더니
사람을 맞춰 해칠 줄은 몰랐네.

나는 이제 왕의 자리 버리고
여기에 와서 장님 부모 섬기되
당신 아들과 다름없이 하리니
부디 근심하거나 괴로워하지 마시오.

장님 부모도 게송(偈頌)으로 왕에게 대답하였다.

우리 아들은 인자하고 효순하여
천상이나 인간에 그런 애 없네.
왕이 비록 우리를 가엾이 여기지만
어떻게 우리 아들 효도만 하리.

원컨대 우리들을 가엾이 여겨

우리 아들 있는 곳 가르쳐 주오.
아들이 우리 곁에 있기만 하면
목숨과 우리 마음 만족하리다.

이에 왕은 장님 부모를 데리고 담마가 곁으로 갔다. 그들은 아들 곁에 이르자 가슴을 치고 괴로워하며 울부짖으면서 '우리 아들은 인자하고 효순하기 비할 데 없었는데' 하고, 이내 천신(天神)·지신(地神)·산신(山神)·목신(木神)·수신(水神) 등 여러 신들에게 게송(偈頌)으로 말하였다.

제석천과 범천과 세상 왕들은
어찌하여 인자하고 효성이 있는
우리 아들을 돕지 않고서
이러한 고통을 받게 하는가?
우리 아들의 효성에 감동하여
빨리 구제하여 그 목숨을 살려라.

그때 석제환인의 궁전이 진동하였다. 그는 하늘귀[天耳]로 이 장님 부모의 슬퍼하는 소리를 듣고, 곧 하늘에서 내려와 담마가에게 가서 말하였다.
'너는 왕을 미워하는 마음이 없는가?'
'조금도 미워하는 마음이 없습니다.'
'너에게 미워하는 마음이 없다는 것을 누가 믿겠는가?'
담마가는 대답하였다. '만일 내게 왕을 미워하는 마음이 있으면 그 화살의 독기가 온몸에 퍼져 곧 목숨을 마칠 것이오, 내게 왕을 미워하는 마음이 없으면 그 독 묻은 화살이 빠지고 상처가 곧 나을 것입니다.'
그러자 그 말과 같이 독 묻은 화살이 저절로 빠지고 상처는 회복되었다. 왕은 한량없이 기뻐하여 온 나라에 '항상 자비를 닦고 부모를 효도로 섬기라'고 영을 내렸다.

비구들이여, 담마가는 옛날부터 인자함과 효순으로 부모를 공양하였다. 비구들이여, 알고 싶은가? 그때의 그 장님 아버지는 바로 지금의 정반왕이요, 그때의 장님 어머니는 바로 지금의 마야 부인이며, 담마가는 바로 지금의 나요, 그 가시국의 왕은 바로 지금의 저 사리불이며, 석제환인은 바로 지금의 저 마하가섭(摩訶迦葉)이니라."

3. 앵무새가 장님 부모를 공양한 인연

부처님께서 왕사성(王舍城)에 계시면서 여러 비구들에게 말씀하셨다.

"두 가지 삿된 행이 있다. 그것은 마치 차는 제기처럼, 빨리 사람을 지옥에 떨어지게 한다. 두 가지 행이란 이른바, 첫째는 부모를 공양하지 않는 것이요, 둘째는 부모에 대해서 온갖 좋지 못한 일을 행하는 것이니라.

두 가지 바른 행이 있다. 그것은 마치 차는 제기처럼, 빨리 사람을 천상에 나게 한다. 두 가지 행이란 첫째는 부모를 공양하는 일이요, 둘째는 부모에게 온갖 선행을 하는 일이다."

비구들이 아뢰었다. "놀랍습니다. 세존이시여, 세존께서는 못내 부모를 찬탄하십니다."

부처님께서 말씀하셨다. "오늘뿐이 아니니라. 지난 세상에 설산(雪山)에 앵무새 한 마리가 있었는데, 그 부모는 모두 장님이었다. 그는 언제나 좋은 꽃과 과실을 따다가 먼저 부모를 공양하였다. 그때 어떤 농부는 처음에 곡식을 심을 때 이렇게 원을 세웠다. '내가 심은 이 곡식은 여러 중생들과 함께 먹으리라.'

앵무새는 그 농부가 보시할 마음을 가진 것을 알고 항상 그 밭의 곡식을 가져다 부모를 공양하였다.

그 농부는 밭의 곡식을 돌아보다가 여러 벌레와 새들이 곡식 이삭을 뽑는 것을 보고 괴로워하고 화를 내어 그물을 쳐서 앵무새를 잡았다. 앵무새는 말하였다. '농부님은 처음에 좋은 마음이 있어서 물건을 보시하되 아까워하지 않으려 하였습니다. 그래서 나는 일부러 와서 곡식을 가지고 갔었습니다.

그런데 어찌하여 지금 그물로 나를 잡습니까? 또 밭이란 어머니와 같고 종자(種子)란 아버지와 같으며 진실한 말은 아들과 같고 농부는 왕과 같습니다. 그리고 보호하는 것은 자기에게 있습니다.' 이렇게 말하자, 농부는 그 말을 듣고 기뻐하여 앵무새에게 물었다. '너는 누구를 위해 이 곡식을 가지고 가는가?' 앵무새는 대답하였다. '장님 부모님이 계신데 이것으로 봉양하려 합니다.' 농부는 말하였다. '지금부터는 여기 와서 가져가되 조금도 어려워하지 말라' 하였다."

부처님께서 이어 말씀하셨다.
"앵무새는 과실이나 종자가 많은 것을 좋아하고 밭도 또한 그러하다.

그때의 앵무새는 바로 지금의 나요,
농부는 지금의 사리불이며,
장님 아버지는 지금의 정반왕이요,
그때의 장님 어머니는 바로 지금의 마야 부인이었느니라."

4. 기로국(棄老國)의 인연(因緣)

부처님께서 사위국에 계실 때에 이렇게 말씀하셨다.

"노인을 공경하면 큰 이익이 있느니라. 일찍 듣지 못한 것을 알게 되고, 좋은 이름이 멀리 퍼지며, 지혜로운 사람의 공경을 받는다."

비구들은 아뢰었다. "세존께서는 항상 부모와 어른과 노인을 공경하는 것을 찬탄하십니다."

"오늘만이 아니다. 나는 과거 한량없는 겁 동안 항상 부모와 어른과 노인을 공경하였다."

비구들이 부처님께 아뢰었다. "과거에 공경(恭敬)한 그 일은 어떠하였습니까?"

부처님께서 말씀하셨다. "먼 옛날에 기로국(棄老國)이라는 나라가 있었는데, 그 나라에서는 집에 노인이 있으면 멀리 쫓아 버리는 법이 있었다. 그때 어떤 대신이 있었는데 그 아버지가 늙었으므로 국법에 따라 멀리 쫓아 보내게 되었다. 그러나 그는 효도하는 마음으로 차마 그렇게 하지 못하여, 땅을 깊이 파고 비밀한 방을 만들어 아버지를 그 안에 모시고 때를 따라 효도로 섬겼다.

그때 어떤 천신(天神)은 뱀 두 마리를 가지고 와서 왕의 궁전 위에 두고 이렇게 말하였다. '만일 이들의 암·수를 분별하면 너의 나라가 편안하겠지만, 그것을 분별하지 못하면 네 몸과 너의 나라는 이레 뒤에 모두 멸망할 것이다.'

왕은 이 말을 듣고 매우 걱정이 되어 여러 신하들과 함께 이 일을 의논하였지만, 모두 '분별할 수 없다'고 하였다. 그리하여 곧 온 나라에 '만일 누구나 이것을 분별하면 벼슬과 상을 후하게 주리라'고 영을 내렸다.

대신이 집에 돌아가 그 아버지에게 물으니, 아버지가 대답하였다. '그것은 분별하기 쉽다. 부드러운 물건 위에 그것들을 놓아두면, 거기서 부스대는 놈은 수컷이요, 꼼짝 않고 가만히 있으면 그것은 암컷이니라.' 그 말대로 하였더니, 과연 그 암·수를 알 수 있었다.

천신(天神)은 다시 물었다. '자는 이 중에서 깬 이는 누구며, 깬 이 중에서 자는 이는 누구인가?' 왕은 또 신하들과 의논하였으나 분별할 수 없었다. 그리하여 다시 온 나라에 두루 알렸으나 아무도 아는 이가 없었다.

대신은 그 아버지에게 물었다. '이것은 무슨 말입니까?'

아버지는 대답하였다. '그것은 학인을 말한 것이다. 학인은 범부(凡夫)에 대해서는 깬 이요, 저 아라한(阿羅漢)에 대해서는 잠자는 사람이니라.' 그는 곧 그 말대로 대답하였다.

천신(天神)은 다시 물었다. '이 큰 코끼리는 몇 근이나 되는가?' 왕은 신하들과 의논하였으나 아는 이가 없었고, 또 온 나라에 두루 알렸으나 아무도 몰랐다.

대신은 그 아버지에게 물었다. 아버지는 말하였다. '코끼리를 배에 싣고 큰 못에 띄워, 배가 물에 잠기는 쯤에 표시를 하고는, 다시 그 배에 돌을 헤아려 싣고 물에 띄워, 물에 잠기는 것이 앞의 표시와 같을 때에 그것이 코끼리의 무게니라.' 그는 그 지혜로써 대답하였다.

천신(天神)은 다시 물었다. '한 웅큼 물이 큰 바닷물보다 많은데, 누가 그것을 알겠는가?' 신하들은 의논하였으나 알 수 없었고, 또 두루 알리고 물었으나 아무도 몰랐다.

대신이 아버지에게 물었다. '이것은 무슨 말입니까?'

아버지는 말하였다. '그것은 알기 쉽다. 만일 어떤 사람이 청정한 신심으로 한 웅큼의 물을 부처님이나 스님이나 부모나 고생하는 병자에게 보시하면, 그 공덕으로 말미암아 수천만 겁 동안 끝이 없는 복을 받을 것이니, 바닷물은 아무리 많아도 한 겁을 지나지 못한다. 이로 미루어 말하면 한 웅큼의 물이 큰 바다보다 백천 곱이나 많을 것이다.' 그는 곧 그 말로 천신(天神)에게 대답하였다.

천신(天神)은 다시 굶주린 사람으로 변하여 해골만 이끌고 와서 물었다. '세상에 과연 굶주리고 궁한 고통이 나보다 심한 이가 있는가?' 신하들은 생각하여 보았으나 대답할 수 없었다.

대신이 다시 아버지에게 가서 물으니, 아버지가 대답하였다. '세상에 어떤 사람은 간탐하고 질투하여 삼보를 믿지 않고, 부모와 스승을 공양하지 않다가, 장래 세상에는 아귀(餓鬼)에 떨어져 백천만 년 동안 물이나 곡식은 이름도 듣지 못하며 몸은 태산과 같고 배는 큰 골짝 같지만 목구멍은 가는 바늘 같으며 송곳이나 칼과 같은 털은 몸을 감아 다리에까지 이르고, 움직일 때에는 사지와 뼈마디에 불이 붙는다. 그런 사람은 저 굶주리는 고통보다 백천만 갑절이나 심하니라.' 그는 곧 이 말로써 천신에게 가서 대답하였다.

천신(天神)은 다시 어떤 사람으로 변하여 손과 다리에는 쇠고랑을 차고 목에는 사슬을 걸고, 몸에서 불이 나와 온몸이 타면서 물었다. '세상에는 나보다 심한 고통을 받는 사람이 있는가?' 신하들은 갑자기 답할 바를 알지 못하였다.

대신이 다시 그 아버지에게 가서 물으니, 아버지가 대답하였다. '세상의 어떤 사람은 부모에게 효도하지 않고 사람을 해치며 남편을 배반하고 삼보를 비방하다가, 장래 세상에는 지옥에 떨어져 칼산·칼나무·불수레·화로숯·잿강·끓는 똥·칼길·불길 등의 고통을 받는다. 이런 고통은 한량없고 끝없고 헤아릴 수 없다. 이것으로 비유하면 너의 고통보다 백천만 배나 심하니라.' 그는 곧 그 말대로 천신에게 대답하였다.

천신(天神)은 다시 한 여자로 변화하여 세상 사람보다 뛰어난 단정하고 아름다운 모습으로 물었다. '세상에 나처럼 단정한 사람이 있는가?' 왕과 신하들 모두 잠자코 답하는 이가 없었다.

대신이 다시 그 아버지에게 물으니, 아버지가 대답하였다. '세상에 어떤 사람은 삼보를 믿고 공경하며, 부모에게 효순하고, 보시(布施)와 인욕(忍辱)과 정진(精進)을 좋아하며 계율을 가지다가 천상에 나게 되면, 단정하고 뛰어나기가 너보다 백천만 곱이나 더 할 것이다. 거기에 비유하면 너는 눈먼 원숭이와 같느니라.'

그는 또 이 말로써 천신에게 대답하였다.

천신(天神)은 또 네모반듯한 진단목(眞檀木)을 가지고 물었다. '어느 쪽이 머리인가?' 신하들의 지혜로는 아무도 답하는 이가 없었다.

대신은 또 아버지에게 가서 물었다. 아버지는 대답하였다. '그것은 알기 쉽다. 물에 던져보면 뿌리 쪽은 잠길 것이요, 꼬리 쪽은 뜰 것이다.' 그는 곧 그 말로 천신에게 대답하였다.

천신(天神)은 또 형색이 꼭 같은 두 마리 흰 초마(騲馬: 암말)를 가지고 물었다. '어느 것이 어미요, 어느 것이 새끼인가?' 왕과 신하로서 아무도 대답하는 이가 없었다.

대신은 또 아버지에게 가서 물었다. 아버지는 대답하였다. '풀을 주어 먹여 보아라. 만일 그것이 어미라면 반드시 풀을 밀어 새끼에게 줄 것이다.'

이와 같이 묻는 것을 모두 다 대답하였다. 천신은 매우 기뻐하여 그 왕에게 진기한 재보들을 많이 주면서 왕에게 말하였다. '나는 너의 나라를 옹호하여 외적이 침해하지 못하게 하리라.'

왕은 이 말을 듣고 못내 기뻐하면서 그 대신에게 물었다. '그것을 그대 스스로 알았는가, 아니면 누가 가르쳐 주었는가? 그대의 지혜를 힘입어 우리나라가 편안하게 되었고 많은 보물을 얻었으며, 또 천신이 보호한다 하였다. 이것은 모두 그대 힘이다.'

대신은 대답하였다. '신(臣)의 지혜가 아닙니다. 원컨대 두려움이 없게 하여 주시면 감히 그 내력을 아뢰겠습니다.'

왕은 말하였다. '설령 지금 네게 만 번 죽을 죄가 있다 해도 묻지 않겠거늘, 하물며 조그만 허물이겠는가.'

대신은 아뢰었다. '나라에서 제정한 법률에는 노인을 모시지 못하게 합니다. 그러하온데 신에게는 늙은 아비가 있는데, 차마 버릴 수가 없어 왕법을 무릅쓰고 땅 속에 은신(隱身)해 두었던 것입니다. 신(臣)이 와서 대답한 것은 모두 아버지 지혜요, 신(臣)의 힘이 아닙니다. 원컨대 대왕께서는 온 나라에 명령하여 노인을 버리지 말게 하옵소서.'

왕은 탄복하여 크게 칭찬하고 마음으로 기뻐하여, 그 대신의 아버지를 봉양하고 받들어 스승으로 삼았다. '내 나라와 모든 백성을 구제하였지마는, 그런 이익은 내가 아는 바 아니다.'하고, 곧 영을 내려 천하에 두루 알려, 노인 버리는 일을 허락하지 않을 뿐 아니라 부모를 우러러 효도하게 하였다. 그리하여 '부모에게 효도하지 않거나 스승에게 공경하지 않으면 큰 죄를 내리리라'고 하였다.

비구들이여, 그때의 그 아버지는 바로 이 나요,

그 대신은 저 사리불이며, 그 왕은 저 아사세왕(阿闍世王)이요, 그때의 천신(天神)은 바로 저 아난이었느니라."

5. 부처님이 도리천상에서 어머니 마야를 위하여
설법하신 인연

　부처님께서 사위국에 계시면서 비구들에게 말씀하셨다.

　"나는 지금 도리천에 올라가 여름 안거를 지내면서 어머님을 위해 설법하고자 한다. 너희 비구들 중에 가고 싶은 사람은 나를 따라 가자."

　이렇게 말씀하시고, 곧 도리천에 올라가 한 나무 밑에 앉아 여름 안거를 지내면서, 어머니 마야와 한량없는 하늘들을 위해 설법하셨다. 그리하여 그들이 모두 진리를 보게 되자 다시 염부제로 돌아오셨다.

　비구들이 아뢰었다. "놀랍습니다. 세존께서는 어머님을 위하여 90일 동안 도리천에 머무셨습니다."

　부처님께서 말씀하셨다. "오늘만이 아니다. 나는 지나간 세상에서도 어머니를 위하여 그 괴로운 일을 제거해 드렸느니라."

　그때 비구들이 여쭈었다. "과거의 그 일은 어떠하였습니까?"

　부처님께서 말씀하셨다. "먼 옛날 설산(雪山) 기슭에 원숭이 왕이 있어 5백 마리 원숭이를 거느리고 있었다. 그때 어떤 사냥꾼이 그물을 쳐서 그들을 둘러싸자 원숭이 왕이 말하였다. '지금 너희들은 조금도 두려워하지 말라. 나는 너희들을 위하여 저 그물을 찢으리니, 너희들은 모두 나를 따라 나오너라.' 그는 곧 그물을 찢었다. 그리하여 그들은 모두 그것을 벗어나게 되었다.

　그때 어떤 늙은 원숭이가 새끼를 업고 가다가 발이 미끄러져 깊은 구렁에 떨어졌다. 원숭이 왕은 어머니를 찾았으나 있는 곳을 알 수 없었다. 그러다가 어느 깊은 구렁을 보고 그 곁으로 갔는데, 어머니가 그 속에 있는 것을 보고 여러 원숭이들에게 말하였

다. '너희들은 힘을 내어 나와 같이 어머니를 건져 내자.'

여러 원숭이들은 서로 꼬리를 붙잡고 구렁 밑으로 내려가 어머니를 잡아당겨 내어 고난을 벗어나게 하였다. 그리고 또 오늘 어머니의 고난을 제거해 드렸다. 그때에는 깊은 구덩이의 어려움에서 건져 내었고, 지금은 삼악도(三惡道)의 어려움에서 어머니를 건져 낸 것이다."

부처님께서 이어 말씀하셨다. "부모를 구제하면 큰 공덕이 있느니라. 나는 어머니를 구제하였기 때문에 세상마다 어려움이 없었고, 스스로 부처를 이루게 된 것이다. 이런 이치가 있기 때문에 너희 비구들은 각각 부모에게 효순하고 공양하여야 하느니라."

6. 부처님께서 말씀하시는 옛날 어머니 가단차라의 인연

부처님께서 어느 때 돌아다니시다가 거하라국(居荷羅國)으로 가시는 도중에 어떤 나무 밑에 앉아 계셨다. 그때 가단차라(迦旦遮羅)라는 한 노모는 남에게 매어 살면서 우물에서 물을 긷고 있었다. 부처님께서 아난에게 말씀하셨다. "저기 가서 물을 얻어 오너라." 아난은 부처님의 분부를 받고 곧 가서 물을 청하였다.

그때 노모는 부처님께서 물을 청하신다는 말을 듣고 스스로 물그릇을 들고 와서 부처님 앞에 이르자, 물그릇을 땅에 놓고 부처님을 안으려 하였다. 아난이 그것을 막으려 하니, 부처님께서 말씀하셨다.

"막지 말라. 그 노모는 5백 생 동안 내 어머니였다. 그래서 애정이 다하지 않았기 때문에 나를 안으려 하는 것이니, 만일 그것을 막으면 끓는 피가 얼굴에서 흘러 나와 이내 목숨을 마치고 말 것이다."

노모는 부처님을 안자 손발을 불고는 한쪽에 서 있었다.

부처님께서 아난에게 말씀하셨다. "너는 가서 이 노모의 주인을 불러 오너라." 그 주인이 와서 땅에 엎드려 부처님께 예배하고 한쪽에 물러섰다.

부처님께서 그에게 말씀하셨다. "이 노모를 놓아 주어 집을 떠나게 하라. 만일 집을 떠나면 반드시 아라한(阿羅漢)이 될 것이다."

주인(主人)은 곧 놓아 주자, 부처님께서 아난에게 말씀하셨다. "이 노모를 파사파제(波闍波提) 비구니에게 붙여 주어 스님을 만들게 하라. 오래지 않아 아라한(阿羅漢)의 도를 얻어, 비구니 중에서 경전을 잘 알기로 가장 으뜸갈 것이다."

비구들은 이상히 여겨 부처님께 여쭈었다. "세존이시여, 저이는 어떤 인연으로 남에게 매여 살며 또 어떤 인연으로 아라한이 되겠습니까?"

부처님께서 말씀하셨다. "저이는 가섭(迦葉)부처님 때 집을 나와 도를 배웠다. 그 인연으로 아라한이 될 것이다. 또 그때 여러 주인들을 위하여 성현들을 비방하고 비구니보다 종(婢)이 낫다 하였기에 그 인연으로 지금 남에게 매어 살고, 또 5백 생 동안 늘 내 어머니가 되었으나 간탐(慳貪)하고 질투하여 내 보시를 방해하였기에, 그 인연으로 항시 빈천한 집에 태어났었다. 그런데 나는 오늘만 그를 빈천에서 구제한 것이 아니니라."

비구들이 아뢰었다. "알 수 없습니다. 과거 세상에 그를 빈천에서 구제한 일은 어떠하였습니까?"

부처님께서 말씀하셨다. "지나간 세상에 바라내국(波羅捺國)에 어떤 가난한 집에서 모자가 살고 있었다. 아들은 늘 품을 팔아 어머니를 공양하는데, 재물을 조금 얻어 겨우 조석을 지탱해 나갔다.

그때 아들은 어머니에게 말하였다. '나도 여러 상인들과 함께 멀리 가서 장사하려 합니다.' 어머니가 허락(許諾)하자, 그 아들은 길을 떠났는데, 아들이 떠난 뒤에 도적(盜賊)이 와서 그 집을 부수어 재물을 뺏고, 또 그 노모를 끌고 가서 다른 곳에 팔았다. 아들이 돌아와 어머니를 찾다가 있는 곳을 알고는 많은 재물을 가지고 가서 어머니를 풀어내고 본국에서 생활할 때 이전보다 몇 배나 살림이 풍족하였다.

비구들이여, 그때의 어머니는 바로 지금의 저 가단차라요, 그 아들은 바로 지금의 나다. 나는 그때에도 어머니의 고통을 제거해 드렸느니라."

7. 자동녀(慈童女)의 인연(因緣)

옛날 부처님께서 왕사성에 계시면서 비구들에게 말씀하셨다. "부모에게 조금만 공양하여도 한량없는 복을 얻고, 조금만 불효하여도 한량없는 죄를 받느니라."

비구들은 부처님께 여쭈었다. "세존이시여, 죄와 복의 갚음은 어떠합니까?"

부처님께서 말씀하셨다. "먼 옛날 바라내국에 장자의 아들이 있었는데, 이름을 자동녀(慈童女)라 하였다. 그 아버지가 일찍 세상을 떠나 재물이 모두 바닥이 나자, 땔나무를 해다 파는데, 하루 2전을 벌어 늙은 어머니를 봉양하였다. 점차 생계가 조금씩 나아져 하루 4전을 벌어 어머니를 공양하고, 다시 하루 8전을 벌어 어머니를 공양하였다. 그리하여 차츰 여러 사람들의 신용을 얻었으니, 어디서나 일하면 얻는 이익은 갈수록 많아져 하루 16전으로 어머니를 받들었다.

여러 사람들은 그의 총명과 복덕을 보고 권하였다. '너의 아버지가 세상(世上)에 계실 때에는 항상 바다에 들어가 보물(寶物)을 캐었다. 그런데 너는 왜 바다에 들어가지 않는가?'

그는 이 말을 듣고 어머니에게 말하였다. '우리 아버지는 살아 계실 때 늘 어떤 일을 하셨습니까?'

어머니는 말하였다. '너의 아버지는 바다에 들어가 보물을 캐었다.' 그는 곧 어머니에게 말하였다. '아버지가 바다에 들어가 보물을 캤다면, 제가 지금 어찌 바다에 들어가지 못하겠습니까.' 어머니는 그 아들의 인자하고 효순한 것을 보고, 떠나보내지 않으리라 생각하였으나, 장난삼아 말하였다. '너도 가야 할 것이다.' 그는 어머니의 이 말을 듣고, '아아, 이제 되었다' 하고, 곧 동행들과 의논한 뒤 바다에 들어가려 하였다.

여장을 마치고 어머니에게 하직하고 떠나려 하였다. 어머니는 그에게 말하였다. '너는 내 외아들로서 내가 죽기를 기다려야 하거늘, 내 어떻게 너를 놓아 보내겠느냐?'

아들은 대답하였다. '만일 전날에 허락하시지 않으셨더라면 저는 감히 마음을 결정하지 않았을 것입니다. 어머님은 이미 허락하셨는데 어찌 다시 막으려 하십니까? 저는 이 몸으로써 믿음을 세우고 죽으려 합니다. 남에게 약속하여 이미 결정하였습니다. 도로 여기 머물 수 없습니다.'

어머니는 그 아들의 뜻이 결정된 것을 보고, 앞으로 나가 다리를 안고 울면서 말하였다. '내가 죽을 때까지 기다리지 않고, 어떻게 떠날 수 있느냐?'

그러자 아들은 곧 결심하고, 손으로 말리면서 다리를 빼내다가 어머니 머리털을 수십 개 끊었다. 어머니는 그 아들이 죄를 받을까 두려워하여, 곧 놓아주어 떠나게 하였다. 그는 드디어 여러 상인들과 함께 바다로 들어가, 보물섬에 이르러 보물을 많이 캤다. 그리하여 다시 여러 동행들과 함께 돌아오려고 길을 떠났다.

그런데 거기에는 두 가지 길이 있었으니, 하나는 물길이요 하나는 육지길이었다. 여러 사람들은 모두 육지길로 가자고 하여 육지길을 따라 떠났다.

그 나라 법에는 도적(盜賊)이 와서 탈취할 때에, 만일 그들이 상주(商主)를 잡으면, 여러 상인들의 재물이 모두 도적에게 들어가지마는 상주를 잡지 못하면 비록 재물을 얻었더라도, 상주가 돌아오면 재물을 그에게 돌려주게 되어 있었다.

그러므로 그 자동녀가 항상 따로 나와 자면 상인들은 일찍 일어나 맞이하여 그를 보호하였다. 하루는 밤에 큰 바람이 불어 상인들이 갑자기 일어나 그만 상주를 보호하기를 잊었으므로, 상주는 뒤에 떨어져 같이 가지 못하였다. 그는 길을 잘 알지 못하였다. 어떤 산이 있는 것을 바라보고 곧 가서 올라가, 멀리서 감유리 빛 성이 있는 것을 보고는 굶주리고 목마르고 피곤하여 성을 향해 빨리 달려갔다. 그때 성 안에서 네 명의 미녀가 네 개의 여의주를 받쳐 들고 풍류를 잡히면서 나와 맞이하였다. 그는 거기서 4만 년 동안 큰 쾌락을 누리다가 싫증이 나자 그들을 버리고 떠나려 하였다.

여러 미녀들은 말하였다. '염부제 사람들은 너무 무정합니다. 우리들과 4만 년이나 함께 살아왔는데 어떻게 하루 아침에 우리들을 버리고 떠나려 하십니까?' 그러나 자동녀는 그 말을 귀에 담지 않고, 다시 앞으로 나아가다가 파리성(頗梨城)을 보았다. 거기에서는 여덟 명의 미녀가 여덟 개의 여의주를 받쳐 들고 풍류를 잡히면서 나와 맞이하였다.

거기에 8만 년 동안 환락을 누리다가 싫증이 나자 또 그들을 버리고 떠나 백은성(白銀城)에 이르렀다. 거기에서는 열여섯 명 미녀가 열여섯 개의 여의주를 받쳐 들고 앞에서와 같이 나와 맞이하였다. 거기서 16만 년 동안 큰 쾌락을 누리다가 다시 그들을 버리고 떠나 황금성(黃金城)에 이르렀다.

거기에서는 서른두 명의 미녀들이 서른두 개의 여의주를 받쳐 들고 나와 맞이하였다. 거기서 32만 년 동안 큰 쾌락을 누리다가 또 그들을 버리고 떠나려 하였다. 미녀들은 말하였다. '당신은 지금까지 늘 좋은 곳만 얻었습니다. 그러나 지금부터는 좋은 곳이 없습니다. 여기서 사시는 것만 못합니다.'

그는 이 말을 듣고 생각하였다. '이 미녀들은 나를 연모하기 때문에 이런 말을 한다. 앞으로 더 나아가면 반드시 더 좋은 곳이 있을 것이다.' 그리하여 그들을 버리고 떠나 멀리 쇠성[鐵城]을 바라보았다. 그는 괴상하게 생각하면서도 다시 이렇게 생각하였다. '바깥은 쇠지만 안은 매우 좋으리라.' 점점 앞으로 나아가 성에 가까이 갔으나 와서 맞이하는 미녀가 없었다. 그는 다시 생각하였다. '저 성 안은 매우 즐거운 것 같다. 그래서 나와서 나를 맞이하지 않는 것이다.' 차츰 앞으로 나아가 드디어 성 안으로 들어가자 성문 빗장이 내려졌다. 그 안에 있던 어떤 사람이 머리에 불수레 바퀴를 쓰고 있다가, 그것을 벗어 자동녀 머리 위에 씌우고는 곧 나가버렸다.

자동녀는 옥졸(獄卒)에게 물었다. '내가 쓴 이 바퀴는 언제 벗을 수 있는가?'

그가 대답하였다. '세상 사람으로서 죄와 복을 짓되, 네가 지은 것처럼 바다에 들어가 보물을 캐고, 너처럼 오랫동안 여러 성을 지낸 뒤에 여기 와서 너를 대신해 죄를 받기 전에 그 쇠바퀴는 결코 땅에 떨어지지 않을 것이다.'

자동녀가 물었다. '나는 어떤 복을 지었으며, 또 어떤 죄를 지었는가?'

'너는 옛날 염부제에서 날마다 2전으로 어머니를 공양하였기 때문에, 유리성과 네 개의 여의주와 네 명의 미녀를 얻어, 4만 년 동안 그런 쾌락을 누렸다. 또 4전으로 어머니를 공양하였기 때문에, 파리성과 여덟 개의 여의주와 여덟 명의 미녀를 얻어, 8만 년 동안 온갖 쾌락을 누렸다. 또 8전으로 어머니를 공양하였기 때문에, 백은성과 열여섯 개의 여의주와 열여섯 명의 미녀를 얻어, 16만 년 동안 쾌락을 누렸다. 또 16전으로 어머니를 공양하였기 때문에, 황금성과 서른두 개의 여의주와 서른 두 명의 미녀를 얻어, 32만 년 동안 큰 쾌락을 누렸다. 그리고 어머니 머리털을 끊었기 때문에 지금 쇠불바퀴가 씌워지고 땅에 떨어지지 않으니, 너를 대신할 사람이 있은 뒤에라야 그것을 벗게 될 것이다.'

'이 옥 중에는 혹 나처럼 죄를 받는 이가 있는가?'

'백천이나 한량없어 이루 다 헤아릴 수 없다.'

자동녀는 이 말을 듣고 가만히 생각하였다. '나는 끝내 면하지 못하겠구나. 원컨대 일체 중생들의 받는 고통이 모두 내 몸에 모여라.' 이렇게 생각하자 쇠바퀴는 곧 땅에 떨어졌다. 자동녀는 옥졸에게 말하였다. '너는 말하기를 이 바퀴는 땅에 떨어지지 않는다더니, 어찌하여 지금 떨어졌는가?'

옥졸은 화를 내며 곧 쇠꼬챙이로 자동녀의 머리를 쳤다. 그는 목숨을 마치고 도솔천에 났다. 비구들이여, 알고 싶은가? 그때의 자동녀는 바로 지금의 이 나이니라.

비구들이여, 명심하라. 조금이라도 부모에게 선하지 않은 일을 행하면 큰 고통의 갚음을 받고, 조금이라도 공양하면 한량없는 복을 얻는다. 그러므로 그런 줄 알고 부디 힘써 마음을 다하여 부모를 봉양하여야 하느니라."

8. 연화부인(蓮華夫人)의 인연

부처님께서 사위국에 계시면서 비구들에게 말씀하셨다. "부모에게나 또 부처님이나 그 제자들에게 성을 내어 미워하면, 그 사람은 흑승지옥(黑繩地獄)에 떨어져 한량없는 고통을 받되 끝이 없을 것이다."

비구들이 부처님께 여쭈었다. "세존이시여 부모를 공경하고 존중하며 또는 부모를 공경하거나 존중하지 않고 조금이라도 선하지 않은 일을 행하면 그것은 어떠합니까?"

부처님께서 말씀하셨다. "한량없이 먼 지난 세상에 설산 기슭에 제바연(提婆延)이라는 선인이 있었는데, 그는 바라문 종족이었다. 그런데 바라문 법에는 사내나 계집애를 낳지 않으면 천상에 나지 못한다고 되어 있었다. 그 바라문은 항상 돌 위에다 소변을 보았는데, 그의 정기가 흘러 나와 돌 틈에 떨어졌다. 어떤 암사슴이 와서 그 소변이 떨어진 곳을 핥아 먹고 아이를 배었다. 달이 차자 사슴은 그 선인이 사는 굴 밑에 와서 한 딸아이를 낳았다. 어미 태에서 나오면서부터 꽃이 그 몸을 쌌고, 얼굴은 단정하고 뛰어나게 묘하였다.

선인은 그것이 자기 딸임을 알고 그를 데려다 길렀는데, 점점 자라나 걸어다니게 되자 발로 밟은 곳에는 모두 연꽃이 솟아났다. 바라문 법에는 밤에도 늘 불을 묻어 두는데, 우연히 어느 날 밤에는 불이 아주 사라져버렸다.

딸은 남의 집에 달려가 불씨를 빌리려 하였다. 그 집 사람은 그녀의 발자국마다 연꽃이 생기는 것을 보고 말하였다. '우리 집을 일곱 번 돌면 나는 너에게 불을 주리라.' 그는 일곱 번 돌고는 불을 얻어 돌아왔다.

마침 오제연왕(烏提延王)이 사냥을 나왔다가, 그 사람 집에 일

곱 겹으로 연꽃이 있는 것을 보고 이상히 여겨 물었다. '어떻게 너의 집에는 이런 연꽃이 있는가?'

그는 왕에게 대답하였다. '산 중에 사는 바라문의 딸이 불을 빌리러 제게 왔었는데, 그의 발밑에서 이런 연꽃이 났습니다.' 왕은 발자국을 따라 선인이 사는 곳으로 갔다. 왕은 그 여자의 얼굴이 단정하고 뛰어나게 묘한 것을 보고, 선인에게 말하였다. '이 딸을 내게 주시오.'

선인은 곧 주면서 왕에게 말하였다. '장차 5백 왕자를 낳을 것입니다.'

왕은 드디어 그를 세워 부인을 삼으매 5백 명 미녀 중에서 가장 으뜸이 되었다. 왕의 큰 부인은 이 사슴 딸을 매우 질투하여 이렇게 혼자 말하였다. '대왕이 지금 그를 저처럼 사랑하고 소중히 여기는데, 만일 5백 명의 왕자를 낳으면 갑절이나 사랑할 것이다.'

그 뒤에 오래지 않아 사슴 딸은 5백 개의 알을 낳아 그것을 상자 안에 담아 두었다. 그때 큰 부인은 5백 개의 밀가루 떡을 만들어 알이 있던 곳에 대신 넣어 두고, 알이 든 그 상자는 뚜껑을 덮어 표를 하여 항하에 던져버렸다.

왕이 그 부인에게 물었다. '무엇을 낳았는가?'

부인이 대답하였다. '순전한 밀가루떡을 낳았습니다.'

왕은 '그 선인이 거짓말을 하였구나' 하고, 곧 부인의 지위를 내리니, 그는 다시는 왕을 보지 못하였다.

그때 살탐보왕(薩耽菩王)은 항하 하류의 물가에서 여러 미녀들과 놀다가 그 상자를 보고 말하였다. '이 상자는 내 것이다.' 여러 미녀들은 말하였다. '대왕(大王)은 지금 상자를 가지셨다. 우리는 저 상자 안의 물건을 가지자.' 왕은 사람을 보내어 상자를 가져 와서 5백 부인들에게 각각 알 하나씩을 주었다. 그 알들은 저절로 열렸는데, 그 속에는 얼굴이 단정한 5백 명 아기가 있었다. 그들이 자라나자 모두 큰 역사의 힘이 있었으므로 5백 개 역사의 당기[幢]를 세웠다.

그때 오제연왕은 항상 살탐보왕에게 공물(貢物) 바치기를 요구하였다. 살탐보왕은 공물 바치기를 요구한다는 말을 듣고 근심에 잠겨 있었다. 여러 아들들은 왕에게 아뢰었다. '무엇 때문에 근심하고 괴로워하십니까?'

왕은 말하였다. '나는 지금 세상에 살면서 남에게 모욕을 받고 있기 때문이다.'

'누구의 모욕을 받습니까?'

'오제연왕이 항상 내게 공물을 바치라고 독촉하고 있다.'

아들들이 아뢰었다. '저희들은 능히 염부제의 모든 왕에게 공물 바치기를 요구하여 대왕께 바치게 할 수 있는데, 대왕께서 무엇 때문에 다른 이에게 공물을 바치겠습니까?'

5백 역사들이 드디어 군사를 이끌고 오제연왕을 치려 하자, 오제연왕은 두려워하여 말하였다. '한 역사도 당하지 못하겠거늘 하물며 5백 명 역사이겠는가? 온 나라에 영을 내려 이 적을 물리칠 수 있는 자를 뽑자.'

그러다가 다시 생각하였다. '저 선인이면 능히 그 방법을 알 것이다.' 그는 온갖 방편을 써서 선인에게 가서 말하였다. '나라에 큰 어려움이 있는데 어떻게 하면 그것을 물리칠 수 있겠소?'

그는 물었다. '원수의 도적이 일어났는가?'

왕은 말하였다. '살탐보왕에게는 5백 명 역사가 있는데, 그들이 모두 군사를 거느리고 와서 나를 치려 하오. 내게는 지금 그들과 대적할 만한 그런 역사가 없소. 어떤 방법을 써야 그 적을 물리칠 수 있겠소?'

선인이 대답하였다. '왕은 돌아가서 연화 부인에게 청하시오. 그는 능히 그 적을 물리칠 수 있을 것이오.'

'그가 어떻게 물리칠 수 있겠소?'

선인이 대답하였다. '그 5백 명 역사는 모두 당신 아들이오. 그들은 연화 부인의 소생이오. 당신의 큰 부인이 질투하여 연화 부인의 낳은 아들을 모두 강물에 던져 버렸는데, 살탐보왕이 그 강 하류에서 놀다가 그들을 얻어 길러 낸 것이오. 지금 그 연화 부인을 큰 코끼리에 태워 군사들 선두에 두면 저들은 스스로 항복(降伏)할 것이오.'

왕은 그 선인의 말대로 곧 돌아와 연화(蓮花) 부인에게 사과하고는 부인을 장엄하게 하여 좋은 옷을 입히고 크고 흰 코끼리에 태워 군사 선두에 두었다. 5백 명 역사들은 활을 들어 쏘려 하였으나 손이 저절로 꼿꼿해져 움직일 수가 없었다. 그들은 모두 깜짝 놀랐다.

그때 그 선인은 날라와 허공에서 역사들에게 말하였다. '삼가 손을 들지 말고 나쁜 마음을 내지 말라. 만일 나쁜 마음을 내면 모두 지옥에 떨어질 것이다. 이 왕과 그 부인은 바로 너희들의 부모니라.'

어머니는 곧 손으로 젖통을 눌렀다. 한 젖통에서 2백 50 갈래의 젖이 나와 여러 아들들의 입으로 들어갔다. 그들은 곧 부모를 향해 참회하고 스스로 부끄러워하였기 때문에 모두 벽지불(辟支佛)이 되었다. 왕도 또한 스스로 깨달아 벽지불이 되었다.

비구들이여, 그때의 그 선인은 바로 이 나다. 나는 그때에도 여러 아들들을 만류하여 부모에게 나쁜 마음을 내지 않음으로써 벽지불이 되게 하였고, 지금도 또한 늙은 부모를 공양하는 덕을 찬탄(贊歎)하는 것이다."

9. 녹녀부인(鹿女夫人)의 인연

부처님께서는 왕사성의 기사굴산(耆闍崛山)에 계시면서 여러 비구들에게 말씀하셨다. "두 가지 법이 있어서, 사람으로 하여금 인간과 천상에 빨리 나서 열반의 즐거움에 이르게 한다. 또 두 가지 법이 있어 사람으로 하여금 세 가지 나쁜 곳[三惡道]에 빨리 떨어져 큰 고뇌(苦惱)를 받게 하느니라.

어떤 두 가지 법이 사람으로 하여금 인간과 천상에 빨리 가서 열반의 즐거움에 이르게 하는가?

첫째는 부모를 공양하는 것이요,

둘째는 성현을 공양하는 것이다.

어떤 두 가지 법이 사람으로 하여금 세 가지 나쁜 곳에 빨리 떨어져 큰 고뇌를 받게 하는가? 첫째는 부모에게 온갖 선(善)하지 않은 행을 행하는 것이요, 둘째는 성현에게 선하지 않은 행을 행하는 것이다."

비구들이 부처님께 아뢰었다. "세존이시여, 선악을 빨리 이루는 그 일은 어떠합니까?"

부처님께서 말씀하셨다. "한량없이 먼 과거 세상에 바라내라는 나라가 있었고, 그 나라에 선산(仙山)이라는 산이 있었다. 어떤 범지(梵志)는 그 산에 살면서 언제나 돌 위에 대소변을 보았다. 뒤에 그의 정기(精氣)가 소변 본 곳에 떨어져 암사슴이 와서 그것을 핥아 먹고 곧 아이를 배었다. 달이 차자 그 사슴은 선인이 사는 곳에 와서 한 계집애를 낳았는데, 얼굴이 단정하고 뛰어나게 묘하였으나 다리만이 사슴 다리를 닮았다. 범지는 그것을 가져다 길렀다. 범지 법에는 항상 불을 받들어 섬겨 그 불을 끊어지지 않게 하는데, 어느날 그 딸아이는 불을 묻었다가 부주의하여 불이 꺼지게 하였다.

그녀는 범지의 성냄을 두려워하였다. 거기서 1구루사(拘屢奢)
[진(秦)나라에서는 5리(里)를 뜻한다] 쯤 떨어진 곳에 다른 범지가 살고 있
었다. 그래서 그 딸아이는 범지에게 빨리 가서 불을 빌고자 하였
는데, 범지가 그 발자국을 보니 발자국마다 연꽃이 있었다. 범지
는 그녀에게 말하였다. '우리 집을 일곱 번 돌면 너에게 불을 주
리라. 또 나갈 때에도 일곱 번 돌아라. 그리고 본래 발자국을 밟
지 말고 다른 길로 돌아가라.' 딸아이는 그 말대로 하고는 불을
얻어 가지고 돌아갔다.

그때 범예국왕(梵豫國王)은 사냥을 나왔다가, 그 범지의 집 주
위에 일곱 겹으로 두른 연꽃을 보았다. 그리고 두 길에 두 줄 연
꽃이 있는 것을 보고, 그 까닭을 이상히 여겨 범지에게 물었다.
'못물이 전연 없는데 어떻게 이런 묘하고 좋은 연꽃이 피는가?'

범지가 대답하였다. '저 선인이 사는 곳에서 어떤 여자아이가
불을 빌러 내게 왔었는데 그 애 발자국마다 연꽃이 피었습니다.
그래서 나는 그녀에게 만일 불을 얻고자 하거든 우리 집을 일곱
번 돌고 갈 때에도 또 일곱 번 돌라고 하였습니다. 그래서 이 연
꽃이 둘러 있습니다.'

왕은 곧 꽃 발자국을 따라 범지의 처소에 이르러 그 여자를
청하였는데, 그녀의 단정한 모습에 반하여 범지에게 그 딸을 달라
고 청하였다. 범지가 곧 왕에게 딸을 주니, 왕은 그녀를 세워 둘
째 부인으로 삼았다.

그러나 그 여자는 어릴 때부터 선인이 길렀기 때문에 그 받
은 성질이 단정하고 곧아 부녀들의 애교에 대한 일은 알지 못하
였다. 그 뒤에 그녀가 아이를 배자 관상쟁이는 점을 치고는 '장차
아들 천 명을 낳으리라'고 하였다.

큰 부인은 그 말을 듣고 시기하고 질투하여 차츰 계교를 부

렸다. 그리하여 은혜를 두터이 하여, 그 녹녀(鹿女) 부인의 좌우 시종(侍從)을 불러 달래고 재물과 보배를 넉넉히 주었다. 그때 녹녀는 달이 차서 천 송이 연꽃을 낳았다. 그런데 아이를 낳으려 할 때에 큰 부인은 어떤 물건으로 그의 눈을 흐리게 하여 보지 못하게 하고, 다 썩은 말 허파를 임부 밑에 바쳐 두고, 천 송이 연꽃은 함 안에 담아 강물에 띄워 버렸다.

그리고는 눈을 풀어 주면서 말하였다. '네가 낳은 아기를 보아라. 한 덩이 썩은 말 허파뿐이구나.'

왕은 사람을 보내어 물었다. '무엇을 낳았는가?'

'다 썩은 말 허파를 낳았습니다.'

그때 큰 부인은 왕에게 말하였다. '왕은 미혹하시기를 좋아하십니까? 축생이 낳고 선인이 기른 그 여자는 이 상서롭지 못한 썩은 물건을 낳았습니다.'

왕의 큰 부인은 둘째 부인의 지위를 물리치고 다시는 눈앞에 보이는 것을 허락하지 않았다.

그때 오기연왕(烏耆延王)은 여러 시종과 부인과 미녀들을 거느리고 강 하류(下流)에서 놀다가, 누런 구름 일산이 강 상류에서 물을 따라 흘러 내려오는 것을 보고 '저 구름 일산 밑에는 반드시 신비한 물건이 있으리라'고 하였다. 그리하여 사람을 보내어 누런 구름 밑으로 가서 살피다가 함이 하나 있는 것을 보고 그것을 건져 와서 열어 보았다. 거기는 천 송이 연꽃이 있는데, 꽃 한 송이마다 아이 하나씩이 있었다. 그것을 데려다 길렀는데, 그들은 차츰 자라나 모두 큰 역사의 힘이 있었다.

오기연왕은 해마다 늘 범예왕에게 공물을 바쳐 왔다. 그래서 여러 가지 공물을 모아 싣고 사자(使者)를 보내어 떠나려 할 때, 여러 아들들이 물었다. '무엇하려 하십니까?'

왕이 대답하였다. '저 범예왕에게 공물을 바치려고 하는 것이

다.'

아들들이 모두 말하였다. '우리 한 아들로도 천하를 항복 받아, 모두 와서 공물을 바치게 할 수 있거늘, 하물며 우리 천 명 아들이 있으면서 어찌 남에게 공물을 바치겠습니까?'

그들은 군사를 거느리고 여러 나라를 차례로 항복 받으면서 범예왕의 나라로 갔다. 왕은 그 군사가 온다는 말을 듣고 온 나라에 영을 내렸다. '누가 저 도적을 물리칠 수 있겠는가?' 그러나 아무도 그들을 물리칠 사람이 없었다.

둘째 부인이 그 부름을 받고 와서 말하였다. '제가 물리칠 수 있습니다.'

왕은 물었다. '어떻게 물리칠 수 있는가?'

부인은 대답하였다. '다만 나를 위해 백 발[丈] 되는 대(臺)를 만들어 주소서. 내가 그 위에 앉으면 틀림없이 물리칠 수 있습니다.' 대를 다 만들자 둘째 부인은 그 위에 앉았다. 그때 천 명 아들은 활을 들어 쏘려 하였으나 손이 저절로 들리지 않았다.

부인이 그들에게 말하였다. '너희들은 삼가 부모를 향해 손을 들지 말라. 나는 너희들의 어머니다.'

그들은 물었다. '무슨 징험(徵驗)으로 우리 어머니인 줄을 알 수 있겠습니까?'

그녀는 대답하였다. '내가 만일 젖통을 눌러 한 젖통에서 5백 줄기씩 젖이 나와 너희들 입에 각각 들어가면 그것이 어머니인 표요, 만일 그렇지 않으면 너희 어머니가 아니다.' 그는 곧 두 손으로 젖통을 눌렀다. 한 젖통에서 5백 줄기 젖이 나와 천 명 아들 입에 들어가고, 다른 군사들은 아무도 얻어먹지 못하였다. 천 명 아들은 항복하고 부모를 향하여 참회하였다.

이에 여러 아들들은 서로 화합하고 두 나라는 원한이 없었다. 그래서 그들은 서로 권하고 이끌어, 5백 아들은 친 부모에게 주고

5백 아들은 양부모에게 주었다. 그때 두 나라 왕은 염부제를 나누어 가지고, 각기 5백 아들을 길렀느니라."

부처님께서 계속해서 말씀하셨다. "비구들이여, 알고 싶은가? 그때의 천 명 아들은 바로 저 현겁(賢劫)의 1천 부처요, 질투하는 부인으로 눈을 흐리게 한 이는 바로 저 교린(交鱗)의 눈 먼 용이며, 그 아버지는 바로 백정왕(白淨王)이요, 어머니는 바로 저 마야부인이었느니라."

비구들이 아뢰었다. "그 여자는 어떤 인연으로 사슴 뱃속에서 나와 발 밑에 연꽃이 났으며 또 어떤 인연으로 왕의 부인이 되었습니까?"

부처님께서 말씀하셨다. "그 여자는 지난 세상에 빈천한 집에 태어났는데, 모녀 둘이서 밭에서 김을 매다가 어떤 벽지불이 발우를 들고 걸식하는 것을 보고, 어머니는 그 딸에게 말하였다. '나는 집에 있는 내 밥을 가져다 저 쾌사(快士)에게 나누어 주고 싶다.' 그 딸도 말하였다. '저도 제 몫을 가져다 주고 싶습니다.' 그래서 그 어머니는 곧 집으로 돌아가 두 사람 몫을 가지고 와서 그 벽지불에게 주기로 하고 떠났다.

그 동안에 딸은 그를 위해 풀을 베어 풀자리를 펴고 꽃을 따서 위에 흩어 깔고는 벽지불이 앉기를 청하였다. 딸은 그 어머니가 더디 오는 것을 이상히 여겨 높은 곳에 올라가 멀리서 오는 어머니를 바라보고 말하였다. '사슴이 달리듯 왜 빨리 오지 않습니까?'

어머니가 이르자 그 더딘 것을 미워해 원망하면서 말하였다. '내가 어머니 곁에서 난 것은 사슴 곁에서 난 것보다 못합니다.' 그 어머니는 두 몫으로 나눈 음식을 벽지불에게 주고 나머지는 모녀가 같이 먹었다. 벽지불은 다 먹고 나서 발우를 허공에 던지고 그것을 따라 허공에 올라 열여덟 가지 신변을 나타내었다. 그때 그 어머니는 매우 기뻐하면서 서원을 세웠다. '나로 하여금 장래에 거룩한 아들을 낳되 지금 저 성인과 같게 하소서.'

이런 인연으로 그 뒤에 5백 아들을 낳아 모두 벽지불이 되었는데, 한 쪽은 양모가 되고 한 쪽은 생모가 된 것이다. 또 그 어머니를 사슴 달림에 비유하여 말한 인연으로 사슴 뱃속에서 나서 다리는 사슴 다리 같았으며, 꽃을 따서 벽지불에게 흩었기 때문에, 그 발자국에서 천 송이 꽃이 났고, 또 풀을 깔았기 때문에 항상 왕의 부인이 된 것이다. 그 어머니의 후신(後身)은 범예왕이 되었고, 딸의 후신은 연화 부인이 되었다. 이 인연으로 말미암아, 그 뒤 현겁의 1천 성인을 낳았고, 그 서원의 힘으로 항상 성현을 낳았느니라."

비구들은 이 말씀을 듣고 기뻐하여 받들어 행하였다.

마음이 애증을 떠나면 이별하고 만나는 괴로움이 스스로 떠나고,
마음이 탐하여 갈구함을 떠나면 득실과 이해의 감정이 모두 떠나간다.
고로 마음에 능히 집착이 없어 물에 비친 달빛과 같이 초연하다.
설령 사방팔방에서 불어온 바람을 맞을지라도 적연하여 동요하지 않는다.
이는 곧 유심唯心의 경계에 도달한 것이요,
스스로 일체의 의혹을 떠난 것이니, 번뇌가 다시는 생기지 않는다.

- 반야심경 통석

잡보장경 제2권

10. 육아백상(六牙白象)의 인연

옛날 사위국의 어떤 큰 장자가 딸을 낳았는데, 그 딸은 스스로 제 전생(前生) 일을 알고 나면서부터 능히 말을 하였다. 그래서 말하였다. "선하지 않은 행동은 효도하지 않는 행동이요, 부끄러움이 없는 행동은 해치는 행동과 은혜를 배반하는 행동이다."

이렇게 말하고 그녀는 잠자코 있었다. 그 아이가 날 때에는 큰 복과 덕이 있었기 때문에 이름을 현(賢)이라고 지었다. 그 아이는 차츰 자라면서 가사(袈裟)를 매우 공경하였다. 가사를 공경하는 인연으로 집을 떠나 비구니(比丘尼)가 되었지마는 부처님 곁에는 가지 않고, 혼자서 부지런히 닦아 익혀 곧 아라한(阿羅漢)이 되었다. 그러나 그녀는 부처님 곁에 가지 않은 것을 뉘우치고 곧 부처님께 나아가 부처님께 참회하였다.

부처님께서 말씀하셨다. "나는 그때 이미 너의 참회를 받았느니라."

비구들이 이상히 여겨 부처님께 아뢰었다. "저 현 비구니는 무엇 때문에 집을 떠난 뒤에도 부처님을 뵙지 않다가, 이제 부처님을 뵙고 참회하는 것은 어떤 인연입니까?"

부처님께서 곧 그 인연을 말씀하셨다. "옛날 여섯 개 어금니를 가진 흰 코끼리가 있었는데, 그 무리가 많았다. 그에게는 두

아내가 있었는데,

첫째는 이름이 현(賢)이요,

둘째는 이름이 선현(善賢)이었다.

그는 숲속에서 마침 연꽃을 얻어 현에게 그것을 주려고 하였는데, 선현이 먼저 빼앗아 갔다. 현은 연꽃을 빼앗기고 질투하는 마음이 생겨 '저 코끼리는 선현만 사랑하고 나는 사랑하지 않는다'고 생각하였다.

그때 그 산중에 부처님 탑이 있었다. 현은 항상 꽃을 꺾어 그 탑에 공양하면서 발원하였다. '나는 인간에 나서 스스로 내 전생 일을 알고 또 저 흰 코끼리의 어금니를 빼어 가지리라.'

그리하여 곧 산꼭대기에 올라가 제 몸을 쳐 죽은 뒤에, 이내 비제혜왕(毘提醯王) 집에 태어나 그 딸이 되었고, 스스로 제 전생 일을 알았다. 그는 자라나 범마달왕(梵摩達王)의 아내가 되자, 전생 의 원한을 생각하고 그 왕에게 말하였다. '코끼리 어금니로 침상(床)을 만들어 주면 나는 살겠지마는, 만일 그렇지 않으면 나는 죽고 말겠습니다.'

왕은 곧 사냥꾼을 불러 '만일 코끼리 어금니를 얻어 오면 금 백냥을 주리라'고 하였다. 그때 사냥꾼은 거짓으로 가사(袈裟)를 입고 활과 독 화살을 끼고 코끼리 있는 곳으로 갔다.

그때 그 코끼리 아내 선현이 사냥꾼을 보고 코끼리왕[象王]에게 말하였다. '저기 사람이 옵니다.'

코끼리 왕이 물었다. '어떤 옷을 입었는가?'

'가사를 입었습니다.'

'가사 속에는 반드시 선이 있고 악은 없느니라.'

사냥꾼이 가까이 가서 독화살로 쏘자, 선현은 그 코끼리 왕에게 말하였다. '당신은 가사 속에는 선이 있고 악은 없다고 말씀하

셨습니다. 그런데 왜 이렇습니까?'

코끼리왕은 대답하였다. '그것은 가사의 허물이 아니다. 그것은 마음 속에 있는 번뇌의 허물이다.' 선현은 곧 그 사냥꾼을 해치려 하였으나, 코끼리왕은 여러 가지로 위로하고 타이르며 설법하여 해치지 못하게 하였다. 그리고 또 5백 마리 코끼리 떼들이 그 사냥꾼을 죽일까 걱정하여, 그들을 산골짝으로 몰아넣어 멀리 보내 버렸다.

그리고 사냥꾼에게 물었다. '너는 무엇이 필요하여 나를 쏘았는가?' 사냥꾼은 대답하였다. '나는 필요한 것이 없다. 범마달왕이 네 어금니를 구하기 때문에 그것을 가지러 왔다.'

'그러면 빨리 빼어 가라.'

'감히 내 손으로 뺄 수 없다. 그러한 자비로 나를 보호해 주었는데, 만일 내 손으로 빼어 가진다면, 내 손은 반드시 썩어 떨어질 것이다.'

그러자 그 코끼리는 곧 큰 나무에 받아 스스로 어금니를 빼고는, 코로 그것을 집어 주면서 발원하였다. '이 어금니의 보시로 말미암아 나는 장래에 일체 중생들의 삼독(三毒)의 어금니를 제거하리라.'

사냥꾼은 곧 그 어금니를 가져다 범마달왕에게 바쳤다.

그러나 그때 부인은 그 어금니를 얻고는 곧 뉘우치는 마음이 생겨 말하였다. '지금 내가 어떻게 이 어질고 훌륭하며 깨끗한 계율(戒律)을 가진 이의 어금니를 가지겠는가? 크게 공덕을 닦자.'

그리고 곧 서원(誓願)을 세웠다. '원컨대 저이가 장래에 성불할 때에, 나는 그이의 법 안에서 승려가 되고 도를 배워 아라한(阿羅漢)이 되게 하소서.'

비구들이여, 너희들은 알아야 한다. 그때의 그 흰 코끼리는 바로 이 나요, 그 사냥꾼은 바로 저 제바달다(提婆達多)이며, 현은 지금의 저 비구니요, 선현은 바로 저 야수타라(耶輸陀羅) 비구니이니라.”

11. 토끼가 제 몸을 구워 큰 선인에게 공양(供養)한 인연

사위국에 어떤 장자의 아들이 있었다. 그는 부처님 법 안에서 스님이 되었으나, 항상 속가의 권속들과 즐기고 도인들과 더불어 일을 같이 하기를 즐기지 않으며, 또 경전(經典)을 읽고 도를 닦기도 즐기지 않았다. 그래서 부처님께서 그 비구(比丘)에게 분부하여 아련야(阿練若 : 적정처寂靜處)로 가서 부지런히 닦아 익혀 아라한이 되어 육통(六通)을 두루 갖추게 하셨다.

비구들은 이상히 여겨 부처님께 아뢰었다. “세존께서 세상에 나오심은 참으로 기이하고도 기이합니다. 그러한 장자의 아들도 마음을 잡고 아련야로 가서 아라한의 도를 얻고 육통을 갖추게 하셨습니다.”

부처님께서 말씀하셨다. “나는 오늘만 그를 마음잡게 한 것이 아니라, 옛날에도 일찍 마음을 잡게 하였느니라.”

비구들이 아뢰었다. “알 수 없습니다. 세존(世尊)이시여. 옛날에도 마음을 잡게 하신 그 일은 어떠합니까?”

부처님께서 말씀하셨다. “옛날에 어떤 선인이 숲속에 있었다. 그때 세상에는 큰 가뭄이 들어 산중의 과실들은 뿌리와 줄기와 가지와 잎사귀가 모두 말라 버렸다. 그 선인은 어떤 토끼와 친하였는데, 토끼에게 말하였다. '나는 지금 마을에 내려가 걸식하고자 한다.'

토끼가 말하였다. '가지 마십시오. 제가 당신에게 먹을 것을 드리겠습니다.' 이에 토끼는 섶을 모아 놓고 그 선인에게 말하였다. '제 음식을 받으시면 반드시 비가 내리리니, 사흘만 지내면 꽃과 열매가 도로 살아나 캐어 먹을 수 있을 것입니다. 인간 세상에는 가지 마십시오.' 이렇게 말한 뒤에 큰 불을 피워 놓고 그 속에 뛰어들었다.

선인은 그것을 보고 생각하였다. '이 토끼는 나의 좋은 동무다. 내 먹을 것을 위해 능히 제 목숨을 버렸으니, 참으로 어려운 일이로다.' 그때 그 선인은 몹시 괴로워하면서 그것을 먹었다. 보살(토끼)의 이러한 어려운 행과 괴로운 행 때문에 석제환인의 궁전이 진동하였다. 석제환인은 생각하였다. '지금 무슨 인연으로 내 궁전이 흔들리는가?' 그는 토끼가 그 어려운 일을 한 것을 관찰해 알고, 그 행에 감동되어 곧 비를 내렸다. 그래서 선인은 거기 머물러 과실을 먹으면서 부지런히 공부하여 오신통(五神通)을 얻었다.

비구들이여, 알고 싶은가? 그때 오신통을 얻은 선인은 지금 저 비구요, 그 토끼는 지금의 내 몸이었느니라. 나는 그때에도 내 몸을 버렸기 때문에, 그 선인으로 하여금 아련야에 머물러 오신통을 얻게 하였거늘, 하물며 지금 내가 그 비구로 하여금 권속들을 멀리 떠나고 아련야에 머무르면서, 아라한이 되어 여섯 가지 신통을 얻게 하지 못하겠느냐?"

12. 선(善)하고 악(惡)한 원숭이의 인연(因緣)

부처님께서 왕사성에 계셨다. 그때 비구들이 부처님께 아뢰었다. "세존(世尊)이시여, 제바달다에게 의지하면 언제나 고뇌를 받고, 세존께 의지하면 현재(現在)에도 안락을 얻고 뒤에도 좋은 곳에 태어나 해탈의 도(道)를 얻습니다."

부처님께서 말씀하셨다. "그것은 오늘만이 아니다. 옛날에 두 마리 원숭이가 있었는데, 모두 5백 마리씩의 권속을 거느리고 있었다.

때마침 가시왕의 아들이 사냥을 나와 그들을 포위하려 하였다. 선(善)한 원숭이는 나쁜 원숭이에게 말하였다. '우리는 지금 이 강을 건너가면 어려움을 면할 수 있을 것이다.'

나쁜 원숭이는 말하였다. '우리는 건널 수 없다.'

그러자 선한 원숭이는 여러 원숭이들에게 말하였다. '저 비다라(毘多羅) 나뭇가지가 매우 길구나.' 5백 권속(眷屬)들은 그 나뭇가지를 잡고 강을 건너갔다. 그러나 나쁜 원숭이 권속들은 건너지 않았기 때문에 모두 왕자에게 사로잡히게 되었다.

비구들이여, 그때의 그 선한 원숭이는 바로 내 몸이요, 나쁜 원숭이는 바로 저 제바달다이다. 그가 거느린 권속들은 그때에도 괴로웠는데, 지금 그에게 의지한 자들도 또한 그와 같느니라. 그때 내게 의지한 자들은 언제나 즐거움을 받아, 현재에는 명예와 공양을 얻고, 장래에는 인간이나 천상에서 해탈을 얻을 것이다.

그때 제바달다에게 의지한 자는 언제나 괴로움을 받아, 현재에는 나쁜 이름을 얻고 사람들이 공양하지 않으며, 장래에는 3악도(惡道)에 떨어질 것이다.

그러므로 비구들이여, 부디 나쁜 벗을 멀리 떠나고 좋은 벗을 친해야 한다. 좋은 벗은 언제나 사람에게 안온과 즐거움을 준다. 그러므로 좋은 벗을 친해야 한다. 그러나 나쁜 벗은 멀리 떠나야 한다. 왜 그런가? 나쁜 벗은 사람을 불살라, 이 세상에서나 뒤 세상에서 뭇 괴로움이 모이기 때문이다."

13. 부처님이 지혜(智慧)의 물로 세 가지 불을 끈 인연(因緣)

남방산(南方山)이라는 나라가 있었다. 부처님께서는 그 나라에 가시는 도중에 어느 마을에서 주무셨다. 마침 그 마을에 좋은 모임이 있어서 사람들이 모두 술에 취해 어지러이 놀면서 불이 일어난 것도 알지 못하니, 불은 그 마을을 태웠다. 사람들은 놀라고 당황하여 갈 바를 모르고 서로 말하였다. "우리는 오직 부처님을 의지하여야 이 화재를 면할 수 있을 것이다." 그들은 부처님께 아뢰었다. "세존이시여, 저희들을 구제하여 주소서."

부처님께서 말씀하셨다. "일체 중생들은 모두 세 가지 불을 가지고 있다. 그것은 즉 탐욕과 분노와 어리석음의 불인데, 나는 지혜의 물로써 그 불을 끈다. 만일 이 말이 진실이라면 저 불은 꺼질 것이다."

이렇게 말씀하시자 불이 곧 꺼졌다. 여러 사람들은 모두 기뻐하면서 부처님을 더욱 믿고 존경하였다. 부처님께서 설법하시니, 그들은 모두 수다원(須陀洹)의 도를 얻었다.

비구들이 놀랍고 괴이하여 말하였다. "부처님께서 세상에 나오심은 참으로 놀랍고 장한 일입니다. 이 마을을 위하여 큰 이익을 주셨습니다. 마을의 불도 꺼지고 사람들 마음의 때도 없어졌습니다."

부처님께서 말씀하셨다. "오늘만 저들에게 이익을 준 것이 아니다. 지나간 세상에도 저들에게 큰 이익을 주었느니라."

비구들이 여쭈었다. "알 수 없습니다. 세존(世尊)이시여, 과거(過去)에 이익을 준 그 일은 어떠하였습니까?"

부처님께서 말씀하셨다. "지나간 세상에 설산(雪山) 한 쪽에 큰 대숲이 있었다. 많은 새와 짐승들이 그 숲을 의지해 살고 있었는데, 그 중에는 환희수(歡喜首)라는 앵무새가 있었다.

그때 그 숲에 바람이 몹시 불어 대나무끼리 서로 마찰하여 불이 일어나 그 숲을 태우자, 새와 짐승들은 모두 두려워 떨며 의지할 곳을 찾았다. 그때 앵무새는 자비심으로 새와 짐승들을 가엾이 여겨, 물에 가서 날개를 적셔 불 위에 뿌렸다. 가엾이 여기는 마음이 간절하기 때문에 제석천을 감동시켜 그 궁전을 진동하게 하였다. 석제환인은 천안(天眼)으로, 무슨 이유로 내 궁전이 진동(震動)하는가 관찰하다가, 한 앵무새가 대비심을 일으켜 불을 끄려고 온 힘을 다했으나 불을 끄지 못하는 것을 보았다.

석제환인은 곧 앵무새를 향하여 말하였다. '이 숲은 넓고 크기가 수 천만 리인데, 네 날개가 적시는 물은 몇 방울에 지나지 않는다. 어떻게 그 큰 불을 끌 수 있겠는가?'

앵무새가 대답하였다. '내 마음은 크고 넓으므로 부지런히 힘써 게으르지 않으면 반드시 불을 끌 수 있을 것입니다. 만일 이 몸이 다하도록 불을 끄지 못하면 다시 내생의 몸을 받더라도 맹세코 불을 끄고야 말 것입니다.'

석제환인이 그 뜻에 감동되어 큰 비를 내리니, 불이 곧 꺼졌다.

비구들이여, 그때의 그 앵무새는 바로 지금의 내 몸이요, 숲 속의 새와 짐승들은 지금의 이 마을의 백성들이다. 나는 그때에도 불을 꺼서 그들을 편안하게 하였고, 지금도 불을 꺼서 이들을 편안하게 한 것이다."

비구들이 물었다. "또 어떤 인연으로 그들은 도를 얻게 되었습니까?"

부처님께서 말씀하셨다. "이 인민들은 과거 가섭부처님 때 오계(五戒)를 받들어 가졌기 때문에, 그 인연으로 지금 도를 얻어 수다원의 도를 얻었느니라."

14. 바라내국(波羅㮈國)의 어떤 장자(長者)의 아들이 천신(天神)과 함께 왕을 감동시켜 효도를 행한 인연

이와 같이 내가 들었다. 어느 때 부처님께서 사위국에 계시면서 비구들에게 말씀하셨다.

"만일 어떤 사람이 자기 집에 범천(梵天)이 있게 하고 싶거든 부모에게 효도(孝道)하라. 범천은 곧 그 집에 있을 것이다.

제석천을 자기 집에 있게 하고 싶거든 부모에게 효도하라. 제석천은 곧 그 집에 있을 것이다.

모든 천신(天神)을 자기 집에 있게 하고 싶거든 부모를 공양하라. 모든 천신은 그 집에 있을 것이다.

화상(和尙)을 자기 집에 있게 하고 싶거든 부모를 공양하라. 화상이 그 집에 있을 것이다.

아사리(阿闍梨)를 자기 집에 있게 하고 싶거든 부모를 공양하

라. 아사리는 곧 그 집에 있을 것이다.

만일 여러 성현들과 부처님을 공양하고 싶거든 부모를 공양하라. 여러 성현들과 부처님이 곧 그 집에 있을 것이다."

비구들은 말하였다. "여래·세존께서는 부모를 공경하심이 매우 희유(希有)하십니다."

부처님께서 말씀하셨다. "오늘만 부모를 공경하는 것이 희유한 것이 아니었다. 지나간 세상에서도 부모를 공경한 것이 희유하였느니라."

비구들이 여쭈었다. "과거(過去)에 공경한 그 일은 어떠합니까?"

부처님께서 말씀하셨다. "옛날 바라내국에 어떤 가난한 사람이 외아들을 두었다. 그런데 그 외아들은 많은 자식들이 있었고, 그 집은 빈궁(貧窮)하였다. 그때 마침 흉년(凶年)이 들자 그 외아들은 부모를 산 채로 땅 속에 묻음으로써 자식(子息)들을 먹여 살렸다.

그 이웃 사람이 물었다. '너의 부모는 지금 어디 있는가?'

그는 대답하였다. '우리 부모는 나이 늙어 곧 죽게 되었으므로, 나는 그들을 땅에 묻고, 부모의 먹을 몫으로 아이들을 먹여 기르려 합니다.' 다음 집에서 그 말을 듣고 '그것은 이치(理致)에 맞는 일이다'고 하였다. 이렇게 서로 전하여, 온 바라내국에서는 그렇게 함으로써 법을 삼았다.

어떤 장자가 아들을 낳아 길렀다. 그 아들은 이 말을 듣고, 그것은 도리가 아니라 하여, '어떤 방법을 써야 이 나쁜 법을 없앨 수 있을까' 하고 늘 생각하였다.

그리하여 드디어 그 아버지에게 아뢰었다. '지금 아버지는 멀리 떠나 경론(經論)을 공부하십시오.' 아버지는 곧 떠나 어느 정도 공부한 뒤에 집으로 돌아왔다. 아버지 나이가 더욱 늙어가자, 아들은 그를 위해 땅을 파고 좋은 집을 만들어, 아버지를 그 속에 모셔 두고 좋은 음식을 드리면서 이렇게 생각하였다.

'누가 나와 함께 이 나쁜 법을 없앨 것인가?'

그때 천신(天神)이 몸을 나타내어 그에게 말하였다. '내가 이제 너를 위해 짝이 되어 주리니, 천신의 상소 종이[疏紙]에 네 가지 일을 써서 왕에게 물어 보되, 만일 이 상소하는 일을 해답하면 왕을 보호하겠지만, 해답하지 못하면 지금부터 이레 뒤에는 왕의 머리를 부수어 일곱 조각을 내겠다.'

네 가지 물음이란,

'첫째는 어떤 것이 으뜸가는 재물인가?

둘째는 어떤 것이 가장 즐거운가?

셋째는 어떤 맛이 가장 훌륭한가?

넷째는 어떤 것이 가장 오래 사는가?'였다. 그는 이것을 써서 왕궁의 문 위에 붙였다.

왕은 그것을 보고 온 나라에 영을 내려 물었다. '이것을 아는 이에게는 무엇을 요구하든지 그의 소원대로 하여 주리라.' 장자의 아들은 그 글을 가져다 그 뜻을 풀이하였다. '**믿음이 으뜸가는 재물이고, 바른 법이 가장 즐거우며, 진실한 말이 제일 맛이 좋고, 지혜의 목숨이 제일 길다.**' 그는 그 뜻을 이렇게 풀이한 뒤에 도로 왕의 문 위에 붙였다. 천신은 그것을 보고 매우 기뻐하였고, 왕도 또한 매우 기뻐하였다.

왕은 그 장자의 아들에게 물었다. '누가 그 말을 너에게 가르쳐 주었는가?' 그는 대답하였다. '저의 아버지가 제게 가르쳐 주었습니다.' '네 아버지는 지금 어디 있는가?' '원컨대 왕은 저에게 두려움이 없게 하소서. 진실로 저의 아버지는 늙었습니다. 그래서 국법을 어기게 되기 때문에 땅 속에 감추어 두었습니다. 저의 말을 들어 보소서. 부모의 은혜가 무겁기는 천지(天地)와 같습니다. 태(胎) 안에서 열 달을 안고 있다가 낳아서는 마른자리 진자리를 가리면서 길렀고, 사람의 자격을 갖추게 되었으니, 이것은 다 부모 때문이고, 해와 달을 보게 되고 음식을 먹고 살아 가게 되는 것도 모두 부모의 힘입니다. 가령 왼쪽 어깨에 아버지를 얹고 오른 어깨에 어머니를 얹고, 백년 동안 다니면서 갖가지로 공양하더라도 부모의 은혜는 갚지 못할 것입니다.'

그때 왕은 물었다. '너는 무엇을 구하는가?'

그는 대답하였다. '아무 것도 구하는 것이 없습니다. 원컨대 대왕께서는 그 나쁜 법을 버리도록 하여 주소서.'

왕은 그 말을 옳다 하고 온 나라에 '만일 부모에게 불효하는 자는 그 죄를 엄중히 다스리라'고 영을 내렸다.

비구들이여, 알고 싶은가? 그때 장자의 아들은 바로 지금의 내 몸이다. 나는 그때에도 한 나라를 위해 나쁜 법을 없애고 효순하는 법을 성취하였으니, 그 인연으로 부처가 되었다. 그러므로 오늘도 또한 효순하는 법을 찬탄하는 것이니라."

15. 가시국왕의 흰 향상(香象)[1]이 장님 부모를 봉양하고
두 나라를 화목하게 한 인연

옛날 부처님께서는 사위국에 계시면서 비구들에게 말씀하셨다. "여덟 종류의 사람이 있다. 그들에게는 결정코 보시하되 조금도 의심을 내지 말라. 부모와 부처님과 그 제자와 멀리서 오는 사람과 멀리 떠나는 사람과 병자와 병자를 간호하는 사람이다."

비구들은 부처님께 아뢰었다. "세존께서는 참으로 놀랍고 훌륭하십니다. 항상 부모를 찬탄하고 공경하십니다."

부처님께서 말씀하셨다. "나는 오늘만 그런 것이 아니다. 과거부터 항상 존중하고 공경하였느니라."

비구들은 여쭈었다. "존중하고 찬탄한 그 일은 어떠합니까?"

부처님께서 말씀하셨다. "먼 옛날 두 국왕(國王)이 있었다. 하나는 가시국(迦尸國)의 왕이요, 또 하나는 비제혜국(比提醯國)의 왕이었다. 비제혜왕에게는 큰 향상(香象)이 있었는데, 그는 그 향상의 힘으로 가시왕의 군사를 무찔러 항복(降伏)받았다.

그러자 가시왕은 생각하였다. '나는 지금 어떻게 향상을 얻어 저 비제혜왕의 군사를 무찔러 항복받을 수 있을까?'

그때 어떤 사람이 왕에게 말하였다. '나는 저 산에서 흰 향상을 보았습니다.' 왕은 그 말을 듣고 곧 사람들을 구하였다. '누구나 저 향상을 잡아 오면 많은 상을 주리라.' 어떤 사람이 그 모집에 응하여 군사를 많이 데리고 가서 그 코끼리를 잡자, 코끼리는 생각하였다. '만일 내가 멀리 도망가면 눈 멀고 늙은 부모는 어떻게 하는가? 차라리 순순히 왕에게로 가는 것이 나으리라.' 그때

---

1) 푸른빛으로 향기가 나며, 능히 바다나 강을 돌아다닌다는 전설의 코끼리.

사람들은 그 향상을 잡아 가지고 왕에게로 갔다. 왕은 매우 기뻐하여 좋은 집을 짓고 털담요를 깔아주고, 여러 기녀(妓女)들과 함께 거문고와 비파를 타면서 모두 즐기었다. 그러나 코끼리는 음식을 주어도 먹으려 하지 않았다.

그때 코끼리를 지키는 사람이 와서 왕에게 아뢰었다. '코끼리가 아무것도 먹으려 하지 않습니다.' 왕이 몸소 코끼리에게 갔다. 왕은 코끼리에게 물었다. '너는 왜 아무것도 먹지 않는가?'

코끼리가 대답하였다. '내게는 눈 멀고 늙은 부모가 계시는데, 그에게 물이나 풀을 주는 이가 없습니다. 부모가 아무것도 먹지 않는데 나만 어떻게 먹겠습니까?' 코끼리는 이어 말하였다. '내가 만일 달아나려 하였다면 왕의 저 많은 군사들도 나를 막지 못하였을 것입니다. 다만 부모가 눈 멀고 늙었기 때문에 순순히 따라 왕에게 왔습니다. 만일 왕이 내가 돌아가는 것을 허락하신다면, 부모가 목숨을 마칠 때까지 공양하고 다시 돌아오겠습니다.'

왕은 그 말을 듣고 크게 감동하였다. '우리는 사람 중의 코끼리요, 이 코끼리는 코끼리 중의 사람이다.' 가시국 사람들은 일찍부터 부모를 미워하고 천대하여 공경하는 마음이 없었다. 그러다가 이 코끼리로 말미암아 왕은 곧 나라에 영을 내렸다. '만일 이제부터 부모를 봉양하고 공경하지 않으면 큰 죄를 주리라.' 그리고 나서 코끼리를 놓아 돌려 보내어 부모를 공양하게 하였다. 그리하여 부모가 살 만큼 살다가 죽자 코끼리는 약속대로 왕에게 돌아왔다.

왕은 코끼리를 얻어 매우 기뻐하면서, 곧 코끼리를 장엄하게 하여 저 비제혜국을 치려 하였다. 코끼리는 왕에게 말하였다. '싸우지 마십시오. 대개 싸움에는 서로 피해가 많습니다.'

왕은 말하였다. '저들은 나를 속이고 업신여긴다.'

'저를 거기 가게 하여 주십시오. 그 원수들로 하여금 감히 왕

을 속이거나 업신여기지 못하게 하겠습니다.'

'네가 가면 혹시 돌아오지 못하게 하지 않겠는가?'

코끼리는 대답하였다. '아무도 저를 돌아오지 못하도록 막지 못할 것입니다.'

코끼리는 곧 그 나라로 갔다. 비제혜왕은 코끼리가 왔다는 말을 듣고 매우 기뻐하여 몸소 나가 맞이하였다. 그는 코끼리를 보자 말하였다. '우리 나라에 살아라.'

코끼리는 말하였다. '여기 머물 수 없습니다. 나는 자라서부터 언약(言約)을 어긴 적이 없습니다. 저 나라 왕에게 돌아오겠다고 이미 약속하였습니다. 당신들 두 국왕(國王)이 서로 원한을 풀고 제각기 자기 나라에 만족하고 살면 유쾌한 일이 아니겠습니까?' 그리고 게송(偈頌)으로 말하였다.

이기게 되면 원수를 더 만들고
지게 되면 근심과 괴로움 더하나니
이기고 지는 것 다투지 않으면
그 즐거움은 가장 제일이니라.

코끼리는 이 게송을 마치고 곧 가시국으로 돌아왔다. 그 뒤로부터 두 나라는 서로 화목하게 지냈다.

비구들이여, 그때의 그 가시국왕은 바로 지금의 저 바사닉왕(波斯匿王)이요, 비제혜왕은 저 아사세왕이며, 그 흰 코끼리는 바로 지금의 내 몸이었느니라. 그때 내가 부모에게 효도하였기 때문에 많은 중생들로 하여금 부모에게 효도하게 하였고, 또 그 두 나라를 화목하게 하였는데, 지금도 또한 그와 같느니라."

16. 바라내국의 아우가 형에게 충고하고 왕에게 권하여 천하를 교화한 인연

옛날에 세존(世尊)께서 비구들에게 말씀하셨다. "비구들이여, 알아라. 옛날 바라내국에 좋지 못한 법이 있어 세상에 두루 퍼졌으니, 아버지 나이 60만 되면 깔개를 주어 문을 지키게 하는 것이다.

그때 두 형제가 있었는데, 형이 아우에게 말하였다. '너는 아버지에게 깔개를 드리고 문을 지키게 하여라.'

그 집에는 깔개가 단 하나뿐이어서, 아우는 그 반을 잘라 아버지에게 주면서 아뢰었다. '이것은 형이 아버지에게 드리는 것입니다. 제가 드리는 것이 아닙니다. 형은 아버지더러 문을 지키라 합니다.'

형이 아우에게 말하였다. '왜 깔개를 전부 드리지 않고 반을 잘라 드리느냐?'

아우가 대답하였다. '마침 하나뿐이어서 반을 잘라 드리지 않으면, 뒤에 다시 얻을 수 없기 때문입니다.'

'또 누구에게 주려는가?'

'잘 두었다가 어찌 형님에게 드리지 않을 수 있겠습니까?'

'왜 내게 주려고 하는가?'

'형님도 늙으실 것이니, 형님 아들도 형님을 문지기로 만들지 않겠습니까?'

형은 그 말을 듣고 깜짝 놀라면서 말하였다. '나도 장차 그렇게 될 것인가?'

아우가 대답하였다. '누가 형님을 대신하겠습니까?' 그리고 이어 형에게 말하였다. '그런 나쁜 법은 다 같이 버리도록 하여야 하겠습니다.' 그들은 서로 이끌고 정승(政丞)에게 가서 이런 사실을 말하였다.

정승도 '진실로 그렇다. 우리도 다 늙어야 하는 것이다' 하고 왕에게 아뢰었다. 왕도 그 말을 옳다 하고, 나라에 영을 내려 부모를 효도로 봉양하게 하고, 나쁜 법을 금하여 다시는 그것을 허락(許諾)하지 않았다."

17. 범마달 부인이 시기하여
아들 법호(法護)를 죽인 인연

부처님께서 왕사성(王舍城)에 계시면서 제바달다에게 말씀하셨다. "나는 언제나 너를 매우 사랑한다. 나는 몸으로나 말로나 뜻으로 너를 조금도 미워하지 않는다. 지금 다 같이 참회(懺悔)하자."

그러나 제바달다는 욕(辱)하고 떠났다.

비구들이 아뢰었다. "부처님께서는 그를 그처럼 사랑하는데, 저 제바달다는 어찌하여 도리어 욕합니까?"

부처님께서 말씀하셨다. "그것은 오늘만이 아니다. 옛날 바라내국에 범마달(梵摩達)이라는 왕이 있었다. 그 부인은 이름이 불선의(不善意)요, 그 아들은 이름이 법호(法護)인데, 총명하고 인자하므로 스승에게 보내어 공부하게 하였다. 그때 범마달은 여러 궁녀들을 데리고 동산에 나가 즐거이 놀다가, 먹다 남은 술을 그 부인에게 보내었다.

그러자 부인은 화를 내어 이렇게 말하였다. '나는 차라리 법호의 목을 찔러 그 피를 마실지언정 이 술은 마시지 않겠다.'

왕은 이 말을 듣고 화를 내어 말하였다. '공부하는 법호를 불러 오라.'

법호가 오자 왕은 그의 목을 찌르려 하였다.

법호는 아버지에게 아뢰었다. '저에게는 아무 죄도 없습니다. 저는 왕의 외아들인데, 왜 저를 죽이려 하십니까?'

왕이 말하였다. '내가 너를 죽이려는 것이 아니다. 네 어미 뜻일 뿐이다. 네 어미에게 말하여 참회하고, 그를 기쁘게 하면 너를 죽이지 않을 것이다.'

아들은 곧 어머니에게 참회(懺悔)하면서 말하였다. '아들이라고는 저 하나뿐이요, 또 아무 죄도 없는데, 왜 저를 죽이려 하십니까?'

그러나 어머니는 참회를 받아들이지 않고, 아들의 목을 찌르고 그 피를 주어 마시게 하였다."

부처님께서 이어 말씀하셨다. "비구들이여, 그때의 그 부왕은 바로 지금 저 구가리(拘迦離)요, 그 어머니는 지금 저 제바달다며, 그 아들은 바로 내 몸이다.

나는 그때 조금도 나쁜 마음이 없었지만, 그는 내 참회를 받아들이지 않았고 지금도 또한 그렇다. 나는 그때 죽임을 당하였지만 조금도 성내거나 원망하는 마음이 없었거늘, 하물며 지금 성내어 그를 미워하는 마음이 있겠는가?"

18. 타표(駝驃) 비구가 비방(誹謗)을 받은 인연

(세존世尊께서 말씀하셨다.)

"옛날 타표(駝驃)라는 비구(比丘)가 있었다. 그는 큰 역사(力士)의 힘이 있었고, 출가하여 부지런히 공부하여 아라한이 되어 위엄과 덕을 두루 갖추었으며, 항상 절 일을 맡아 보면서 다섯 손가락에서는 광명을 내었다. 그리하여 여러 스님들에게 갖가지 깔개를 마련하여 주었다. 그래서 부처님께서 '일 잘하기 제일[營事第一]'이라고 말씀하셨다.

미다(彌多) 비구(比丘)는 복덕이 엷어 모임이 있을 때마다 음식이 마음에 안 들면 그는 도리어 성을 내어 말하였다. '저 타표가 절 일을 맡아 보는 동안 좋은 음식 먹기는 다 글렀으니 무슨 방법을 써야 하겠다.'

미다 비구에게는 비구니가 된 누이가 있었다. 그는 누이에게 가서 서로 의논하고, 세 번이나 타표를 모함하였다.

타표 비구는 그것이 싫어져 허공에 올라 열여덟 가지 신변(神變)을 보이고, 불꽃 삼매에 들어 허공 위에서 불꽃처럼 사라져 시체마저 없어졌다.

비방(誹謗)과 탐욕(貪慾)과 질투(嫉妬)는 성현들까지도 죽게 하거늘, 하물며 범부(凡夫)이겠느냐? 그러므로 지혜로운 사람은 비방을 삼가고 말을 함부로 하지 말라야 하느니라."

그때 비구들은 부처님께 아뢰었다. "저 타표 비구는 무슨 인연으로 비방을 받으며, 무슨 인연으로 큰 힘을 가졌으며, 또 무슨 인연으로 아라한이 되었습니까?"

부처님께서 말씀하셨다. "사람의 수명이 2만 세이던 지난 세상에 가섭이라는 부처님이 있었다. 그때 그 부처님의 법 안에 어떤 젊은 비구가 있었는데, 얼굴이 단정하고 얼굴빛이 아름다웠다. 그 젊은 비구가 걸식하고 돌아갈 때에, 어떤 젊은 여자가 아름다운 그 얼굴에 반하여, 그 비구를 바라보면서 눈을 떼지 않았다.

그때 타표 비구는 음식 감독으로 있었는데, 마침 그 여자가 그 비구를 따르면서 잠깐도 눈을 떼지 않는 것을 보고 비방(誹謗)하여 말하였다. '저 여자는 틀림없이 저 비구와 정(情)을 통하고 있는 사이다.'

그 인연으로 말미암아 그는 삼악도에 떨어져 한량없는 고통을 받았고, 오늘까지도 그 남은 재앙이 다하지 않아 비방을 받고 있다. 그리고 과거 가섭부처님 때 집을 떠나 도를 배웠기 때문에 이제 아라한이 되었으며, 또 과거에 절 일을 맡고 있을 때 쌀과 국수를 실은 나귀를 진창에서 끌어내었기 때문에, 그 인연으로 큰 역사(力士)의 힘을 얻게 되었느니라."

19. 이월(離越)이 비방(誹謗)을 받는 인연

옛날 계빈국의 이월(離越) 아라한(阿羅漢)이 산에서 좌선(坐禪)하고 있었는데, 어떤 사람이 소를 잃고 그 자취를 쫓아 거기에 이르렀다. 그때 이월은 풀을 삶아 옷을 물들이는데, 옷은 저절로 변하여 쇠가죽이 되고 물감은 변하여 피가 되며, 삶는 물감풀은 변하여 쇠고기가 되고 가졌던 발우는 변하여 쇠머리가 되었다.

소 주인이 그것을 보고 곧 그를 결박하여 왕에게 끌고 가자, 왕은 그를 옥에 가두었다. 그는 12년 동안 늘 간수가 되어 말을 먹이면서 말똥을 치우고 있었다.

이월의 제자(弟子)로서 아라한이 된 5백 사람들은 그 스승을 찾았으나 있는 곳을 알지 못하였다. 그의 업연(業緣)이 다하려 할 때 어떤 제자가, 그 스승이 계빈국의 감옥에 있는 것을 보고, 곧 왕에게 가서 말하였다.

"우리 스승 이월이 왕의 감옥에 있습니다. 원컨대 판결하여 주소서."

왕은 곧 감옥으로 사람을 보내어 조사하게 하였다. 왕의 신하는 감옥에 가 보았으나, 어떤 사람이 얼굴이 초췌하고 수염과 머리가 길며, 간수가 되어 말을 먹이면서 말똥을 치우고 있는 것밖에 보지 못하였다. 그는 돌아와 왕에게 아뢰었다. "감옥 안에는 어떤 사문 도사도 없고, 옥졸 비구가 있을 뿐입니다."

제자(弟子)는 다시 왕에게 아뢰었다. "원컨대 영을 내려 감옥에 있는 비구들을 모두 내어 주소서." 왕이 즉시 영을 내려 감옥에 있는 도인들을 모두 석방하게 하니, 존자 이월은 감옥 안에서 수염과 머리가 저절로 떨어지고 가사가 몸에 입혀졌다. 그는 허공에 솟아올라 열여덟 가지 신변을 나타내었다.

왕은 그것을 보고 일찍 없던 일이라 찬탄하면서, 온몸을 땅에 던져 존자(尊者)에게 아뢰었다. "원컨대 저의 참회를 받아 주소서." 그가 곧 내려와 왕의 참회를 받자, 왕은 그에게 물었다. "어떤 업연으로 감옥에서 여러 해를 지내면서 고통을 받았습니까?"

존자가 대답하였다. "나는 옛날에 소를 잃고 그 자취를 쫓아 어떤 산중을 지내다가, 벽지불이 혼자 앉아 참선(參禪)하는 것을 보고, 하루낮 하룻밤을 비방(誹謗)하였습니다. 그 인연으로 삼악도에 떨어져 한량없는 고통(苦痛)을 받았는데, 그 남은 재앙(災殃)이 다하지 못하였기 때문에 아라한이 되었어도 오히려 비방(誹謗)을 받는 것입니다."

20. 바사닉왕의 추한 딸 뇌제(賴提)의 인연

옛날 바사닉왕에게 뇌제(賴提)라는 딸이 있었는데, 그녀는 열여덟 가지 추한 꼴을 하고 있어 도무지 사람 같지 않았다. 그래서 사람들은 그녀를 보면 놀라고 두려워하였다.

그때 바사닉왕은 나라에 영을 내려 사람을 구하였다. "어떤 양민의 아들로서 빈궁(貧窮)하고 고독한 이가 있으면 데리고 오라."

그때 시장 주변에 어떤 장자의 아들이 홀로 외로이 구걸하면서 살아가고 있었다. 사람들은 그를 보고 왕에게 데리고 갔다. 왕은 그 사람을 데리고 후원으로 들어가 약속하면서 분부하였다. "내게 딸이 있는데, 얼굴이 추하여 남에게 보일 수가 없다. 지금 그대의 아내로 주고 싶은데 어떻게 생각하는가?"

장자의 아들이 왕에게 아뢰었다. "왕의 분부시라면 가령 개를 준다 해도 사양하지 못하겠거늘, 하물며 공주이온데 어떻게 싫다 하겠습니까?"

왕은 곧 그에게 딸을 주어 아내로 삼게 하고, 궁실을 지어 주고는 분부하였다. "이 여자는 얼굴이 추하니, 부디 남에게 보이지 말라. 나갈 때에는 문을 밖으로 걸고, 들어와서는 문을 안으로 닫는 것을 하나의 법식으로 하라."

여러 장자의 아들들이 그와 친한 벗이 되어 잔치를 베풀고 놀게 되었는데, 모이는 날에 다른 장자의 아들들은 그 부인과 함께 와서 모였으나, 이 왕의 딸만은 나오지 않았다. 그래서 여러 사람들은 "이후의 모임에는 모두 그 부인을 데리고 오되, 만일 오지 않으면 많은 재물로 벌(罰)을 매기자"라고 서로 약속하였다.

그 뒤에 다시 모임이 있었으나 이 가난한 장자의 아들은 여전히 그 부인을 데리고 오지 않았기에 여러 사람들이 그에게 중한 벌을 주었으나, 그는 그 벌을 공손히 받았다.

그러자 사람들은 다시 약속하였다. "내일 다시 모일 때 부인을 데리고 오지 않으면 더욱 중한 벌을 주리라." 그리하여 그는 두번 세번 벌을 받았지만 그 모임에 부인을 데리고 오지 않았다.

그 뒤에 그는 집에 들어가자 부인에게 말하였다. "나는 당신 때문에 여러 번 벌을 받았소."

부인이 물었다. "왜 그랬습니까?"

"여러 사람들의 약속이 있었소. 모여서 노는 날에는 모두 부인을 데리고 모임에 나오도록 했는데, 나는 당신을 데리고 나가 사람들에게 보이지 말라는 왕의 분부를 받았기 때문에 여러 번 벌을 받은 것이요."

부인은 이 말을 듣고 매우 부끄러워하고 못내 슬퍼하여, 밤낮으로 부처님을 생각하였다. 뒷날 다시 연회가 있어서 남편이 또 혼자 나가자, 부인은 방에서 혼자 더욱 간절히 발원하였다. "부처님께서 세상에 나오셔서 많은 이익을 주십니다만 저는 지금 무슨 죄로 홀로 그 은혜를 입지 못합니까?"

부처님께서 그 마음에 감동되어 땅에서 솟아올랐다.

그녀가 처음으로 부처님 머리털을 뵙고 존경하고 기뻐하자, 그녀의 머리털은 곧 변하여 아름다운 머리털이 되었다. 다음에는 부처님 이마를 뵙고 또 다음에는 눈썹·눈·귀·코·몸·입을 뵙자, 뵐 때마다 기쁨은 더욱 더하여 그 몸에 변화가 일어나 추한 것은 아주 없어지고 얼굴이 저 천녀와 같이 되었다.

그때 여러 장자 아들들은 가만히 서로 의논하였다. "저 왕의 딸이 우리 모임에 나오지 않는 것은 반드시 보통 사람보다 미인이거나, 혹은 아주 못났기 때문에 나오지 않는 것이다.

우리는 지금 저 남편에게 술을 먹여 정신없이 만들어 놓고, 그 열쇠를 가지고 가서 문을 열어 보자." 그리하여 그를 술에 취하게 한 뒤에, 그가 차고 있는 열쇠를 가지고 여럿이 가서 문을 열어 보았다. 거기서 그들은 왕의 딸이 너무도 아름다운 것을 보고, 문을 닫고 돌아왔다. 그때 그 남편은 아직도 술에서 깨어나지 않았으므로 그 열쇠를 도로 그 허리 밑에 채워 두었다.

남편은 잠을 깨어 집으로 돌아가 문을 열고, 그 부인이 단정하고 뛰어나게 아름다운 것을 보고 괴상히 여겨 물었다. "당신은 어떤 처녀이기에 내 방에 와서 있습니까?"

부인이 말하였다. "당신 아내 뇌제입니다."

남편은 이상히 여겨 다시 물었다. "어떻게 갑자기 그런 모습이 되었습니까?"

부인이 대답하였다. "당신이 저 때문에 여러 번 벌을 받았다는 말을 듣고 몹시 부끄러워하여, 부처님을 간절히 생각하자 부처님이 땅에서 솟았습니다. 제가 그것을 보고 기뻐하였더니 제 몸이 이렇게 아름답게 변하였습니다."

그는 매우 기뻐하여 곧 왕에게 들어가 아뢰었다. "공주가 저절로 아름답게 변하였습니다. 이제 왕은 와서 보소서."

왕은 그 말을 듣고 매우 기뻐하여 곧 딸을 불러 보고 못내 기뻐하면서도 이상히 여겨 딸을 데리고 부처님께 나아가 아뢰었다. "세존이시여, 이 딸은 무슨 인연으로 깊은 궁중에 태어났으나 몸이 추하여, 사람들이 보고는 놀라고 괴상히 여기며, 또 무슨 인연으로 지금 갑자기 아름답게 변하였습니까?"

부처님께서 말씀하셨다. "과거에 어떤 벽지불이 날마다 걸식하면서 어떤 장자집 문 앞에 이르렀을 때, 그 장자의 딸이 밥을 가지고 나와 벽지불에게 주었소. 그때 그녀는 벽지불의 몸이 추한 것을 보고 이렇게 말하였소. '이 사람은 매우 추하다. 얼굴은 고기 껍질 같고 머리털은 말 꼬리 같구나.'

그때 장자의 딸은 바로 지금의 이 왕의 딸이오. 그 벽지불에게 밥을 준 인연으로 궁중에 태어났고, 그 부처를 비방하였기 때문에 몸이 추하며, 부끄러워하고 간절한 마음을 내었기 때문에 나를 보게 되었고, 기뻐하였기 때문에 몸이 아름답게 변한 것이오."

대중들은 부처님 말씀을 듣고, 공손히 예배(禮拜)하고 기뻐하며 받들어 행하였다.

부처님께서 추한 뇌제賴提 공주의
간절한 마음에 감동되어 땅에서 솟아올랐다.
그녀가 처음으로 부처님 머리털을
뵙고 존경하고 기뻐하자,
그녀의 머리털은 곧 변하여
아름다운 머리털이 되었다.
다음에는 부처님 이마를 뵙고
또 다음에는 눈썹 눈 귀 코 몸 입을 뵙자,
뵐 때마다 기쁨은 더욱 더하여
그 몸에 변화가 일어나 추한 것은 아주 없어지고
얼굴이 저 천녀와 같이 되었다.
-잡보장경

21. 바사닉왕의 딸 선광(善光)의 인연

옛날 바사닉왕에게 선광(善光)이라는 딸이 있었다. 그는 총명하고 단정하여 부모들은 사랑하고 온 궁중에서 모두 존경하였다. 그 아버지는 딸에게 말하였다. "너는 내 힘으로 말미암아 온 궁중이 모두 사랑하고 존경한다."

딸은 대답하였다. "저에게 업(業)의 힘이 있기 때문이요, 아버지의 힘이 아닙니다."

이렇게 세 번 말하였으나 딸의 대답은 여전하였다. 아버지는 화를 내어 "과연 너에게 업의 힘이 있는가 없는가를 시험해 보리라."하고, 좌우(左右)에 명령하였다. "이 성안에서 가장 빈궁(貧窮)한 거지 한 사람을 데리고 오너라." 신하들은 왕의 명령을 받고, 가장 빈궁한 거지 한 사람을 찾아, 왕에게 데리고 왔다.

왕은 곧 그 딸 선광을 거지에게 아내로 주면서 딸에게 말하였다. "만일 너에게만 업의 힘이 있고 내 힘은 없다면, 지금부터 앞의 일을 징험해 알 것이다."

그러나 딸은 여전히 "저에게 업의 힘이 있습니다." 하고, 그 거지를 데리고 집을 떠났다.

그는 그 남편에게 물었다. "당신에게 부모님이 계십니까?" 거지는 대답하였다. "우리 아버지는 전에 이 왕사성 안에서 첫째 가는 장자였었는데, 부모님이 모두 돌아가시고, 의지할 곳이 없기 때문에 나는 거지가 되었소."

선광은 다시 물었다. "당신은 지금 옛날의 그 집터를 알 수 있겠습니까?"

"그 터는 알지만 지금은 집도 담도 다 허물어지고 빈 땅만 남아 있습니다."

선광이 남편을 데리고 옛 집터로 가서 돌아다니자 가는 곳마다 땅이 저절로 꺼지고, 땅 속에 묻혔던 보물광이 스스로 나타났다. 그는 그 보물로 사람을 부려 집을 지었는데, 한 달이 차지 못해 집이 모두 이루어지고, 궁인(宮人)과 기녀들은 그 안에 가득 차며 종과 하인들은 이루 헤아릴 수 없었다.

그때 왕은 문득 생각이 났다. "내 딸은 어떻게 생활하고 있을까?"

어떤 사람이 대답하였다. "궁실과 재물이 왕보다 못하지 않습니다."

그러자 왕이 말하였다. "부처님 말씀은 진실이다. 자기가 선악을 짓고 자기가 그 갚음을 받는 것이다."

딸은 그날로 남편을 보내어 왕을 청하였다. 왕이 청을 받고 딸의 집에 가 보니, 털자리와 담요와 집의 장엄이 왕궁보다 더 훌륭하였다. 왕은 그것을 보고 처음 보는 일이라 찬탄하면서, 그 딸의 말이 옳은 줄 알고 이렇게 말하였다. "자기가 업을 짓고 스스로 그 갚음을 받는 것이다."

왕은 부처님께 가서 여쭈었다. "이 딸은 전생에 무슨 복업을 지었기 때문에 왕가에 태어나 몸에 광명이 있습니까?"

부처님께서 대답하셨다. "과거 91겁 전에 비파시(毘婆尸)라는 부처님이 계셨고, 그때 반두(盤頭)라는 왕이 있었으며, 그 왕에게는 첫째 부인이 있었다. 비파시 부처님이 열반에 드신 뒤에 반두왕은 그 부처님 사리로 칠보탑(七寶塔)을 일으켰고, 왕의 첫째 부인은 하늘관[天冠]을 잘 털어 비파시 부처님 동상 머리에 씌우고 하늘관 안의 여의주를 내어 문설주 위에 달매, 그 광명이 세상을 비추었다. 그는 이내 발원하였다.

'장래에 내 몸에는 자마금색(紫磨金色)의 광명이 있고, 영화롭고 부귀하여 삼악 팔난(三惡八難)의 곳에 떨어지지 않게 하소서.'

왕이여, 그때 왕의 첫째 부인이 바로 지금의 저 선광이오.

그가 가섭부처님 때에 가섭 여래와 네 분의 큰 성문에게 맛있는 음식으로 공양하였을 때 남편이 그것을 만류하자 그녀는 남편에게 청하였소. '나를 만류하지 마십시오. 내가 저분들을 청하여 충분히 공양하게 해주십시오.' 그래서 남편의 허락을 받고 공양을 마치게 되었소.

왕이여, 그때의 그 남편이 바로 오늘의 저 남편이고, 그 아내는 오늘의 저 아내요. 남편은 그 아내의 공양을 만류하였기 때문에 항상 빈궁하였다가 다시 아내의 공양을 허락하였기 때문에 아내의 덕으로 지금 크게 부귀하게 된 것이며, 그러나 뒤에 아내가 없어지면 그는 도로 빈궁하게 될 것이요. 이와 같이 선악(善惡)의 업이 따라 다니는 것은 일찍이 어긋나는 일이 없었소."

왕은 부처님 말씀을 듣고 행업을 깊이 통달하여 스스로 잘난 체하지 않고, 깊이 믿고 깨달아 기뻐하면서 떠났다.

22. 옛날 왕자 형제 두 사람이
나라에서 쫓겨난 인연(因緣)

옛날에 어떤 왕자 형제 두 사람이 나라에서 쫓겨나 어느 넓은 벌판에 이르러 양식이 모두 떨어졌다. 아우는 그 아내를 죽여 그 살을 베어 형과 형수에게 먹게 하였다. 형은 그 살을 받았으나 먹지 않고 모두 감추어 두고, 제 다릿살을 베어 부부끼리 먹었다. 아우는 그 아내의 살이 다 되자 그 형수를 죽이려 하였다. 형은 죽이지 말라 하고, 전에 감추어 두었던 살을 내어 그 아우에게 주어서 먹게 하였다. 그들은 그 광야(廣野)를 지나 신선들이 사는 곳에 이르러 과실을 따 먹으면서 살았다. 그 뒤에 아우는 병(病)으로 죽고 형만이 혼자 남았다.

그때 왕자는 형벌을 받아 수족(手足)이 없는 어떤 사람을 보고 자비심을 내어 과실을 따다 그에게 주어 그를 살렸다. 왕자는 사람됨이 탐욕(貪慾)이 적었다.

그가 과실을 따러 간 사이에 그 아내는 뒤에 남아 있으면서, 그 월인(刖人:형벌을 받아 수족이 없는 사람)과 정(情)을 통하였다. 정이 깊어지자 그 남편을 미워하게 되었다. 어느 날은 남편을 따라 과실을 따러 나갔다가 강가에 이르자 그 남편에게 말하였다. "저 나무 꼭대기 과실을 따 주십시오."

남편이 말하였다. "저 나무 밑에는 깊은 강이 있는데, 혹 떨어질는지 모르오."

아내는 말하였다. "밧줄로 허리를 묶으십시오. 제가 그 밧줄을 당기면 될 것입니다."

그리고 벼랑가로 가까이 가자 아내는 그 남편을 밀쳐 강 가운데로 떨어뜨렸다. 그러나 자애롭고 착한 힘이 있기 때문에 물에 떨어졌으나 떠내려갈 뿐, 빠져 죽지는 않았다.

그때 그 강 하류(下流)에 있는 어떤 나라의 왕이 죽었는데, 그 나라의 관상가는 누가 왕이 될 만한지 온 나라 안을 두루 찾아보았다. 마침 그는 멀리 물 위에 누런 구름 일산(日傘)이 떠 있는 것을 보았다. 관상가는 점을 쳐 보고는 말하였다. "저 누런 구름 일산 밑에는 반드시 신인(神人)이 있을 것이다." 그리고는 사람을 그 물 가운데 보내어 그를 맞이하여 왕으로 세웠다.

왕의 옛 아내는 그 월인을 업고 돌아다니면서 구걸하다가, 이 왕자의 나라에까지 왔다. 그러자 그 나라 사람들이 모두 칭찬하였다. "저기 어떤 선량한 여자가 월인이 된 그 남편을 업고 다니면서 공경하고 효순한다."

이 소문은 왕에게까지 알려졌다. 왕이 그 말을 듣고 곧 사람을 보내어 부르니, 그녀가 왕 앞에 왔다. 왕은 그 여자에게 물었다. "이 월인이 진실로 네 남편인가?"

그녀는 대답하였다. "진실로 그렇습니다."

"나를 알겠는가?"

"모르겠습니다."

"너는 아무개를 아는가?"

"압니다." 그는 왕을 바라보다가 비로소 알아차리고 깜짝 놀랐다. 그러나 왕은 자비심(慈悲心)이 있기 때문에 사람을 보내어 생활하게 해 주었다.

부처님께서 이어 말씀하셨다. "알고 싶은가, 그때의 그 왕은 바로 이 내 몸이요, 그 아내는 바로 저 나무 바리를 들고 나를 비방하던 전차(旃遮)라는 바라문의 딸이며 손발을 베인 이는 바로 지금의 저 제바달다이니라."

23. 수달(須達) 장자의 아내가
부처님을 공양하고 그 갚음을 받은 인연

옛날 부처님이 세상에 계셨다. 수달 장자는 마지막으로 빈곤(貧困)하여 재물은 전연 없고, 품팔이로 나가 서되 쌀을 얻어 그것으로 밥을 지었다. 밥을 다 지었을 때 마침 아나율(阿那律)이 와서 밥을 빌었다. 수달의 아내는 발우를 받아 밥을 가득 채워 주었다. 그 뒤에 수보리·마하가섭·대목건련·사리불들이 차례로 와서 밥을 빌었다. 그 아내는 여전히 각각 그 발우를 받아 밥을 가득 채워 주었다. 마지막에 부처님이 몸소 와서 밥을 빌자, 그녀는 또 발우를 받아 밥을 가득 채워 바쳤다.

그때 수달이 밖에서 돌아와 아내에게 밥을 청하니, 아내는 대답하였다. "만일 저 존자 아나율이 오신다면 당신은 당신 자신이 먹겠습니까? 저 존자님께 드리겠습니까?"

남편은 대답하였다. "내가 굶고서라도 저 존자님께 드리겠소."

"또 가섭·대목건련·수보리·사리불과 부처님이 오신다면 당신은 어떻게 하겠습니까."

"내가 굶고서라도 모두 그분들에게 드리리다."

아내는 말하였다. "아침부터 여러 성현들이 오셔서 밥을 청하기에 있는 밥을 모두 드렸습니다."

남편이 아내에게 말하였다. "우리들은 죄(罪)가 다하였으니, 이제는 복덕(福德)이 생길 것이요."

그리고는 곧 창고를 열자, 곡식과 비단과 음식이 모두 그 안에 가득 찼고, 다 쓰고 나면 다시 생겼다.

24. 사라나(娑羅那) 비구가
악생왕(惡生王)에게 고뇌(苦惱)를 당한 인연

옛날 우전왕(優塡王)의 아들은 이름을 사라나(娑羅那)라 하였다. 그는 불법(佛法)을 즐기어 집을 나와 도를 배우고 두타(頭陀)의 고행을 닦으면서 숲속 나무 밑에 앉아 생각을 거두어 좌선하고 있었다. 그때 악생왕(惡生王)은 여러 미녀들을 데리고 두루 다니면서 놀다가, 그 숲에 이르러 이내 잠이 들었다. 왕이 잠든 후 여러 미녀들은 저희끼리 놀다가 어느 나무 밑에서 어떤 비구가 생각을 모으고 좌선(坐禪)하는 것을 보고, 그리로 가서 예배하고 문안하였다. 그때 그 비구는 그들을 위하여 설법하여 주었다.

이때 왕은 잠에서 깨어나 미녀들을 찾다가 여러 미녀들이 멀리 나무 밑에 얼굴이 단정하고 나이 한창 젊은 어떤 비구 앞에서 법을 듣고 있는 것을 보았다.

왕은 비구에게 가서 물었다. "너는 아라한(阿羅漢)이 되었는가?"

그는 대답하였다. "되지 못했습니다."

"아나함(阿那含)이 되었는가?"

"되지 못했습니다."

"사다함(斯多含)이 되었는가?"

"되지 못했습니다."

"수다원(須陀洹)이 되었는가?"

"되지 못했습니다."

"부정관(不淨觀)을 얻었는가?"

"얻지 못했습니다."

왕은 잔뜩 화를 내어 이렇게 말하였다.

"너는 아무것도 얻은 것이 없구나. 그런데 어떻게 나고 죽는 하나의 범부(凡夫)로서 여러 미녀들과 한 자리에 앉아 있는가?" 왕이 곧 그를 붙잡고 때리자, 그는 온몸이 터지고 헐었다.

여러 미녀들이 말하였다. "이 비구는 허물이 없습니다." 그러자 왕은 더욱 화를 내어 그를 쳤다. 미녀들이 모두 울면서 괴로워하니, 왕은 더욱 심하게 화를 내었다.

그때 비구는 가만히 생각하였다. '과거(過去)의 여러 부처님들은 능히 욕됨을 참았기 때문에 위없는 도를 얻었다. 또 과거의 욕을 참는 선인들은 귀·코·손·발을 끊기면서도 그 욕을 참았다.

그런데 지금 나는 몸이 아직 단단하고 성한데 어찌 이것을 참지 못하겠는가?' 이렇게 생각하고 잠자코 참으면서 매를 맞았다. 다 맞고 나자 온몸은 더욱 아파서 고통을 견딜 수가 없었다.

그는 다시 생각하였다. '만일 내가 속가(俗家)에 있었으면 한 나라의 왕자로서 왕위(王位)를 이어 받아, 군사의 세력은 저 왕보다 못하지 않았을 것이다. 그런데 지금 나는 집을 나와 홀몸이기 때문에 저의 때림을 받는다.' 그는 매우 괴로워한 끝에 도(道)를 버리고 집으로 돌아가려고, 그 스승 가전연(迦旃延)에게 가서 하직 인사를 드렸다.

그 스승은 말하였다. "너는 지금 매를 맞아 몸이 매우 아플 것이니, 여기서 쉬었다가 내일 떠나도록 하라." 그때 사라나는 그 스승의 분부를 받고 거기서 잤다.

밤중이 되자 존자 가전연은 그를 꿈꾸게 하였다. 꿈에서 사라나는 자기 자신을 돌아보고는 도를 버리고 집에 돌아갔다. 그 부왕은 이미 죽고 그가 왕위를 이어 받았다. 그리하여 네 종류 군사를 모두 모으고 악생왕을 치려고 그 나라에 가서 진을 치고 싸우다가, 그에게 패(敗)하여 군사들은 흩어져 달아나고 그 몸은 사로잡혔다.

그때 악생왕은 그를 잡아서는 사람을 시켜 칼을 가지고 죽이려 하였다. 그러자 사라나는 매우 두려워하여 마음으로 생각하였다. '우리 스승님을 한 번 뵈었으면 죽어도 한이 없겠다.'

그때 스승은 그 마음 속의 생각을 알고, 지팡이를 짚고 발우를 가지고 걸식하러 그 앞에 나타나서 그에게 말하였다. "아들아, 나는 항상 너를 위해 여러 가지로 설법하였었다. 싸워서 승리를 구하지만 마침내는 아무것도 얻는 것이 없다고. 그런데 너는 내 교훈을 듣지 않았다. 지금 너는 장차 어찌될 것을 아는가?"

그는 대답하였다. "만일 스승님께서 지금 이 제자의 목숨을 구제해 주시면, 다시는 감히 거역하지 않겠습니다."

그때 가전연이 그 왕의 신하에게 말하였다. "원컨대 잠깐만 기다리시오. 내가 왕에게 아뢰어 저 생명을 구제하리다."

이렇게 말하고 스승은 곧 왕에게로 갔다. 그러나 그 왕의 신하는 기다리지 않고, 사라나를 죽여 버리려고 막 칼을 들어 내리치려 하였다. 사라나는 몹시 놀라고 두려워 소리를 쳤는데, 그 바람에 깨어났다. 그는 깨어나자 곧 스승에게 가서 꿈에서 본 일을 낱낱이 아뢰었다.

스승은 대답하였다. "살고 죽는 싸움에는 어느 편에도 승리가 없는 것이다. 왜 그러냐 하면, 대개 싸움이란 남을 죽이는 것으로 승리를 삼는 잔인한 길이기 때문이다. 어리석은 사람의 마음에는 현재에 이겨야 속이 시원하겠지만 장래 세상에는 삼악도에 떨어져 한량없는 고통을 받는 것이다. 만일 남에게 져서 그의 해침을 받으면, 자기 몸을 잃을 뿐 아니라 그 재앙이 남들에게 미쳐 남에게 무거운 죄를 짓게 하여 그를 지옥에 떨어뜨리고, 거기서 또 서로 죽이게 되면 원한은 끝내 쉬지 않을 것이다. 그리하여 다섯 가지 길을 바꿔 돌면서 마침내 끝날 때가 없을 것이니, 이것을 자세히 생각하면 지금 매를 맞아 몸이 아픈 그 고통이야 말할 것이 있겠는가?

만일 네가 지금 나고 죽는 두려움과 매 맞는 그 고통을 떠나려 하거든, 부디 그 몸을 잘 관찰하고 원한을 쉬어야 한다. 왜냐하면 이 몸이란 온갖 고통의 근본이기 때문이다. 즉, 주림과 목마름과 추위와 더위와 생로병사와 모기·등에·독한 짐승의 침해 등 이런 모든 원수(怨讐)가 한량없이 많지만, 너는 그것을 갚지 못한다. 그러면서 어찌 구태여 악생왕의 원수만 갚으려고 하는가?

원수를 없애려 하면 먼저 번뇌(煩惱)를 없애야 한다. 번뇌의 원수는 한량없는 몸을 해치기 때문이다. 이 세상의 원수는 아무리

중하더라도 바로 한 몸을 해칠 뿐이지만, 번뇌란 원수는 좋은 법의 몸을 해치는 것이다.

이 세상의 원수는 아무리 가혹하다 하더라도 이 변하는 더러운 몸만을 해칠 뿐이다. 이로써 본다면 원수가 생기는 근본은 바로 번뇌에 있는 것이다. 너는 지금 번뇌란 도적은 치지 않고 왜 악생왕만을 치려 하는가?"

이와 같이 그를 위해 갖가지로 설법하였다. 그때 사라나는 이 말을 듣자, 마음이 열리고 뜻이 풀려 수다원을 얻었다. 그리고 큰 법을 깊이 즐기어 곱절이나 노력을 더하여, 도를 행한 지 오래지 않아 아라한(阿羅漢)이 되었다.

25. 내관(內官)이 거세 당하는 소를 사서
남근(男根)을 얻은 인연

옛날 건타위국(乾陀衛國)의 어떤 백정이 5백 마리 송아지를 끌고 가서 모두 거세를 하려고 하였다. 그때 어떤 내관(內官)이 돈으로 그 소들을 사서 떼를 지어 놓아 보냈다. 그 인연(因緣)으로 곧 현재(現在)의 몸에 남근(男根)을 갖추게 되었다.

그는 왕가(王家)로 돌아가 사람을 보내어 아뢰었다. "지금 아무개가 밖에 있습니다."

왕은 말하였다. "그는 왕가의 사람으로서 사람을 통해 아뢰지 않고 마음대로 드나들었었는데, 지금은 무엇 때문에 그러는가?" 왕이 곧 그를 불러 까닭을 묻자, 그는 왕에게 아뢰었다.

"아까 백정이 5백 마리 송아지를 끌고 가서 거세(去勢)하려는 것을 보고, 신(臣)은 그것을 사서 놓아 보냈습니다. 그 인연으로 몸이 완전하게 되었기 때문에 감히 들어오지 못했습니다."

왕은 그 말을 듣고 기뻐하고 놀라면서, 부처님 법을 깊이 믿고 공경하였다. 대개 화보(華報)2)로서도 그 영험이 이러하거늘 하물며 그 과보(果報)3)야 어찌 헤아릴 수 있겠는가?

26. 두 내관(內官)이 도리(道理)를 다툰 인연

옛날 바사닉왕이 자고 있다가 두 내관이 서로 도리를 다투는 말을 들었다.

즉 첫째가 말하였다. "나는 왕을 의지해 살아가고 있다." 이렇게 말하자,

둘째가 대답하였다. "나는 의지하는 데가 없다. 내 업의 힘으로 살아간다."

왕은 이 말을 듣고 왕을 의지해 살아간다는 자에게 정이 가므로, 그에게 상을 주려고 곧 당직을 보내어 그 부인에게 말하였다. "내가 지금 한 사람을 보낼 것이니 그에게 재물과 의복과 영락을 두둑히 주시오."

그리고 왕을 의지해 살아간다는 자를 불러 자기가 먹다 남은 술을 주어 부인에게 보냈다. 그때 그는 그 술을 가지고 문을 나서자 코에서 피가 흘러 앞으로 나아갈 수 없었다.

---

2) 현세에 받는 과보를 말한다. 꽃이 피어남을 현세에 비유하여 화보라고 하는 것이다.

3) 화보와 비견되는 과보로서, 내세에 두고두고 받는 과보를 말한다. 꽃이 진(현생이 다함) 이후 열매가 나므로 과보라고 하는 것이다.

　　마침 제 업(業)으로 살아간다는 이를 만나 곧 그 술을 주어 부인에게 가져가게 하였다. 부인은 그를 보자 왕의 말을 생각하고, 재물과 의복과 영락을 그에게 주었다. 그가 왕에게로 돌아오자, 왕은 그를 보고 이상히 여겨, 그 왕을 의지해 살아간다는 이를 불러 물었다. "나는 너를 가라고 하였는데 왜 가지 않았는가?"

　　그는 대답하였다. "제가 막 문을 나서자 갑자기 코에서 피가 흘러 가지 못하겠기에, 그에게 청하여 저 대신 왕의 남은 술을 가져다 부인에게 드리게 하였습니다."

　　그때 왕은 탄식하면서 말하였다. "나는 이제야 부처님이 '제가 그 업(業)을 지어 제가 그 갚음을 받는다. 이것은 어쩔 수 없는 이치다'라고 하신 말씀이 진실임을 알았다."

　　이로써 본다면 선악(善惡)의 갚음은 그 행업(行業)이 불러 오는 것으로서, 그것은 하늘이나 왕이 주는 것이 아니다.

서로 싸우지 말라
만일 말로써
옳고 그름을 가리려 하면
한평생을 싸워도
끝날 날이 없을 것이다.
오직 참는 것만이
진실로 언쟁言諍을
끝낼 수 있나니
이러한 가르침이야말로
존귀하다 할 만하다.
- 중아함경

잡보장경 제3권

27. 두 형제가 함께 집을 떠난 인연

옛날 세상에 어떤 형제 두 사람이 마음으로 불법(佛法)을 즐겨 집을 떠나 도를 배웠다. 그 형은 부지런히 힘써 온갖 선(善)한 법을 쌓으면서 아련야행(阿練若行)을 닦은 지 오래지 않아 아라한의 도를 얻었다.

그리고 아우는 총명하고 학문이 박식하여 삼장(三藏)의 경문을 모두 외웠다. 뒤에 그 나라 재상(宰相)은 그를 문사(門師)로 청하여 많은 재물을 주고 승방과 탑사(塔寺)를 건설하게 하였다. 그때 삼장법사(三藏法師)는 그 재물을 받아 사람을 데리고 땅을 골라 탑사를 지었다.

그 절은 단엄하고 집들은 빛나고 아름다워, 그 구상과 솜씨가 절묘하였으므로, 재상은 그것을 보고 더욱 믿고 공경하여 무엇이든 모자람이 없이 주었다. 삼장 비구는 그의 마음이 좋은 것을 보고 이렇게 생각하였다. '이제 이 절이 다 이루어졌으니 이 절에 스님들을 편안히 살게 하여야 한다. 그리고 재상에게 말하여 우리 형님을 청하게 하자.' 이렇게 생각하고 그는 그 재상에게 말하였다. "내게 형님 한 분이 있어 저기 계시는데, 집을 버리고 출가(出家)하여 정성껏 노력하면서 아련야행을 닦고 있습니다. 시주님은 그를 청해 이 절에 머무르게 하여 주십시오."

재상은 대답하였다. "스승님의 청이시라면 보통 다른 비구(比丘)라 하더라도 감히 거스르지 못하겠거늘, 하물며 스승님의 형으로서 아련야행을 닦는 분이겠습니까?" 그는 곧 사람을 보내어 간절히 청하였다. 형이 오자 재상은 그의 부지런히 수행하는 모습을 보고 곱절이나 더 공양하였다.

　그 뒤에 재상은 천만 냥 가치가 있는 훌륭한 비단 천을 그 아련야 비구에게 주었다. 그러나 아련야 비구는 받으려 하지 않다가, 간곡히 또 억지로 준 뒤에야 그것을 받고는 '내 아우는 일을 경영하는 사람이니 재물이 필요하리라' 생각하고, 곧 그것을 아우에게 주었다.

　그 뒤에 재상은 또 거친 천을 삼장에게 주었다. 삼장은 그것을 받고 매우 원망하였다. 그 뒤에 재상은 다시 천만 냥의 가치가 있는 훌륭한 비단천 한 필을 그 형 아련야에게 주었다.

　형은 그것을 받아 또 아우에게 주었다. 아우는 그것을 보고 더욱 질투하여 그 천을 가지고 재상이 가장 사랑하는 딸에게 가서 말하였다. "당신 아버지는 전에는 나를 아주 후하게 대하였는데, 지금 저 비구가 여기 와서 있게 된 뒤로는 무엇으로 당신 아버지를 혹(惑)하게 하였는지 모르나, 나를 몹시 박하게 대합니다. 이제 이 천을 줄 것이니, 당신은 이것을 가지고 재상 앞에 가서 이것을 마름질하여 옷을 만드십시오. 그러다가 만일 묻거든 대답하십시오. '아버님이 사랑하고 존경하는 아련야가 나를 붙들고 이것을 내게 주었습니다'라고. 그리하면 아버지는 반드시 화(禍)를 내어, 다시는 저 이와 말하지 않을 것입니다."

　그 여자는 삼장에게 말하였다. "지금 우리 아버지가 저 비구를 후대하고 공경하기는 마치 눈동자를 사랑하는 것 같고, 또 명주(明珠마니보주)를 사랑하는 것과 같은데, 어떻게 갑자기 비방하고 헐뜯겠습니까?"

　삼장은 다시 말하였다. "만일 당신이 그렇게 하지 않는다면 나는 당신과 영원히 절교하리라."

　　그 여자는 또 말하였다. "왜 갑자기 그러십니까? 좋을 대로 하지요." 그 여자는 인정상 할 수 없이, 그 천을 받아 가지고 아버지 앞에 가서 그것을 마름질하여 옷을 지었다.

　　그때 재상은 그것을 보고는 곧 알아차리고 생각하였다. '저 비구는 아주 나쁜 사람이다. 내게 천을 얻어 저는 쓰지 않고 도로 이 어린 계집애를 유혹하는구나.' 그래서 그 뒤에 아련야가 왔지만, 그는 나가서 맞이하지도 않고 얼굴빛도 달랐다.

　　그때 그 비구는 재상이 그렇게 하는 것을 보고 마음으로 생각하였다. '반드시 어떤 사람이 나를 비방(誹謗)하여 저이를 저렇게 만든 것이다.' 그는 곧 공중에 올라가 열여덟 가지 신변을 나타내었다. 재상은 그것을 보고는 매우 공경하여 조복(調伏)하고는 곧 그 아내와 함께 그 발에 예배하여 참회하였으니, 공경하는 정이 보통 때보다 더욱 짙었다. 그리고 삼장과 그 딸을 모두 나라 밖으로 쫓아내었다.

　　부처님께서 말씀하셨다. "그때의 삼장은 바로 이 몸으로서 남을 비방하였기 때문에 한량없는 겁 동안 큰 고통을 받았고, 지금에 와서도 저 손타리(孫他利)의 비방을 받는 것이다.

　　그리고 그 여자는 그때 성현을 비방하였기 때문에 현재에도 쫓겨나 곤궁(困窮)한 거지로 살아가는 것이다. 그러므로 세상 사람들은 모든 일에 있어서 밝게 살펴야 하고, 함부로 비방(誹謗)하여 형벌을 부르지 않아야 하느니라."

28. 구가리(仇伽離)가 사리불 등을
비방(誹謗)한 인연(因緣)

옛날 존자 사리불과 목련은 여러 마을을 돌아다니다가, 어떤 옹기장이 집에 이르러 큰 비를 만나 그 집에서 잤다.

마침 그 집에는 어떤 소치는 여자가 옹기 가마 뒤의 으슥한 곳에 먼저 와 있었는데, 이 성문(聲聞)들도 선정에 들지 않았을 때에는 범부(凡夫)와 다르지 않기 때문에, 그것을 알아채거나 보지 못하였다.

그 여자는 사리불과 목련의 그 아름다운 용모를 보고, 마음속으로 혹하여 그만 더러운 것을 흘리고 말았다. 이윽고 존자 사리불과 목련은 그 옹기 가마에서 나왔다. 구가리(仇伽離)는 사람의 상을 잘 보기 때문에 사람의 얼굴빛만 보고도 음행(淫行)을 하였는지 하지 않았는지를 분별하였다.

그는 그 소치는 여자가 뒤에서 나오는데, 그 얼굴빛에서 음행한 것을 보았지만, 그것이 그 여자가 스스로 혹(惑)해서 더러운 것을 흘린 줄을 알지 못하였다. 그래서 곧 여러 비구들에게 비방(誹謗)하여 말하기를 "존자 사리불과 목련은 소치는 여자와 음행하였다"고 하며, 이와 같은 사실을 자세히 말하였다.

그때 비구들은 그에게 '존자 사리불과 목련을 비방하지 말라'고 세 번이나 충고하였으나, 구가리는 화를 내고 질투하여 그 분이 더욱 더하였다.

그때 어떤 장자가 있어 이름을 바가(婆伽)라 하였다. 존자 사리불과 목련은 그를 위해 설법하여 그는 아나함을 얻어서 목숨을 마치고 범천에 나서 이름을 바가범(婆伽梵)이라 하였다. 그때 그 바가범은 멀리 하늘 위에서 구가리가 존자 사리불과 목련을 비방하는 줄을 알고 곧 내려와 구가리 방으로 갔다.

구가리는 물었다. "너는 누구냐?"

그는 대답하였다. "나는 바가범이다."

"무슨 일로 왔는가?"

"나는 하늘귀[天耳]로써 네가 존자 사리불과 목련을 비방하는 말을 들었다. 너는 존자들에게 그런 일이 있었다고 말하지 말라."

이렇게 세 번 충고하고 충고하기를 그치지 않았으나, 구가리는 도리어 이렇게 말하였다. "너 바가범이여, 너는 아나함을 얻었다고 말하는가? 아나함이란 돌아오지 않는다[不還]는 뜻이다. 그런데 너는 왜 내 곁에 왔는가? 만일 그렇다면 부처님의 말도 거짓이다."

바가범은 말하였다. "돌아오지 않는다는 것은, 욕계(欲界)에 돌아와 태어나지 않음을 말하는 것이다."

그때 구가리 몸에는 갑자기 종기가 생겼는데, 머리에서 발끝에까지 크고 작기가 콩만큼씩 하였다.

그는 부처님께 나아가 여쭈었다. "어찌하여 사리불과 목련은 소치는 여자와 음행하였습니까?"

부처님께서 다시 나무라셨다. "너는 사리불과 목련을 비방하지 말라."

그는 부처님의 이 말을 듣고 더욱 화를 내었다. 그러자 그 악성 종기가 자꾸 커져 능금 만해졌다.

그가 또 그 일로 부처님께 거듭 아뢰자, 부처님께서 다시 나무라셨다. "그 일을 말하지 말라."

그러자 그 종기가 더욱 커져 박만해지면서 온몸이 몹시 뜨거워졌다. 그는 찬 못물에 들어갔으나, 얼음 못물이 매우 뜨겁게 끓으면서 종기가 모두 터졌다. 그리고 그는 죽어 큰 아비지옥(阿鼻地獄)에 떨어졌다.

그때 비구들이 부처님께 아뢰었다. "세존이시여, 어떤 인연으로 사리불과 목련은 그런 비방을 받습니까?"

부처님께서 말씀하셨다. "지나간 겁에 사리불과 목련은 아직 범부(凡夫)로 있었다. 그들은 어떤 벽지불이 옹기장이 집의 가마 속에서 나오고, 그 뒤에 소 치는 여자가 따라 나오는 것을 보고 비방하였다. '저 비구는 틀림없이 저 여자와 정을 통하였다.' 그들은 그 인연으로 말미암아 삼악도(三惡道: 지옥, 아귀, 축생)에 떨어져 한량없는 고통을 받았고, 지금은 성현이 되었지만 이전의 인연이 다하지 않아 아직도 비방을 받는 것이다.

알아야 한다. 성문(聲聞)들은 중생들을 위하여 큰 선지식이 되지 못한다. 왜 그러냐 하면, 만일 저 사리불이나 목련이 저 구가리를 위하여 조그마한 신통이라도 나타내었더라면 구가리는 반드시 지옥을 면하였을 것이다. 그런데 신통을 나타내지 않았기 때문에 저 구가리로 하여금 지옥에 떨어지게 한 것이 이와 같았느니라."

부처님께서 말씀하셨다. "그러나 보살은 저 구류손(鳩留孫) 부처 때의 정광(定光)이라는 선인과 같은 사람이다. 그는 오백 명 선인들과 함께 숲속의 토굴 속에 살고 있었다.

그때 어떤 부인이 지나다가 거기서 우연히 비를 만났는데, 바람이 몹시 찼지만 비를 피할 곳을 찾을 도리가 없었다. 그는 곧 정광 선인 처소에서 하룻밤을 같이 쉬고 그 이튿날 떠났다. 여러 선인들은 그것을 보고 비방하였다. '저 정광 선인은 틀림없이 저 여자와 부정한 짓을 행하였다.'

그때 정광은 비구들의 마음을 알고, 그 비방으로 말미암아 그들이 지옥에 떨어질까 두려워하여, 곧 다라(多羅) 나무 높이의 허공에 올라 열여덟 가지 신변을 나타내었다.

선인들은 그것을 보고 이렇게 말하였다. '몸이 4지(指) 만큼 땅에서 떨어져도 음욕(淫慾)이 없거늘 하물며 정광은 허공에 올라가는 큰 신변이 있는데, 어떻게 음행이 있겠는가? 우리는 왜 저 청정한 사람을 비방하였던가?'

그때 그 오백 선인들은 온몸을 땅에 던지고 몸을 굽혀 참회하였다. 그 인연으로 말미암아 중한 죄를 면하게 되었다. 그러므로 알아야 한다. 보살은 큰 방편이 있으므로 그는 진실로 중생들의 선지식이 되는 것이다."

부처님께서 이어 말씀하셨다. "그때의 그 정광 선인은 바로 지금의 저 미륵이요, 오백 선인은 바로 지금의 저 장로 오백 비구들이니라."

29. 용왕(龍王)의 게송(偈頌) 인연(因緣)

부처님께서 왕사성에 계셨다. 제바달다가 부처님께 나아가 욕을 하며 비방하였다. 아난이 그것을 듣고 매우 화를 내어 제바달다를 몰아내면서 그에게 말하였다. "만일 그대가 다시 오면 나는 그대에게 큰 고통을 줄 것이다."

여러 비구들이 그것을 보고 부처님께 아뢰었다. "희유하나이다. 세존이시여, 부처님께서 항상 제바달다에 대하여 사랑하고 가엾이 여기는 마음을 가지시는데, 저 제바달다는 한결같이 부처님께 나쁜 마음을 품고 있습니다. 그래서 아난은 화를 내어 곧 그를 쫓아내어 가게 하였습니다."

부처님께서 말씀하셨다. "그것은 오늘만이 아니다. 지나간 세상에도 그러하였느니라.

옛날 가시국에 두 용왕(龍王) 형제가 있었다. 첫째 이름은 대달(大達)이요, 둘째 이름은 우바대달(優婆大達)이었다. 그들은 항상 비를 내려, 그 나라의 초목을 자라게 하고 오곡(五穀: 쌀, 보리, 콩, 메밀, 기장)을 성숙하게 하며, 축생(畜生)들은 물을 마시고 모두 살찌고 힘을 얻으며 소와 염소는 번식하였다. 그때 그 나라 왕은 소와 염소를 많이 잡아 가지고 와서 그 용에게 제사를 지냈다.

용은 몸을 나타내어 그 왕에게 말하였다. '우리는 그것을 먹지 않는데, 무엇하러 생물을 죽여 가지고 와서 우리에게 제사를 지내는가?' 이렇게 여러 번 말하였으나 왕은 고치지 않았다.

그래서 두 형제는 서로 이끌고 드디어 그곳을 피해 둔도비(屯度脾)라는 작은 용(龍)이 사는 곳으로 갔다. 둔도비 용이 밤낮으로 성을 내어 욕을 하며 꾸짖자, 대달이 그에게 말하였다. '너는 성내지 말라. 우리는 쉬이 돌아가리라.'

우바대달은 잔뜩 화를 내어 그에게 말하였다. '너는 그저 작은 용으로서 항상 두꺼비를 잡아 먹는다. 만일 내가 기운을 토하여 네 권속들에게 불면 그들을 모두 소멸시킬 수 있으리라.' 대달이 아우에게 말하였다. '성내지 말라. 우리는 지금 본고장으로 돌아가자. 가시국의 왕은 우리를 간절히 사모한다.'

가시국의 왕은 이렇게 말하였다. '만일 저 두 용왕(龍王)이 내게 오면, 나는 그들의 필요에 따라 젖 타락으로 제사하고, 다시는 살생(殺生)하지 않으리라.'

용왕(龍王)들은 그 말을 듣고 본고장으로 돌아갔다. 그때 대달은 다음 게송(偈頌)으로 말하였다.

모두 서로 화합하여 지심(至心)으로 들어라.
아주 착하고 청정(淸淨)한 마음의 법은
보살(菩薩)의 본래 인연에 말씀하신 것인데

지금 부처님께서 옛날의 게송(偈頌)을 나타내신다.

하늘 가운데 하늘이신
부처님이 이 세상에 계실 때
여러 비구들 서로 나쁜 말로 비방하고 헐뜯자
부처님께서 그런 말을 보고 또 들으시고

그 비구들을 모아 이렇게 말씀하셨다.
너희 비구들은 나를 의지해 출가(出家)하였으니
그러므로 법(法)이 아닌 일은 하지 않아야 한다.
그런데 너희들은 각자 추(麤)한 말을 하였구나.

또 서로 비방하여 스스로를 해치는구나.
너희들은 듣지 못하였는가. 지혜로 보리를 구하며
자비와 인내로 힘든 고행(苦行)을 닦아 모은다는 것을.
너희들이 불법(佛法)을 의지하려 하거든

여섯 가지 화목하고 공경하는 일을 받들어 행하라.
지혜로운 사람은 부처의 도를 잘 듣고 배우나니
중생(衆生)들을 이익하고 편안하게 하기 위해서이며
모든 것을 괴롭히거나 해치지 않기 위해서이네.

수행하다 악(惡)한 일을 들으면 악(惡)을 멀리 해야 되는데
집을 떠난 이가 성내거나 다투면
그것은 마치 얼음물이 불에서 나오는 것 같느니
우리는 과거(過去)에 용왕이 되어

두 형제가 한곳에 살았나니

만일 집 떠나는 법을 그대로 따르려면
성냄과 다툼 끊고 도에 맞춰 행하라.
첫째 형의 이름은 대달이었고

둘째 이름은 우바대달이었다.
우리 둘은 살생 않고 깨끗한 계율(戒律) 지녀
큰 위덕 갖추고 용(龍)의 모양 싫어해
항상 좋은 곳 향해 사람 되기 구하였네.

만일 어떤 사문이나 바라문으로
깨끗한 계율(戒律) 갖고 많이 아는 이 보면
항상 모양을 변해 공양하고 친하였고
8일과 14일과 15일에는

여덟 가지 계율(戒律) 가져 마음을 단속하였네.
살던 고장 버리고 다른 곳에 갔더니
거기 사는 용(龍) 이름은 둔도비였네.
그는 우리 두 용(龍)의 큰 위덕 보았네.

자기 모자람 알고 질투와 성을 내어
언제나 나쁜 말로 꾸짖었나니
턱은 붓고 입기운은 세게 나오며
진노(瞋怒)함이 더해지자 온몸 통통 부었다네.

그런 나쁜 욕설로 비방하여 말하기를
'미혹과 거짓 속임에 침해를 받는다'고.
이런 비열한 나쁜 용의 욕설 듣고
그 아우 우바대달은 몹시 화를 내었네.

그 형 대달에게 졸라대며 말하기를
'저런 나쁜 말로 헐뜯음 받는구나.
항상 두꺼비 잡아먹고 물가에 사는
저런 천한 물건에게 어찌 꾸지람을 듣는가?

저들은 물에 살면 물짐승 괴롭히고
육지(陸地)에 살면 사람을 괴롭히네.
저 욕설은 참을 래야 참을 수가 없으니
이제 저의 권속을 모두 죽여 버리자.

모든 것 다 부수고 고향으로 돌아가리.'
큰 힘을 가진 용왕이 아우의 말을 듣고
묘한 게송(偈頌) 읊으니, 지자(智者)는 찬탄하고
하룻밤 동안이나마 그 집에 머물렀다네.

조그만 공양 얻고 편히 잠을 잤거든
그에게는 나쁜 생각 가지지 말라.
은혜 알고 갚는 것을 성인은 칭찬하나니
혹은 나무 밑 조그만 그늘에 쉬었더라도

그 가지 잎사귀와 꽃과 열매 꺾지 말라.
조금이나마 고마운 이에게 악(惡)을 행하면
그에게는 언제나 즐거움 없으리라.
한 그릇 밥 은혜(恩惠)라도 악(惡)으로써 갚으면

은혜 모르고 악을 행하는 사람
좋은 열매 열지 않고 열더라도 없어진다.

마치 숲이 타더라도 그루터기가 남으면
그 뒤에 도로 나서 전과 같이 된다네.

은혜(恩惠) 등진 사람에게는 선(善)이 안 생기나니
악(惡)한 사람은 갖가지로 공양(供養)하여 길러 주어도
은혜(恩惠)는 생각 않고 원한(怨恨)으로 갚으리니
비유하자면 코끼리가 선인을 의지해 살 때

새끼 낳고 어미 죽자 선인이 길렀지만
그 새끼 자라나선 그 선인을 죽이고
그 집과 나무들도 밟아 부수는 것처럼
저 악인 은혜 배반하는 것 또한 그러하니라.

마음이 가벼이 움직여 잠깐도 머무르지 않는 것
굽이치는 물 속에 있는 나무 같으며
벗을 친하지 않고 은혜를 모르는 것
흰 천을 동기물에 물들이는 것 같다네.

원수(怨讐)를 갚으려거든 선(善)으로 갚고
악(惡)으로써 헐뜯거나 해치지 말라.
지혜(智慧)로운 이는 원수(怨讐) 갚되 사랑으로 하느니라.
천지(天地)와 산(山)과 바다 걸머지더라도

그 짐은 가볍거니 은혜 배반 무거워라.
일체 중생(衆生)에 대한 평등과 사랑
그것은 으뜸가는 훌륭한 즐거움인데
강나루를 무사히 건너는 것과 같다네.

사랑 평등 두 즐거움도 그러하니라.
친한 벗을 해치지 않는 것도 즐거움이요
교만(驕慢)을 없애는 것도 또한 즐거움이니
안에 덕행(德行) 없으면 겉으로 교만(驕慢)하게 된다네.

진실로 무지(無知)하면 교만(驕慢)이 생기나니
강(强)한 편 되어 다투고 나쁜 벗 친하면
명예(名譽)는 줄어들고 나쁜 이름 퍼지나니
외롭고 어리고 늙고 병든 이와 같다네.

갑자기 부귀(富貴) 잃고 쇠잔한 이와
재물 없어 빈궁(貧窮)하고 국왕을 잃고
홀몸으로 고생하며 의지할 데 없는 이
갖가지 곤란과 재액(災厄)에 처한 사람들이네.

가엾게 여기지 않으면 인(仁)이라 할 수 없네.
만일 다른 나라에서 아무 권속(眷屬)이 없이
온갖 욕설(辱說) 들어도 참음으로 낙(樂)을 삼으면
능히 온갖 악(惡)을 막아 싸움 쉬리라.

차라리 남의 나라에 있어 사람들 알지 못할지언정
자기 나라에 있으면서 사람들 업신여김 받지 말라.
만일 다른 나라에서 공경(恭敬)을 받게 된다면
모두 찾아와 친히 따르고 성내거나 비방함이 없으리라.

그것은 곧 자기(自己) 나라의 친한 권속(眷屬)이니라.
세상 부귀(富貴)는 즐거움 아주 적고
쇠(衰)하고 멸(滅)하는 그 고통(苦痛)은 많나니

만일 중생(衆生)들 모두 떠나 흩어지더라도

애태워하지 말고 잠자코 즐겨라.
원수(怨讐)의 그 센 힘도 약(弱)해질 때 있나니
친(親)한 벗 없어지고 믿을 데 없더라도
그런 이치 살피어 잠자코 즐겨라.

법(法)답지 않은 사람 탐(貪)하고 아끼나니
믿지 않고 부끄럼 없고 충고 듣지 않거든
그런 나쁜 곳에서는 잠자코 즐겨라.
너무 성냄 많으면 해치는 악(惡)이 있다

중생(衆生)에게 고통 주기 좋아하나니
그런 사람 곁에서는 잠자코 즐겨라.
믿지 않고 날치어 뽐내기 좋아하고
도리어 거짓으로 사람 미혹하거든

그런 사람 대해서는 잠자코 즐겨라.
계율(戒律) 깨고 흉악하여 염려나 참음 없고
나쁜 법을 행하고 믿는 행이 없거든
그런 사람 대해서는 잠자코 즐겨라.

거짓말과 이간질에도 부끄럼 없고
삿된 소견 나쁜 말과 꾸밈말 쓰며
교만하여 뽐내면서 나[我]를 계교[計]하고
인색하고 탐하면서 질투(嫉妬)를 하거든

그런 사람 대해서는 잠자코 즐겨라.

만일 다른 곳에서 그들이 자기를 알지 못하고
나는 그의 종족(種族)이나 성행을 알지 못하거든
스스로 잘난 체하여 뽐내지 말라.

혹은 다른 나라에 가서 머무르면서
의식(衣食)을 남에게 의지하며 자재(自在)하지 못하거든
그들이 나를 헐뜯어 욕하더라도 참아야 한다.
또 다른 나라에 살아 의식(衣食)을 빌고

혹은 직업(職業)을 가져 즐기려 하여도
또한 위에서처럼 욕을 참아야 하네.
또 다른 나라에 살아 의식을 빌면
심지어 천한 사람이 나를 업신여겨도

지혜(智慧)로운 사람이면 참고 받아야 한다.
또 다른 나라에서는 나쁜 벗과 같이 있고
어리석고 천한 이와 다 같이 살더라도
지혜(智慧)로운 사람은 자기 숨기기 덮은 불처럼 하네.

마치 성한 불길에 사나운 바람이 불어
그 불꽃 숲에 붙어 모두 태우는 것처럼
성냄은 불꽃과 같아 남과 자기 태우나니
그것은 극히 악(惡)한 해침이니라.

지혜로운 사람은 성냄과 탐욕을 버리나니
사랑과 평등 닦으면 성냄은 차차 없어지리라.
함께 산 일 없으면서 갑자기 친해져서
악인(惡人)과 가까이하면 어리석은 사람이라네.

그 허물 살펴보지도 않고 이내 버리는 것
지혜로운 사람은 이런 일 않느니라.
어리석음이 없으면 지혜가 드러나지 않나니
그것은 마치 날개 부러진 새가 날지 못하는 것 같네.

지혜로운 사람이 어리석음 없는 것도 그와 같아서
많이 어리석고 약간 미쳐 지혜가 없기 때문에
지혜에는 힘이 있다는 것을 깨달을 수 없네.
그러므로 저 어질고 밝은 이들은

널리 알고 많이 들음에 즐거이 머무르네.
지혜(智慧)로운 사람은 이익(利益)을 얻어도 교만하지 않고
이익(利益)을 잃더라도 비굴(卑屈)하거나 불평하지 않으며
아는 이치 그대로 진실(眞實)로써 말하네.

그러므로 그의 말은 모두 악(惡)을 막으며
남에게 즐거움과 이익을 주고
이치를 알리기 위해 말하느니라.
지혜로운 사람은 일을 들어도 갑자기 행하지 않는다네.

생각하고 헤아려 그 진실을 따지고
그 이치를 밝게 안 뒤에라야 행하나니
이것이 이른바 자기도 이롭고 남도 이롭게 함이니
지혜로운 사람은 마침내 일신의 안위를 위하여

악업을 짓거나 이치답지 않은 일을 하지 않으며
괴로움이나 즐거움 때문에 바른 법을 어기지 않으며

끝내 자기를 위해 바른 행을 버리지 않나니
지혜로운 사람은 인색하거나 질투하거나 성내지 않는다네.

악(惡)을 엄히 하지 않고 어리석음이 없으며
위험이 닥쳐와도 두려워하지 않고
끝내 이익(利益)을 위하여 남을 모함하지 않으며
또 용맹(勇猛)하지도 않고 비열(卑劣)하지 않는다네.

또한 하열(下劣)하지도 않고 중도(中道)에 처(處)하여
이런 여러 가지 일은 지혜로운 사람의 모양이니라.
위엄(威嚴)으로 사나우면 남이 꺼리고
나약(懦弱)하면 남이 업신 여기나니.
그 두 쪽을 버리고 중도(中道)를 행하라.

때로는 벙어리처럼 침묵을 지키고
때로는 왕자처럼 말로써 가르치며
때로는 눈처럼 차가워야 하고
때로는 불꽃처럼 뜨거워야 하네.

때로는 수미산처럼 높고 커야 하고
때로는 쓰러진 풀처럼 겸손해야 하며
때로는 왕자처럼 위엄을 나타내고
때로는 고요하기 해탈한 것같이 하라.

때로는 굶주리고 목마른 고통을 참고
때로는 괴로움이나 즐거움을 참아야 하며
때로는 재물과 보물을 더러운 똥처럼 보아
성냄과 원망함을 자유로이 다루어라.

때로는 마음껏 풍류를 즐기고
때로는 사슴처럼 두려워하며
때로는 호랑이처럼 위엄있고 사나워서
때의 맞고 틀림과 힘의 있고 없음을 관찰하라.

부귀(富貴)와 그 쇠함과 멸함을 잘 관찰할 것이니
참을 수 없음을 참는 것이 참 참음이요
참을 수 있음을 참는 것은 보통 참음이니
약한 이에 대해서도 참아야 한다네.

부귀(富貴)하고 강하여도 겸손하고 참고서
참을 수 없음을 참는 것이 참 참음이니라.
원망(怨望)하는 이의 원망을 받지 않으면
성내는 사람 속에서도 그 마음 항상 깨끗하리라.

남이 악(惡)을 행하는 것 보고는 스스로 짓지 말라.
자기(自己)보다 나은 이에게 참는 것은 두려워 참아야 하고
자기(自己)와 같은 이에게 참는 것은 싸우기를 두려워 하며
나보다 못한 이에게 참는 것은 보다 나은 참음이다.

나쁜 욕설과 큰 비방을 어리석은 이는 참지 못하나니
그것은 두 개 돌을 눈 안에 넣은 것 같고
나쁜 욕설과 큰 비방을 지혜로운 사람은 참나니
그것은 마치 꽃이 코끼리에 떨어지는 것 같네.

지혜로운 사람은 슬기의 눈으로써
나쁜 욕설과 큰 비방을 능히 참나니

그것은 마치 큰 돌에 비가 내리는 것 같아
돌은 부서지거나 깨지지 않는다.

좋고 나쁜 말이나 괴롭고 즐거운 일을
지혜로운 사람은 돌처럼 참느니라.
사실이 그러하여 욕설 먹으면
그의 말이 참 말이라 성낼 것이 없다네.

일이 그렇지 않은데 꾸짖고 욕한다면
그의 말은 제 속이는 미친 말 같으므로
지혜로운 사람은 아무 데도 성내지 않는다네.
혹은 재보와 온갖 이익 때문이거든

괴로움이나 즐거움이나 나쁜 욕설도 참고 받아라.
만일 재물의 이익을 위하지 않는다면
비록 백천의 보배를 얻는다 하더라도
그런 나쁜 사람은 빨리 떠나야 한다.

나뭇가지는 잘라도 뿌리는 뽑기 어려운 것처럼
사람 마음 이미 떠나면 친하기 어렵나니
다른 도를 믿는 이들 멀리 피해야 하나니
친할 수 있는 사람 세상에 찼지마는

처음에는 공경하다 나중에는 거만하고 업신여겨 헐뜯으며
공경하지도 않고 칭찬하지도 않고
마치 흰 고니처럼 가벼이 날아가나니
지혜로운 사람은 어리석은 이를 멀리하여 빨리 떠나야 하네.

싸우기 좋아하고 아첨하는 마음 품고
다른 사람 허물 보기를 좋아하며
이간질, 거짓말, 욕, 꾸밈말로
중생(衆生)들을 천히 보고 헐뜯어 욕하며

다시 아픈 말로 남의 마음 찌르면서
몸과 말과 뜻의 업을 단속하지 않으면
지혜로운 사람은 그를 떠나 다른 곳으로 가리니
질투하는 악한 사람 착한 마음이 없다네.

남의 이익과 즐거움과 명예를 보면
마음이 닳아 몹시 고통하나니
그는 말은 좋고 부드러우나 마음은 나쁜 사람
지혜로운 사람은 그를 떠나 멀리 다른 곳으로 가리.

사람이 만일 나쁜 욕심(慾心) 즐기고 명리(名利)를 탐하며
아첨하고 취(取)하면서 부끄러움 없으며
안팎이 모두 깨끗하지 않으면
지혜(智慧)로운 사람은 그를 빨리 떠나 다른 곳으로 가리.

사람이 만일 공경하고 삼가는 마음이 없어
교만한 그 마음에 아무 법이 없으면
스스로 지혜로운 이라 하나 실은 어리석나니
슬기로운 사람은 그를 멀리 떠나 다른 곳으로 가리.

어떤 이에게 음식과 침구(寢具)와
갖가지 의복(衣服)을 얻어 살아가거든
부디 그를 옹호(擁護)하고 그 은혜(恩惠) 생각하기

마치 인자한 어머니가 외아들을 생각하듯 하라.

욕망(慾望)은 모든 괴로움을 내고 자라게 하나니
부디 먼저 욕망을 끊고 성냄을 떠나야 하며
스스로 뽐내는 교만한 마음도 버려야 하네.
그것들은 사람을 나쁜 곳으로 가게 하기 때문이다.

부귀(富貴)하면 친(親)한 벗이라 하고
빈천(貧賤)하면 멀리하는 이,
그러한 벗들은 속히 멀리 떠나라.
한 집을 위해서는 한 사람을 버리고
한 마을을 위해서는 한 집을 버리며
한 나라를 위해서는 한 마을을 버린다.

자기 몸을 위해서는 온 천하를 버리며
바른 법을 위해서는 자기 몸을 버려라.
한 손가락 위해서는 현재 재물 버리고
목숨을 위해서는 사지(四肢)를 버리고
바른 법을 위해서는 모든 것을 버려라.
바른 법은 일산 같아 능히 비를 막듯이
법을 수행하는 이는 법이 옹호해 주리라.

행하는 법의 힘으로 온갖 악취(惡趣)를 끊으니
한창 봄이 되어 시원한 그늘을 얻는 것처럼
법을 수행하는 이도 또한 그와 같아서
지혜로운 여러 성현들과 함께 나아가느니라.

많은 재물의 이익을 얻어도 기뻐하지 않고

혹은 중한 보배를 잃어도 근심하지 않으며
항상 괴로워하면서도 구걸하지 않으면
그이는 바로 견실한 대장부(大丈夫)니라.

남에게 재물을 보시하고는 못내 기뻐하고
세상의 온갖 악은 빨리 떠나며
자기 몸을 든든히 세우기를 바라보며 깊게 하면
그는 바로 웅건한 장부(丈夫)니라.

의리를 밝게 알아 온갖 일에 익숙하고
사람됨이 부드러워 남과 함께 즐기면
사람들은 찬탄하기를 좋은 장부(丈夫)라 하리라.
그때 우바대달은 이렇게 말하였다.

나는 지금 형님을 더욱 믿고 공경하나니
가령 어떤 곤액(困厄)과 고통(苦痛)을 당하더라도
마침내 나쁜 일을 행하지 않고
혹은 죽거나 살거나 재물을 얻어도

또는 재산(財産)을 잃어도 악을 짓지 않고
기어코 형님을 받들어 섬기리라.
계율(戒律)을 가져 죽을지언정
계율을 범(犯)하면서 살지 않으리라.

무엇 때문에 이 한 평생 동안
방일(放逸)하면서 악을 행할까.
나고 죽는 동안에 방일하지 말아야 하는데
나는 생사간에 악을 행하네.

나쁜 벗을 만나서는 나쁜 일 짓고
선한 벗을 만나서는 절교하였다.
부처님께서 전생 일을 아는 지혜에 들어
그것을 깨닫고 비구들에게 이 게송(偈頌) 말씀하셨다.

그때의 대달은 바로 이 내 몸이요
우바대달은 바로 저 아난이며
그때의 둔도비는
바로 저 제바달다니라.

비구들이여, 이렇게 공부할 줄을 알아야 한다.
이 학문 이름은 집법총섭설(集法摠攝說)이니
부디 널리 삼가 행하고 공경하라.
여러 비구(比丘)들은 그 법을 닦았다.

30. 제바달다가 부처님을 해치려고 한 인연

부처님께서 왕사성에 계시면서 제바달다에게 말씀하셨다. "너는 여래에게 나쁜 마음을 내지 말라. 그렇게 하면 스스로 손해를 보아 불안한 일을 당하고 스스로 그 고통을 받을 것이다."

비구들은 말하였다. "희유하나이다. 세존이시여, 제바달다는 부처님께 대하여 항상 나쁜 마음을 가지는데, 부처님께서 언제나 사랑하고 가엾이 여기시며 부드러운 말로 더불어 말하십니다."

부처님께서 말씀하셨다. "그것은 오늘만이 아니다. 지난 옛날 가시국의 바라내성에 첨복(瞻蔔)이라는 큰 용왕이 있었다. 그는 항상 때를 맞춰 비를 내려 곡식을 익게 하고, 14일 15일에는 사람 모양으로 변하여 5계(戒)를 받들어 가지며 보시하고 법을 들었다.

그때 남인도의 어떤 주사(呪師)가 와서 화살을 세우고 주문을 외워 첨복 용왕을 잡아갔다. 그때 어떤 천신이 가시국왕에게 말하였다. '어떤 주사가 첨복 용왕을 잡아갔습니다.' 왕은 곧 군사를 내어 그를 쫓아갔다. 그 바라문은 다시 주문(呪文)을 외워 왕의 군사들을 모두 꼼짝도 못하게 하였다. 왕은 많은 재물을 내어 그에게 주고 용왕을 찾아왔다.

그 바라문은 두 번째 다시 와서 주문을 외워 용왕을 잡아가려고 하였다. 용왕(龍王)의 여러 권속들은 구름을 일으키고 비를 내리며 우레와 번개로 벼락을 치면서 그 바라문을 죽이려 하였다. 용왕은 인자한 마음으로 여러 용들에게 말하였다. '그 목숨을 해치지 말라.' 그래서 잘 타일러 그를 돌아가게 하였다.

그가 세 번째로 다시 왔다. 그때 여러 용들은 다시 그를 죽이려 하였다. 그러나 용왕은 그것을 말려 죽이지 못하게 하고 그를 놓아 주어 돌아가게 하였느니라.

비구들이여, 그때의 그 용왕은 바로 지금의 이 내 몸이요, 그 주사(呪師)는 지금의 저 제바달다니라. 그때 나는 용(龍)으로 있으면서도 인자(仁慈)한 마음으로 여러 번 그를 구제하였거늘, 하물며 오늘에 있어서 어찌 사랑하지 않겠는가?"

31. 공명조(共命鳥)의 인연(因緣)

부처님께서 왕사성에 계실 그때 비구들이 부처님께 여쭈었다. "세존이시여, 저 제바달다는 부처님의 사촌 아우인데 어찌하여 항상 부처님을 원망(怨望)하고 해치려 합니까?"

부처님께서 말씀하셨다. "그것은 오늘만이 아니다. 옛날 설산(雪山)에 공명(共命)이라는 새가 있었는데, 한 몸에 머리가 둘이었다. 한 머리는 항상 맛있는 과실을 먹어 그 몸을 안온하게 하려하였지마는 한 머리는 질투하는 마음으로 이렇게 말하였다. '어찌하여 자기만이 항상 맛난 과실을 먹고 나는 먹지 못하는가?' 그리하여 그는 독한 과실(果實)을 따 먹고 두 머리를 모두 죽게 하였느니라.

비구들이여, 알고 싶은가. 그때 그 맛난 과실을 먹은 자는 바로 이 내 몸이요, 그때 그 독한 과실을 먹은 자는 바로 지금의 저 제바달다니라.

그는 옛날에 나와 한 몸이 되어 있으면서도 나쁜 마음을 내더니, 지금 내 종제(從弟)가 되었어도 또한 저러하니라."

32. 흰 거위왕의 인연

부처님께서 왕사성에 계실 때 제바달다는 산을 밀어 부처님을 눌러 죽이려 하였고, 호재(護財)라는 코끼리를 놓아 부처님을 밟아 죽이게 하려 하였으므로 그 나쁜 이름이 세상에 흘러 퍼졌다. 제바달다는 여러 사람 앞에서는 부처님을 향해 참회하고 부처님 발을 불어 드리지마는 여러 사람이 없을 때에는 비구들 가운데서 나쁜 말로 부처님을 욕(辱)하였다.

그래서 사람들은 말하였다. "제바달다는 부처님을 향해 참회하고 마음이 아주 유순한데, 까닭없이 나쁜 이름이 흘러 퍼지게 되었다."

비구들이 부처님께 아뢰었다. "희유하나이다. 세존이시여, 제바달다는 매우 아첨하고 거짓이 많습니다. 여러 사람들 앞에서는 공손하게 부처님을 대하고 그윽한 곳에서는 나쁜 마음으로 부처님을 꾸짖습니다."

부처님께서 말씀하셨다. "그것은 오늘만이 아니다. 옛날 어떤 연못에 많은 물새가 거기 살았었다. 그때 어떤 황새가 그 못에 살면서 천천히 걷다가 한 쪽 다리를 들고 있었다. 여러 새들은 모두 말하였다. '이 새는 행실이 착하고 위의가 행실에 맞아 물에 사는 짐승을 괴롭히지 않는다.' 그때 흰 거위는 게송(偈頌)으로 말하였다.

다리를 들고 천천히 걸으며
음성(音聲)은 아주 부드럽고 연(軟)하여서
세상(世上)을 속이고 미혹(迷惑)하지만
누가 그의 아첨(阿諂)과 거짓을 모르리.

황새가 말하였다. '왜 그런 말을 하는가? 이리 와서 우리 서로 친(親)하게 지내자.'

흰 거위가 대답(對答)하였다. '나는 너의 아첨과 거짓을 안다.' 그리하여 끝내 친하지 않았느니라. 너희들은 알고 싶은가? 그때의 그 거위의 왕은 바로 지금 이 내 몸이요, 그 황새는 바로 지금의 저 제바달다니라."

33. 큰 거북의 인연(因緣)

부처님께서 왕사성에 계셨다. 제바달다는 항상 나쁜 마음으로 부처님을 해치려 하여, 활을 잘 쏘는 바라문을 사서 화살을 가지고 부처님께 나아가 활을 당겨 부처님을 쏘게 하였다. 그러나 그 쏜 화살은 모두 구물두꽃[拘物頭華], 분타리꽃[分陀利華], 파두마꽃[波頭摩華], 우발라꽃[優鉢羅華]으로 변하였다. 5백 명 바라문들은 이 신변을 보고 모두 두려워하여, 곧 화살을 버리고 부처님께 예배하고 참회(懺悔)한 뒤에 한쪽에 앉았다. 부처님께서 그들을 위하여 설법(說法)하여 그들은 모두 수다원의 도를 얻었다.

그리고 다시 부처님께 아뢰었다. "원컨대 저희들이 집을 떠나 도(道) 배우는 것을 허락하소서."

부처님께서 "잘 왔구나, 비구들이여." 하시자, 그들의 수염과 머리는 저절로 떨어지고 법옷[法衣]은 몸에 입혀졌다. 부처님께서 그들을 위하여 거듭 설법하시어 그들은 모두 아라한의 도를 얻었다.

그들은 부처님께 아뢰었다. "부처님의 신력은 참으로 희유하나이다. 제바달다는 언제나 부처님을 해치려 하지마는 부처님께서 항상 큰 인자한 마음을 내십니다."

부처님께서 말씀하셨다. "그것은 오늘만이 아니다. 옛날 바라내국에 한 우두머리 상인(商人)이 있어 이름을 불식은(不識恩)이라 하였다. 그는 5백 명 상인들과 함께 바다에 들어가 보물을 캐어 보물을 가지고 돌아오다가 물 굽이치는 곳에 이르러, 물에 사는 나찰을 만났는데, 그들이 배를 붙들어 앞으로 나아갈 수가 없었다. 여러 상인들은 매우 놀라고 두려워하여 모두 외쳤다. '천신(天神)·지신(地神)과 일월(日月)의 여러 신(神)들이여, 누구나 우리를 사랑하고 가엾이 여겨 우리의 액난(厄難)을 구제하여 주소서.'

그때 등 너비가 1리나 되는 어떤 큰 거북이 그들을 가엾이 여겨 배가 있는 곳으로 와서 여러 사람들을 등에 업고 곧 바다를 건너게 하였다.

그때 거북이 잠시 잠이 들자 불식은이 큰 돌로 거북의 머리를 때려 죽이려 하였다. 여러 상인들이 말하였다. '우리는 거북의 은혜를 입고 어려움에서 벗어나 살게 되었는데, 그를 죽이는 것은 옳지 못하고 또 은혜를 모르는 일입니다.'

불식은(不識恩)은 말하였다. '우리는 지금 굶주림이 급하다. 누가 그의 은혜를 묻겠는가?' 이렇게 말하고, 곧 거북을 죽여 그 고기를 먹었다. 그런데 그 날 밤중에 큰 코끼리 떼가 와서 그들을 밟아 죽였다.

비구들이여, 그때의 그 큰 거북은 바로 지금의 이 내 몸이요, 그때의 그 불식은(不識恩)은 바로 지금의 저 제바달다이며, 그때의 그 5백 명 상인(商人)들은 바로 저 집을 나와 도(道)를 얻은 5백 명 아라한(阿羅漢)이다. 나는 과거에도 그의 액난(厄難)을 구해 주었지만 지금도 그의 생사(生死)의 근심을 제거(除去)해 주느니라.”

34. 두 재상(宰相)의 모함한 인연(因緣)

부처님께서 왕사성에 계실 때 제바달다는 여러 가지 인연을 만들어 부처님을 해치려 하였으나 되지 못하였다. 그때 남천축국에서 어떤 바라문이 왔는데, 그는 주술(呪術)을 잘 알고 독약(毒藥)을 잘 만들었다.

제바달다는 그 바라문에게서 독약을 만들어 부처님 몸에 흩었으나 바람은 그 독약을 불어, 그 약(藥)은 도로 제 머리 위에 떨어졌다. 그는 이내 까무러치면서 땅에 쓰러져 죽게 되었다. 그러나 어떤 의사(醫師)도 고치지 못하였다.

"세존이시여, 제바달다가 독약을 입어 죽게 되었습니다."

부처님께서 그를 가엾이 여기시므로 진실한 말로 말씀하셨다. "내가 보살(菩薩) 때부터 부처가 된 뒤로 저 제바달다에 대해서 언제나 사랑하는 마음을 가졌고, 조금도 나쁜 마음이 없었다면 제바달다의 독은 스스로 사라질 것이다." 이렇게 말씀하시자, 그 독기는 곧 사라졌다.

여러 비구들이 부처님께 아뢰었다. "희유하나이다. 세존이시여, 제바달다는 한결같이 부처님께 대하여 나쁜 마음을 일으키는데 부처님께서 어찌하여 여전히 그를 살려 주십니까?"

부처님께서 말씀하셨다. "오늘만 나쁜 마음으로 나를 향하는 것이 아니라 과거에도 그러하였느니라."

비구들이 다시 아뢰었다. "부처님께 나쁜 마음을 가졌던 그 일은 어떠합니까?"

부처님께서 말씀하셨다. "지난 세상에 가시국에 바라내라는 성이 있었고, 거기에 두 재상(宰相)이 있었는데, 한 사람 이름은 사나(斯那)요 한 사람 이름은 악의(惡意)였다. 사나는 항상 법을 따라 행하였고, 악의는 언제나 나쁜 행을 행하여 모함하기를 좋아하였다. 그래서 그는 왕에게 말하였다. '사나가 반역하려 합니다.'

왕이 곧 사나를 옥(獄)에 가두자, 하늘의 여러 선한 신들은 허공에서 소리를 내어 말하였다. '그 어진 사람은 실로 아무 죄가 없는데 어찌하여 구속합니까?' 그때 여러 용(龍)들도 그렇게 말하고 신하들과 인민들도 그렇게 말하였다.

그래서 왕은 곧 놓아 주었다. 그 다음에 악의는 왕의 창고 물건을 훔쳐 사나의 집에 가져다 두었다. 그러나 왕은 믿지 않고 악의에게 말하였다. '네가 그를 미워하여 거짓으로 그런 일을 한 것이다.' 왕은 신하에게 말하였다. '이 악의를 붙잡아다 저 사나에게 넘겨 죄를 다스리게 하라.'

사나는 악의를 시켜 왕에게 참회하게 하였다. 그러나 악의는 스스로 죄가 있음을 알고 곧 비제혜왕(毘提醯王)에게로 달아나, 한 보배상자를 만들어 독을 가진 모진 뱀 두 마리를 그 안에 넣고, 비제혜왕으로 하여금 사신(使臣)을 시켜 저 나라에 보내어, 그 국왕과 사나 두 사람만 같이 보고 다른 사람에게는 보이지 못하게 하였다.

왕은 아주 잘 장식한 그 보배상자를 보고 매우 기뻐하여, 곧 사나를 불러 같이 열어 보려고 하였다.

그때 사나는 말하였다. '멀리서 온 물건은 스스로 볼 것이 아니오, 멀리서 온 과실과 음식은 당장 먹을 것이 아닙니다. 왜냐하면, 저기는 악(惡)한 사람이 있으므로 혹 악한 물건이 와서 사람을 해칠까 두렵기 때문입니다.'

그러나 왕은 말하였다. '나는 꼭 보고 싶다.'

세 번이나 간절히 왕에게 간하였으나, 왕은 그 말을 듣지 않았다. 그래서 그는 다시 왕에게 말하였다. '신의 말을 듣지 않으신다면 왕께서 스스로 보십시오. 신(臣)은 보지 않겠습니다.'

왕이 곧 상자를 열자 두 눈이 멀어 아무것도 보지 못하게 되었다. 사나는 근심과 괴로움으로 거의 죽게 되었다. 그래서 사람을 사방에 내어 보내어 여러 나라를 돌아다니면서 좋은 약(藥)을 구해 얻어, 그것으로 왕의 눈을 다스려 전과 같이 회복되었다.

비구(比丘)들이여, 그때의 그 왕은 바로 지금의 저 사리불이요, 그 사나는 바로 이 내 몸이며, 그때의 그 악의(惡意)는 바로 저 제바달다니라."

35. 산닭왕[山鷄王]의 인연(因緣)

부처님께서 왕사성에 계실 때 제바달다가 부처님께 나아가 이렇게 말하였다. "부처님께서 이제 편안히 머무시고 이 대중들을 저에게 맡겨 주소서."

부처님께서 말씀하셨다. "이 침[唾]을 먹을 어리석은 사람아, 나는 이 대중을 사리불이나 목건련에게도 맡기지 않는데, 어떻게 너에게 맡기겠느냐?" 그러자 제바달다는 화를 내며 욕(辱)하고 떠나갔다.

비구들이 아뢰었다. "세존이시여, 제바달다는 여러 가지로 부처님을 괴롭히려 하며, 또 많은 방편으로 부처님을 속이려 합니다."

부처님께서 말씀하셨다. "그것은 오늘만이 아니다. 지나간 세상에 설산(雪山) 곁에 사는 어떤 산닭왕은 많은 닭들을 거느리고 자기를 따르게 하였다. 그 닭 벼슬은 매우 붉고 몸은 희었다. 그는 여러 닭들에게 말하였다. '너희들은 저 도시나 마을을 멀리 떠나 사람들에게 잡아먹히지 않도록 하라. 우리가 원망하고 미워할 만한 것들이 많이 있으니, 부디 스스로 잘 삼가고 보호하라.'

그때 어떤 마을에 고양이 한 마리가 있었다. 그는 거기에 닭이 있다는 말을 듣고 곧 그리로 가서, 나무 밑에서 천천히 걸으면서 머리를 숙이고 그 닭에게 말하였다. '나는 당신의 아내가 되고 당신은 나의 남편이 됩시다. 당신의 몸은 단정하여 사랑할 만합니다. 머리의 벼슬은 붉고 몸은 온통 하얗습니다. 우리가 서로 받들어 섬기면 안온하고 즐거울 것입니다.'

닭은 곧 게송(偈頌)으로 말하였다.

고양이는 노란 눈의 어리석고 작은 물건
무엇이나 해칠 마음으로 잡아먹으려 하는구나.
그러나 아내를 가진 자로서
그 목숨이 안온한 이 보지 못했다.

비구들이여, 그때의 그 닭은 바로 내 몸이요, 고양이는 바로 저 제바달다니라. 그는 과거(過去)에도 나를 꾀어 속이려 하였고, 오늘도 나를 꾀어 속이려 하는 것이다."

36. 길리조(吉利鳥)의 인연(因緣)

부처님께서 왕사성에 계셨다. 그때 제바달다는 이렇게 생각하였다. '부처님께는 푸른 옷을 입은 5백 명의 귀신(鬼神)이 있어서 항상 호위하고 있다. 또 부처님에게는 나라연(那羅延)도 따르지 못할 열 가지 힘이 있다. 그러므로 나는 그를 해칠 수가 없다. 차라리 돌아가서 그를 받들어 섬기다가 요긴한 기회를 보아 해치면 죽일 수 있을 것이다.'

그리하여 그는 비구·비구니·우바새·우바이 등 대중 앞에서 부처님을 향해 참회하면서 이렇게 생각하였다. '만일 내 참회를 받아 주면 나는 방편을 쓸 것이요, 내 참회를 받아 주지 않으면 이로 인해 그의 이름이 나쁘게 퍼질 것이다.'

그는 곧 부처님께 아뢰었다. "세존이시여, 저의 참회를 받아 주소서. 저는 한적한 곳에서 혼자 마음을 닦으려 합니다."

부처님께서 말씀하셨다. "법에는 아첨과 속임이 없다. 아첨하고 속이는 자에게는 어떤 법도 있을 수 없는 것이다."

그때 저 외도(外道)의 여섯 스승들은 모두 말하였다. "제바달다는 진심으로 부처님께 참회하는데, 부처님이 그 참회를 받아 주지 않는다."

비구들은 부처님께 아뢰었다. "저 제바달다는 거짓으로 부처님을 대합니다."

부처님께서 말씀하셨다. "그것은 오늘만이 아니다. 먼 옛날 바라내국에 범마달(梵摩達)이라는 왕이 있었다. 그는 법을 정하여 살생(殺生)을 금하였다.

그때 어떤 사냥꾼은 선인의 옷을 입고 온갖 사슴과 새를 잡았지만, 아무도 그것을 아는 이가 없었다. 어떤 길리조(吉利鳥)가 여러 사람들에게 말하였다. '저 아주 나쁜 사람은 비록 선인의 옷을 입었지만, 사실은 사냥꾼으로서 항상 살생합니다. 그러나 아는 사람이 없습니다.' 사람들은 모두 길리조를 신용하였는데 진실로 그 말과 같았다.

비구(比丘)들이여, 그때의 그 길리조는 바로 지금 이 내 몸이요, 그 사냥꾼은 바로 지금의 저 제바달다이며, 그 왕은 바로 저 사리불이니라."

37. 늙은 선인의 인연

부처님께서 왕사성에 계셨다. 그때 아사세왕이 제바달다를 위하여 날마다 5백 가마의 밥을 보냈으므로, 제바달다는 많은 이양(利養)을 얻었다. 비구들이 부처님께 아뢰었다. "아사세왕은 제바달다를 위하여 날마다 5백 가마의 밥을 보내고 있다 합니다."

부처님께서 "제바달다가 많은 이양을 얻는 것을 부러워하지 말라."하시고, 곧 게송(偈頌)으로 말씀하셨다.

파초는 열매를 맺으면 마르고
갈대와 대도 또한 그렇다.
거허(駏驉: 암나귀와 숫말 사이에 난 짐승)는 새끼를 배면 죽고
노새도 또한 그러하니라.
어리석은 사람 이양을 탐하여 망하나니
지혜로운 이의 비웃음거리니라.

이 게송(偈頌)을 읊으시고 비구들에게 말씀하셨다. "제바달다는 오늘만 이양을 위하여 망하고 나를 비방한 것이 아니라, 과거에도 또한 그러하였느니라."

비구들은 아뢰었다. "과거의 그 일은 어떠하였습니까?"

부처님께서 말씀하셨다. "과거 바라내국의 선산(仙山)에 두 선인이 있었는데, 늙은이는 신통을 얻었고 젊은이는 얻지 못하였다. 그때 그 늙은이는 신통의 힘으로 울단월(鬱單越)로 가서 익은 멥쌀을 가지고 와서 둘이서 같이 먹고, 또 염부제로 가서 염부 열매를 가지고 와서 둘이서 같이 먹고, 또 도리천으로 가서 그 하늘의 수타(須陀)맛을 가지고 와서 둘이서 갈라 먹었다.

젊은 선인은 그것을 보고 부러운 마음이 생겨 그 늙은이에게 말하였다. '원컨대 그 오신통(五神通)을 닦는 법을 저에게도 가르쳐 주십시오.'

늙은 선인은 말하였다. '만일 좋은 마음을 가지면 오신통을 얻어 반드시 이익이 있겠지만 만일 마음이 좋지 못하면 도리어 해가 될 것이다.'

그러나 그는 간절히 아뢰었다. '원컨대 저에게 가르쳐 주소서.' 그때 늙은 선인이 곧 오신통을 가르치자 그는 이내 그것을 얻었다.

그는 오신통을 얻고는 여러 사람들 앞에서 가지가지 신통을 나타내어 큰 이름과 이양을 얻었다. 그렇게 되자 그는 그 늙은이를 질투(嫉妬)하는 마음이 생겨 가는 곳마다 비방하다가 이내 신통을 잃어버렸다.

사람들은 그 말을 듣고 이렇게 말하였다. '저 늙은 선인은 나이도 많고 덕이 있는데, 저 젊은 선인이 제멋대로 비방한다.'

그리하여 모두 성(城)을 내어 성문(城門)을 막고 들어오지 못하게 하였으므로, 그는 이내 이양을 잃고 말았다.

비구들이여, 알고 싶은가? 그때 그 늙은 선인은 바로 지금의 이 내 몸이요, 그 젊은 선인은 저 제바달다니라."

38. 두 상인(商人)의 인연(因緣)

부처님께서 왕사성에 계셨다. 그때 여러 비구들 가운데 부처님 말을 따르는 이는 모두 열반(涅槃)과 천상(天上)과 인간(人間)의 길을 얻었고, 제바달다의 말을 따르는 이는 모두 지옥(地獄)에 떨어져 큰 고뇌(苦惱)를 받았다.

부처님께서 말씀하셨다. "내 가르침을 따르는 이가 큰 이익을 얻고, 제바달다의 말을 따르는 이가 큰 괴로움을 받은 것은 오늘만이 아니라 옛날에도 그러하였느니라.

지나간 세상에 어떤 두 상인은 5백 명 상인을 데리고 광야에 이르렀다. 어떤 야차 귀신이 소년으로 변하여 좋은 옷을 입고 머리에는 화만을 이고 거문고를 타면서 상인들에게 가서 말하였다.

'너무 피로하지 않습니까? 그 물품을 싣고 가서 장차 무엇에 쓰려 하십니까? 요 가까운 앞길에 좋은 물품이 있습니다. 나를 따라 오십시오. 그 길을 가리켜 드리겠습니다.'

한 상인은 그 말을 따라 '우리들은 지금 싣고 가는 이 물품을 버리고 가벼이 하여 가자'고 하였다.

그러나 다른 한 상인은 말하였다. '우리는 지금 물품을 보지 못했다. 버리지 말자.'

그리하여 물품을 버린 앞의 사람들은 목이 말라 모두 죽었지만, 그것을 버리지 않은 사람들은 갈 곳에까지 도착하였다.

비구들이여, 그때 그 물품을 버리지 않은 사람은 바로 지금의 내 몸이요, 그 물품을 버린 사람은 저 제바달다이니라."

39. 여덟 하늘이 차례로 법을 물은 인연

옛날 부처님이 세상에 계실 때에, 밤중에 갑자기 여덟 하늘이 차례로 내려와 부처님께 나아갔다. 첫째 하늘은 용모가 단정하고 광명은 1리를 비추며 천녀 열 명을 권속으로 삼고 부처님께 나아가 지극한 마음으로 땅에 엎드려 예배한 뒤에 한 쪽에 물러나 서 있었다.

부처님께서 그 하늘에게 말씀하셨다. "너는 복(福)을 닦아 하늘 몸[天身]을 받았으니, 5욕(欲)을 스스로 즐기면서 시원스레 안락을 누리고 있는가?"

하늘이 아뢰었다. "세존이시여, 저는 비록 천상에 나서 살지만 마음은 항상 근심하고 괴로워합니다. 왜 그런가 하면, 저는 전생에 수행할 때에 부모와 스승과 사문과 바라문에게 충성하고 효도하며 마음으로 공경하였지만, 그분들에게 대하여 은근히 공경하고 예배하거나 마중과 배웅을 하지 못하였습니다. 그런 업의 인연으로 과보가 실로 적어 다른 하늘보다 못하며, 못하기 때문에 스스로 꾸짖어 수행하지만 만족(滿足)할 수 없습니다."

용모(容貌)와 몸의 광명과 그 권속들이 앞의 하늘보다 열 배나 훌륭한 다른 하늘이 부처님께 나아가 땅에 엎드려 발 아래 예배하고 한 쪽에 물러나 서 있었다.

부처님께서 그에게 말씀하셨다. "너는 천상(天上)에 나서 시원스런 안락을 누리는가?"

그는 아뢰었다. "세존이시여, 저는 비록 하늘에 나서 살지만 항상 근심하고 괴로워합니다. 왜 그런가 하면, 저는 전생에 수행할 때 부모와 스승과 사문과 바라문에게 충성과 효도하는 마음을 내어 공경하고 예배하였습니다.

그러나 앉는 자리와 따뜻한 침구(寢具)를 보시하지 못하였습니다. 그런 업의 인연으로 지금 과보를 얻었으나 다른 하늘보다 못하며, 못하기 때문에 스스로 꾸짖어 인(因)을 닦지만 만족할 수가 없습니다."

다시 용모와 광명과 권속들이 앞의 하늘보다 열 배나 훌륭한 다른 하늘이 부처님께 나아가 땅에 엎드려 발 아래 예배하고 한 쪽에 물러나 서 있었다.

부처님께서 그에게 말씀하셨다. "너는 하늘 몸을 받아 시원스런 안락을 누리는가?"

그는 아뢰었다. "저는 비록 하늘 궁전[天宮]에 나서 살지만 항상 근심하고 번민(煩悶)합니다. 왜 그런가 하면, 저는 전생(前生)에 부모와 스승과 사문과 바라문에게 충효하고 공경하며 예배하고 자리와 침구를 보시하였으나, 그분들에게 맛있는 음식을 많이 베풀어 보시(布施)하지 못하였습니다. 그 업의 인연으로 지금 과보를 얻었지만 다른 하늘보다 못하며, 못하기 때문에 마음으로 후회하고 꾸짖으면서 인을 닦지만 아직 갖추지 못하였습니다. 그러므로 근심하고 번민(煩悶)합니다."

용모와 광명과 그 권속들이 앞의 하늘보다 열 배나 훌륭한 다른 하늘이 부처님께 나아가 땅에 엎드려 발 아래 예배하고 한 쪽에 물러나 서 있었다.

부처님께서 그에게 말씀하셨다. "너는 하늘 몸을 받아 시원스레 안락을 누리는가?"

그는 아뢰었다. "저는 비록 하늘에 났지만 마음으로 항상 근심하고 번민합니다. 왜 그런가 하면, 저는 비록 과거에 부모·스승·사문·바라문에게 충효하고 공경하며 예배하고 침구와 음식을 보시하였으나 법(法)을 듣지 못하였습니다.

그 인연으로 지금 과보를 받았지마는 다른 하늘보다 못하며, 못하기 때문에 항상 스스로 꾸짖으면서 인을 닦지만 아직 만족하지 못하였습니다. 그러므로 근심하고 번민(煩悶)합니다."

그 몸의 광명과 권속들이 앞의 하늘보다 열 배나 훌륭한 다른 하늘이 부처님께 나아가 땅에 엎드려 발 아래 예배하고 한 쪽에 물러나 서 있었다.

부처님께서 그에게 말씀하셨다. "너는 하늘 몸을 받아 시원스레 안락을 누리는가?"

그는 아뢰었다. "저는 비록 하늘에 났으나 마음으로 항상 근심하고 번민합니다. 왜 그런가 하면, 저는 전생(前生)에 부모와 스승과 사문과 바라문에게 잘 충효하고 공경하며 예배하고 침구와 음식을 보시하였으며 법을 들었지만, 그 뜻을 이해하지 못하였습니다. 그 뜻을 이해하지 못하였기 때문에 지금 과보를 받았으나 다른 하늘보다 못하며, 못하기 때문에 마음으로 항상 후회하고 꾸짖으면서 인을 닦지만 아직 원만(圓滿)하지 못하였습니다. 그러므로 근심하고 번민(煩悶)합니다."

몸의 광명과 그 권속들이 앞의 하늘보다 열 배나 훌륭한 어떤 하늘이 부처님께 나아가 땅에 엎드려 발 아래 예배하고 한 쪽에 물러나 서 있었다.

부처님께서 그에게 말씀하셨다. "너는 하늘 몸을 받아 시원스레 안락을 누리는가?"

그는 아뢰었다. "저는 비록 천당(天堂)에 나서 살지만 마음으로 항상 근심하고 번민(煩悶)합니다. 왜 그런가 하면, 저는 전생(前生)에 수행할 그때 비록 부모와 스승과 사문과 바라문에게 충효하고 공경하며 예배하고 침구와 음식을 보시하며 법을 듣고는 그 뜻을 이해하였지만, 그 말대로 수행(修行)하지 못하였습니다. 그 업의 인연으로 지금 과보를 받았으나 다른 하늘보다 못하며, 못하기 때문에 스스로 깊이 후회하고 꾸짖으면서 인을 닦지만 아직 만족하지 못하였습니다. 그러므로 근심하고 번민(煩悶)합니다."

다시 용모와 광명과 그 권속들이 앞의 하늘보다 열 배나 훌륭한 어떤 하늘이 부처님께 나아가 땅에 엎드려 발 아래 예배하고 한 쪽에 물러나 서 있었다.

부처님께서 그에게 말씀하셨다. "너는 하늘 몸을 받아 시원스레 안락을 누리는가?"

그는 아뢰었다. "저는 지금 하늘 궁전에 나서 오욕(五慾)을 스스로 즐기며, 필요한 물건은 생각을 따라 곧 생기므로 진실로 즐거워 어떤 근심도 번민(煩悶)도 없습니다. 왜 그런가 하면, 저는 전생(前生)에 인을 닦을 그때 부모와 스승과 사문과 바라문에게 충효

하고 공경하며 예배하고 침구와 음식을 보시하였으며, 법을 듣고
는 그 뜻을 이해할 뿐 아니라 그 말대로 수행하였습니다. 그 인연
으로 하늘의 과보를 받아 용모가 단정하고 광명이 특히 좋으며,
권속이 많아 다른 여러 하늘보다 뛰어났습니다. 그러한 행을 닦았
으므로 과보의 만족을 얻었고, 만족하였기 때문에 가장 훌륭한 과
보를 얻었으며, 가장 훌륭한 과보이기 때문에 모든 하늘이 따르지
못하고 따를 자가 없기 때문에 마음으로 즐거움을 얻습니다."

잡보장경 제4권

40. 가난한 사람이 보리떡을 보시(布施)하여 갚음을 얻은 인연

옛날 어떤 사람이 집이 가난하여 품을 팔아 보릿가루 여섯 되를 얻었다. 그것을 가지고 집에 돌아와 처자(妻子)를 먹이려 하였다. 돌아오는 도중에 마침 어떤 도인이 발우를 들고 지팡이를 짚고 걸식하러 다니는 것을 보았다. '저 사문은 용모가 단정하고 위의가 조용하여 매우 공경할 만하구나. 한 끼를 보시하는 것도 좋지 않을까' 하고 생각하였다. 그때 도인은 그의 생각을 알고 그를 따라 어떤 물가에 이르렀다.

가난한 사람이 도인(道人)에게 말하였다. "내게 지금 보릿가루가 있어 보시하고자 하는데 혹 자시겠습니까?"

도인은 대답하였다. "그렇게 합시다."

그는 물가에다 옷을 펴고 도인을 앉힌 뒤에, 한 되 보릿가루를 물에 타서 한 덩이를 만들어 도인에게 주면서 이렇게 발원(發願)하였다. '만일 이 도인이 깨끗이 계율을 가지고 도를 얻은 사람이라면, 나로 하여금 현재(現在)에 한 작은 나라의 왕이 되게 하소서.'

도인은 그 떡을 얻고 가난한 이에게 말하였다. "어찌 이리 적은가? 어찌 이리 작은가?"

그는 이 도인은 많이 먹는 사람이라 생각하고, 다시 한 되를 물에 타서 한 덩이를 만들어 주면서 발원(發願)하였다. '만일 이 도인이 깨끗이 계율(戒律)을 가지고 도를 얻은 사람이라면, 나로 하여금 두 개의 작은 나라 왕이 되게 하소서.'

도인이 다시 말하였다. "어찌 이리 적은가? 어찌 이리 작은가?"

그 가난한 이는 생각하였다. '아마 이 도인은 아주 많이 먹는 사람인 것 같다. 그만큼 떡을 주어도 적다고 불평하는구나. 그러나 나는 이미 청하였으니까 대어 주어야 한다.' 다시 두 되를 물에 타서 한 덩이를 만들어 주면서 발원(發願)하였다. '만일 이 도인이 깨끗이 계율을 가지고 도를 얻은 사람이라면, 나로 하여금 현재(現在)에 네 개의 작은 나라를 거느리는 왕이 되게 하소서.'

도인(道人)은 다시 말하였다. "어찌 이리 적은가? 어찌 이리 작은가?"

그래서 그는 나머지 두 되를 마저 덩이를 만들어 도인에게 주면서 발원(發願)하였다. '지금 이 사문이 만일 깨끗이 계율을 가지는 도인이라면, 나로 하여금 바라내(波羅㮏)의 국왕이 되어 네 개의 작은 나라를 거느리며, 또 도를 보는 자리를 얻게 하소서.'

도인(道人)은 그 떡을 받고도 그래도 적다고 불평하였다.

가난한 이는 도인에게 말하였다. "우선 자십시오. 만일 그것으로도 부족하시다면, 내 옷을 벗어 음식과 바꾸어 와서라도 대어 드리겠습니다."

도인은 떡을 먹었다. 그러나 한 되만 먹고 나머지는 주인에게 돌려 주었다.

가난한 이는 물었다. "존자가 아까는 떡이 너무 적다고 불평하시더니 지금은 왜 다 자시지 않습니까?"

도인이 대답하였다. "그대가 처음에 내게 한 덩이 떡을 줄 때에는 바로 한 작은 나라의 왕이 되기를 원하였소. 그래서 나는 그대 마음의 원(願)이 작다고 말한 것이오.

둘째 번의 떡덩이에서는 두 개의 작은 나라 왕이 되기를 원하였소. 그래서 그대의 원(願)이 작다고 말한 것이오.

셋째 번의 떡덩이에서는 네 개의 작은 나라 왕이 되기를 원하였소. 그래서 나는 그대의 원(願)이 작다고 말한 것이오.

그리고 넷째 번의 떡덩이에서는 바로 바라내의 국왕이 되어 네 개의 작은 나라를 거느리기를 원(願)하였고, '나로 하여금 도를 보는 자리를 얻게 하라'고 하였소. 그래서 나는 그대 원이 작다고 한 것이지, 음식이 부족하여 적다고 불평한 것은 아니오."

그때 가난한 이는 의심이 생겼다. '나로 하여금 현재의 다섯 나라의 왕이 되게 하는 것은 결코 작은 일이 아니다. 아마 거짓이리라.' 그러다가 다시 생각하였다. '내 마음을 능히 아는 것을 보면 반드시 성인일 것이다. 이런 큰 복밭은 나를 속이지 않을 것이다.'

도인은 그의 생각을 알고, 곧 발우를 던져 허공에 두고 그 뒤를 따라 날아 올라가서, 큰 몸으로 변하여 허공에 가득 찼다가 다시 작은 몸으로 화하자 마치 가는 티끌과 같았다. 한 몸으로써 한량없는 몸이 되기도 하고 한량없는 몸을 합하여 한 몸이 되기도 하였다. 또 몸 위에서는 물을 내고 몸 아래에서는 불을 내었다. 물을 땅처럼 밟기도 하고 땅을 물처럼 밟기도 하였다.

이렇게 열여덟 가지 신통(神通)을 나타내고는 가난한 이에게 말하였다. "즐겨 큰 원을 내고 조금도 의심하지 말라." 이렇게 말하고 그는 곧 몸을 숨기고 떠났다.

그때 그 가난한 사람은 바라내성으로 향하여 가다가 도중에서 어떤 재상(宰相)을 만났다. 재상은 그를 만나자 그 형상을 자세히 보고는 말하였다. "너는 아무개의 아들이 아닌가?"

"그렇습니다."

"왜 그처럼 남루하게 되었는가?"

"어려서 부모를 잃은 뒤에 집이 망하고, 돌보아 주는 사람이 없기 때문에 곤궁하여 이처럼 남루하게 되었습니다."

재상은 곧 바라내 왕에게 아뢰었다. "왕의 친척인 아무개의 아들이 지금 문 밖에 있는데 매우 곤궁합니다."

왕은 곧 분부하여 그를 데리고 앞에 오게 하여, 자세한 사정을 묻고 그가 친척임을 알았다. 그래서 왕은 말하였다. "항상 나를 가까이 하고 부디 멀리 떠나지 말라."

이레 뒤에 왕은 병으로 목숨을 마쳤다. 신하들은 서로 의논하였다. "왕에게는 뒤를 이을 이가 없고, 오직 이 빈한(貧寒)한 자가 있을 뿐인데, 저 이는 왕의 친척이다. 우리 함께 바라내의 왕으로 추대하자."

이렇게 그가 네 나라를 거느리게 되었는데, 나중에 폭정을 행하게 되었다. 전날의 그 도인은 왕의 궁전 앞의 허공에서 가부좌를 틀고 앉아 말하였다. "너는 옛날 발원(發願)하여 도를 보는 자리를 얻기를 구하더니, 지금은 어찌하여 온갖 악을 지으면서 본래와 다른가?"

그는 다시 왕을 위하여 갖가지 법을 연설하였다. 왕은 그 법을 듣고는 먼저 지은 악(惡)을 뉘우쳤다. 그리고 허물을 고치고 부끄러워하면서 알뜰히 도를 행하여 수다원(須陁洹)을 얻었다.

41. 가난한 여자가 두 냥을 보시(布施)하고 갚음을 얻은 인연

옛날 주암산(晝闇山)에 여러 성현들과 숨어 사는 스님들이 많았다. 여러 나라에서 그 산의 명성을 듣고 거기에 공양하는 이가 많았는데 그 가운데 어떤 장자가 여러 권속들과 함께 공양을 가지고 가려 하였다.

어떤 빈궁(貧窮)한 거지 여자는 이렇게 생각하였다. '지금 여러 장자들이 산으로 공양을 보내는 것은 반드시 어떤 모임을 가지려는 것이다. 나는 가서 걸식(乞食)을 해야겠다.' 그리고는 산으로 향하여 갔다.

산(山)에 이르러 아까 그 장자가 갖가지 음식을 차려 여러 스님들을 공양하는 것을 보고 혼자 가만히 생각하였다. '저 사람은 전생의 복을 닦아 오늘에 부귀한데, 지금 다시 공덕을 지으면 장차 더욱 훌륭하게 될 것이다. 나는 전생에 복을 짓지 못하여 금생에 빈곤하다. 만일 지금 복을 짓지 않으면 미래에는 더욱 빈곤할 것이다.'

이렇게 생각하고는 눈물을 흘리면서 울다가 또 생각하였다. '나는 전에 똥 속에서 돈 두 냥을 주워 항상 아끼면서 구걸이 뜻같이 되지 않을 때에는 이것으로 음식과 바꾸어 스스로 살아가리라고 생각한 일이 있다. 지금 그것을 여러 스님들에게 보시하자. 하루 이틀쯤 음식을 얻지 못하더라도 죽지는 않을 테니까.'

그리하여 스님들의 공양이 끝나는 것을 엿보아 그 돈 두 냥을 보시하였다. 그때 스님들 법에는 어떤 사람이 보시하면 유나(維那) 스님[4]이 앞에 서서 축원을 하게 되어 있었다. 그러나 그때에는 상좌(上座) 스님이 유나에게 축원을 맡기지 않고 자기가 직접 축원하였다. 이에 아래쪽에 앉은 스님들[下座]은 매우 못마땅한 마음으로 이렇게 생각하였다. '저 거지 여자의 돈 두 냥을 얻고도, 상좌가 경망되게 친히 축원을 한다. 평소에는 돈을 받고는 어찌 그러하지 않는가?' 그때 상좌는 곧 자기가 먹을 밥의 반을 갈라 두었다가 그 여자에게 주었다. 사람들은 상좌가 여자에게 밥을 많

4) 사찰의 규율과 질서를 관장하는 스님.

이 주는 것을 보고, 그들도 따라서 그 여자에게 밥을 많이 주었다.

그때 여자는 묵직한 양의 음식을 얻어 가지고 매우 기뻐하면서 말하였다. "나는 마침 보시(布施)하여 지금 그 갚음을 얻었다." 그는 그 음식을 가지고 도로 산을 내려가다가 어떤 나무 밑에 이르러 누워 잤다.

마침 그때 왕의 큰 부인이 죽은 지 이레가 되었다. 왕은 사자(使者)를 보내어 온 나라를 돌아다니면서 누가 복덕(福德)이 있어서 왕의 부인이 될 만한지 찾게 하였다. 관상쟁이는 점을 치고 말하였다.

"저 누런 구름 밑에는 반드시 현인이 있을 것입니다."

그래서 사자(使者)는 그를 데리고 그 나무 밑에 가서 여자를 보았다. 얼굴빛은 윤택하여 복덕의 상이 있고, 나무는 구부려 그 위에 그늘을 지어 빛이 이르지 않도록 하였다.

관상쟁이는 말하였다. "이 여자의 복덕(福德)은 부인이 될 만합니다." 사자는 그녀를 향탕(香湯)에 목욕시키고, 그녀에게 부인의 의복을 주니, 크지도 않고 작지도 않아 몸에 꼭 맞았다. 1천 수레와 1만 기병이 좌우를 호위하여, 그녀를 데리고 왕궁에 이르렀다. 왕은 그녀를 보고 매우 기뻐하고 공경하며 존중하였다.

이렇게 며칠을 지내다가 여자는 가만히 생각하였다. '내가 이런 부(富)와 복(福)의 인연을 얻은 것은 그 돈을 보시하였기 때문이다. 지금 저 스님들은 내게 크고 무거운 은혜(恩惠)가 있다.'

그 여자는 왕에게 아뢰었다. "저는 전에 몹시 빈천하였는데 왕에게 뽑히어 지금은 사람답게 살게 되었습니다. 제게 저 스님들의 은혜를 갚게 하여 주소서."

왕은 말하였다. "그대 마음대로 하오."

부인은 음식과 보물을 수레에 싣고 산으로 가서 스님들에게 보시하였다. 그러나 그 상좌는 일어나지 않고 유나스님을 보내어 축원하면서 자기는 나와 축원하지 않았다. 왕의 부인은 말하였다.

"제가 옛날 두 돈을 보시하였을 때에는 저를 위해 축원하더니, 지금은 수레에 보배를 실었는데도 왜 저를 위해 축원하시지 않습니까?"

또 여러 젊은 비구들도 모두 말하였다. "저 상좌는 전에 가난한 여자가 동전 두 닢을 보시할 때에는 그녀를 위해 축원하더니, 지금은 왕의 부인이 수레에 보물을 싣고 왔어도 축원하지 않는구나. 늙어 망령들었는가?"

그때 상좌는 왕의 부인을 위하여 바른 법을 연설하고는 말하였다. "부인이여, '전에 두 돈을 보시(布施)할 때에는 저를 위해 축원하더니, 지금은 수레에 보물을 실었어도 축원하지 않는다'고 생각하여 내게 불평하십니까? 우리 불법(佛法)에서는 보물을 귀하게 여기지 않고, 오직 착한 마음을 귀하게 여길 뿐입니다. 부인이 전에 두 닢을 보시할 때에는 착한 마음으로 가득하였는데, 지금 보물을 보시함에 내논다고 뽐내는구료. 그래서 나는 지금 당신을 위해 축원(祝願)하지 않는 것이요. 또 젊은 도인(道人)들도 내게 불평하지 마시오. 당신들은 출가(出家)한 뜻을 깊이 알아야 하오."

여러 젊은 도인들은 각기 부끄러워하고 모두 수다원의 도를 얻었고, 왕의 부인도 법을 듣고는 부끄러워하고 기뻐하면서 또 수다원의 도를 얻었다. 그리고 법을 듣고는 예배하고 떠났다.

42. 건타위국의 화가(畵家) 계나(罽那)가
음식을 보시하여 갚음을 얻은 인연

옛날 건타위국(乾陀衛國)에 한 화가가 있었는데, 이름을 계나(罽那)라 하였다. 그는 3년 동안 객지에서 품팔이하여 30냥 금을 벌어 가지고 집으로 돌아오다가 다른 사람이 반차우슬(般遮于瑟 : 오년대회五年大會)을 여는 것을 보고 유나(維那)에게 물었다. "하루 동안 회를 열려면 얼마나 듭니까?"

유나는 대답하였다. "30냥 금(金)을 쓰면 하루 동안 회를 열수 있습니다."

그는 가만히 생각하였다. '나는 전생(前生)에 복업을 짓지 못하였기 때문에 지금 이 갚음을 받아 품팔이로 살아간다. 지금 복(福)밭을 만났는데 어떻게 복을 심지 않겠는가?'

그는 유나에게 말하였다. "청컨대 이 제자를 위하여 추(椎)를 쳐서 스님들을 모아 주십시오. 저는 지금 회를 베풀고자 합니다."

그 회를 마치고 그는 기뻐하면서 집으로 돌아갔다.

집에 이르자 그 부인이 물었다. "3년 동안 품판 돈은 어디 있습니까?"

그는 대답하였다. "내가 얻은 재물을 지금 모두 튼튼한 창고 안에 넣어 두었소."

"그 튼튼한 창고는 지금 어디 있습니까?"

"저 스님들 속에 있소."

부인은 그를 꾸짖고 곧 친정 친척들을 모아 그 남편을 법관에게 끌고 가서 이렇게 말하였다. "우리 모자는 빈궁하여 고생이 심하니, 옷도 없고 밥도 없습니다. 그런데 우리 남편은 얻은 재물을 다른 데 쓰고 집에는 가지고 오지 않습니다. 그 이유를 문책하여 주십시오."

그때 법관(法官)은 그 남편에게 물었다. "왜 그렇게 하였는 가?"

그는 대답하였다. "이 몸은 번갯불과 같아서 오래 비추지 못하고 또 아침 이슬과 같아서 잠깐 사이에 사라집니다. 그 때문에 두려워하여 스스로 깊이 생각해 보았습니다. '나는 전생에 복업을 짓지 못하였기 때문에 지금 곤궁하여 의식이 궁핍하다'고. 그래서 저 불가라성(弗迦羅城)에서 반차회(般遮會) 여는 것을 보고 그 스님들이 매우 청정하였기 때문에 기뻐하고 공경하며 믿는 마음이 우러나서 유나에게 물었습니다. '얼마나 들면 하루 음식을 이바지할 수 있습니까?'

유나는 대답하였습니다. '30냥이면 하루 공양을 할 수 있습니다.' 그래서 나는 3년 동안 번 돈을 곧 유나에게 주어 스님들을 위해 하루 음식을 짓게 하였습니다."

법관은 그 말을 듣고 매우 기뻐하고, 또 그를 가엾이 여겨 곧 자기 옷과 영락을 벗어 주고, 또 말과 수레를 주고, 다시 한 부락을 떼어 상(賞)으로 봉해 주었다. 그 꽃갚음[華報]이 이러하였고 열매 갚음[果報]은 뒤에 있을 것이다.

43. 계이라(罽吏羅) 부부가 몸을 팔아 보시(布施)회를 열고 그 갚음을 얻은 인연

옛날 계이라(罽吏羅)라는 사람이 있었다. 그들 부부는 매우 빈궁(貧窮)하여 할 수 없이 품팔이로써 겨우 살아갔다. 그는 다른 장자들이 모두 절에 가서 큰 보시회(布施會)를 베푸는 것을 보고 집에 돌아와 그 부인과 함께 자면서, 부인의 팔을 베고 누워 가만히 생각하였다. '나는 전생(前生)에 복(福)을 짓지 못하였기 때문에 이렇게 빈궁하다. 그런데 저 장자(長者) 같은 이는 전생(前生)에도 복을 지었고 지금도 복을 짓는다. 나는 지금도 복이 없다. 장래 세상에는 더욱 괴로울 것이다.'

이렇게 생각하고 울자 눈물이 부인의 팔에 떨어졌다. 부인이 물었다. "왜 눈물을 떨구십니까?"

그는 대답하였다. "남을 보니 복을 닦아 언제나 즐거운데, 나는 빈천하여 복을 닦을 수 없구료. 그래서 눈물을 떨구는 것이요."

"눈물을 흘리면 무엇합니까? 내 몸을 팔아서 그 재물(財物)로 복을 지으십시오."

"당신을 판다면 나는 어떻게 살아 가겠소?"

"만일 살아가지 못할 것이 두려워 나를 내어 놓지 못하시겠으면, 우리 다 같이 몸을 팔아 공덕을 닦읍시다."

이에 두 부부는 서로 이끌고 어떤 부잣집에 가서 말하였다. "지금 우리 부부의 이 천(賤)한 몸을 사주십시오."

주인이 물었다. "얼마나 받으려는가?"

"열 냥을 받고자 합니다."

"이제 너희들에게 돈을 줄 것이니, 이레 만에 갚지 못하면 너의 부부를 종(婢)으로 삼을 것이다." 이렇게 약속하였다.

그들은 돈을 가지고 그 절에 가서 보시회를 열었다.

그들은 함께 쌀을 찧으면서 서로 격려하여 말하였다. "지금 우리는 힘을 내어 이 복업을 짓는다. 뒷날 남의 집에 매이면 어찌 우리 뜻대로 되겠는가?"

이에 그들은 밤낮으로 부지런히 힘써 대회 거리를 준비하고 엿새 째가 되어 곧 회를 베풀게 되었다. 마침 그때 국왕이 와서 회를 베풀려고 날짜를 다투자, 스님들이 모두 말하였다. "저 가난한 이를 받았기 때문에 결코 변경할 수가 없습니다."

국왕(國王)은 이 말을 듣고 말하였다. "저이는 어떤 소인으로서 감히 나와 대회 날짜를 다투는가?"

그는 곧 사람을 보내어 계이라에게 말하였다. "너는 내 날짜를 피하라."

계이라는 대답하였다. "절대 양보할 수 없습니다."

이렇게 세 번 되풀이하였으나 그 말은 처음과 같았다. 왕은 이상히 여겨 몸소 그 승방에 가서 그에게 말하였다. "너는 왜 뒷날로 미루지 않고 나와 날짜를 다투는가?"

그는 대답하였다. "우리는 오직 오늘 하루만 자유롭고, 이후에는 남의 집에 매이게 되어 다시는 회를 베풀 수 없기 때문입니다."

"왜 할 수 없는가?"

그들은 말하였다. "생각하니 우리는 전생에 복을 짓지 못하여 지금 이렇게 곤궁합니다. 그러므로 만일 지금 복을 짓지 않으면 아마 뒷날은 더욱 괴로워질 것입니다. 그래서 생각하던 끝에 몸을 팔아 돈과 바꾸고 그것으로 공덕을 지어 이 고통을 끊으려 하였습니다. 만일 이레 뒤에 그 돈을 갚지 않으면 우리는 그의 종이 됩니다. 오늘이 엿새인데 내일 이면 이레가 찹니다. 그 때문에 죽음으로써 날짜를 다투는 것입니다."

왕은 이 말을 듣고 가엾은 생각이 들고 처음 보는 일이라고 찬탄하면서 "너야말로 참으로 빈궁의 괴로움을 깨달은 사람이다. 나약한 몸으로 굳건한 몸과 바꾸었고, 나약한 재물로 굳건한 재물과 바꾸었으며, 나약한 목숨으로 굳건한 목숨과 바꾸었구나."하고,

그의 대회를 허락하였다. 그리고 왕은 또 자기와 부인의 옷과 영락을 벗어 계이라 부부에게 주고, 다시 열 개 촌락을 떼어 복을 지은 봉(封)으로 주었다.

대개 지극한 마음으로 복덕을 닦는 이가 현재에 얻는 꽃갚음도 그와 같거늘, 하물며 장래에 얻는 열매갚음이겠는가? 이로써 볼 때에 모든 세상 사람으로서 괴로움을 면하고자 한다면, 부지런히 복을 닦아야 하겠거늘, 어찌 함부로 게으르고 방일하겠는가?

44. 사미(沙彌)가 개미를 구제하고
수명(壽命)이 길게 된 인연(因緣)

옛날 어떤 아라한 도인(道人)이 한 사미를 길렀다. 그는 그 사미가 이레 뒤에는 반드시 목숨을 마칠 것을 알고, 그에게 말미를 주어 집에 돌려 보내면서 이레가 되거든 돌아오라고 분부하였다.

사미는 스승을 하직하고 집으로 돌아가는 도중에 개미들이 물을 따라 떠내려 가면서 곧 죽게 될 것을 보았다. 그는 자비심(慈悲心)이 생겨 가사를 벗어 거기에 흙을 담아 물을 막고, 개미를 집어 마른 땅에 올려놓아 개미들이 모두 살게 하였다.

이레가 되어 그는 스승에게로 돌아갔다. 스승은 이상히 여기고 선정에 들어 관찰하다가, 그가 다른 복(福)은 없는데 그렇게 된 것은 개미를 구제(救濟)한 인연(因緣)임을 알았다. 그래서 사미(沙彌)는 이레 만에 죽지 않고 수명(壽命)을 늘리게 되었다.

45. 건타국왕이 묵은 절 탑(塔)을 중수하고
목숨을 늘린 인연(因緣)

옛날 건타위국에 어떤 왕이 있었다. 어떤 뛰어난 관상쟁이가 왕의 상을 보니, 왕은 이레 뒤에는 반드시 목숨을 마치게 되어 있었다. 왕은 사냥을 나갔다가 다 허물어진 어떤 묵은 탑(塔)을 보고 곧 신하들과 함께 그것을 수리하였다. 그리고 기뻐하면서 궁(宮)으로 돌아왔는데, 이레가 지나도 아무 일이 없었다.

관상쟁이는 이레가 지난 것을 보고 이상이 여겨 왕에게 물었다. "어떤 공덕(功德)을 지었습니까?"

왕은 대답하였다. "아무 공덕(功德)도 지은 것이 없다. 다만 어떤 부서진 탑(塔)을 진흙으로 수리한 것 뿐이다."

탑(塔)을 수리하는 공덕도 이와 같은 것이다.

46. 비구가 절[寺] 벽의 구멍을 막아
목숨을 늘린 인연

옛날 한 비구(比丘)가 죽을 때가 되었다. 마침 어떤 외도(外道) 바라문이 그 상을 보니, 이레 뒤에는 그 비구가 반드시 목숨을 마치게 되어 있었다.

그때 그 비구는 승방에 들어갔다가 벽에 구멍이 난 것을 보고, 곧 진흙을 뭉쳐 구멍을 막았다. 그 복(福)으로 말미암아 그 수명(壽命)을 늘려 이레를 지나게 되었다.

바라문은 그것을 보고 이상히 여겨 물었다. "당신은 어떤 복을 닦았습니까?"

"나는 아무 복도 닦은 것이 없소. 다만 어제 승방(僧房)에 들어갔다가 벽에 구멍이 난 것을 보고 수리하였을 뿐이요."

바라문은 찬탄하면서 말하였다. "승가(僧家)의 복(福)밭은 가장 깊고 무거워, 능히 죽을 비구도 그 수명(壽命)을 늘리게 하는구나."

47. 장자의 아들이 부처님을 뵙고 수명(壽命)을 늘려 주기를 구한 인연

옛날 부처님께서 세상에 계실 때에 어떤 장자(長者)의 아들이 있었는데 나이 5, 6세가 되었다. 어떤 관상쟁이가 그의 상을 보니 복덕을 두루 갖추었으나 오직 수명이 짧았다. 장자는 그를 데리고 여섯 명의 외도(外道) 스승에게 가서 수명(壽命)을 늘려 주기를 구하였는데, 그 여섯 스승들이 수명을 늘리는 법을 주지 못하자, 화를 내면서 다시 부처님께 데리고 가서 아뢰었다. "이 아이의 명(命)이 짧습니다. 원컨대 세존께서는 수명(壽命)을 늘려주소서."

부처님께서 말씀하셨다. "수명을 늘려 줄 수 있는 그런 법은 없느니라."

"원컨대 방편(方便)을 가르쳐 주소서."

부처님께서 가르쳐 주셨다. "너는 저 성문 아래 가서 나오는 사람들을 보거든 예배(禮拜)하고, 들어오는 이에게도 예배(禮拜)하라."

그때 어떤 귀신(鬼神)이 바라문의 몸으로 변하여 성으로 들어가려 하였다. 아이가 그를 향해 예배하자 귀신이 축원(祝願)하였다.

"너를 장수(長壽)하게 하리라."

그 귀신은 바로 그 아이를 죽일 귀신이었다. 그러나 귀신의
법에는 두 가지 말을 할 수 없게 되었으므로, 이미 장수(長壽)하기
를 허락한지라 죽일 수가 없었다. 그는 이와 같이 겸손하고 참으
며 공경하여 수명(壽命)을 늘릴 수가 있었다.

48. 장자의 아들이 품팔이로 회를 베풀어 현재(現在)의 갚음을 얻은 인연

옛날 부처님께서 세상에 계실 때, 어떤 장자의 아들은 일찍이
부모를 잃고, 외롭고 궁(窮)하여 헤매면서 품팔이로 살아갔다. 그
는 어떤 사람에게서 도리천상은 아주 즐겁다는 말을 듣고, 또 다
른 사람에게서 부처님과 스님을 공양(供養)하면 반드시 거기 가서
난다는 말을 들었다. 그래서 그 사람에게 물었다.

"얼마나 들면 부처님과 스님께 공양할 수 있겠는가?"

그 사람은 대답하였다. "금 30냥을 쓰면 보시(布施)회를 베풀
수 있다."

그는 곧 저자로 가서 품팔 곳을 구하였는데, 저잣거리에 어떤
큰 부자 장자가 있어 그를 쓰기로 하였다.

장자는 물었다. "너는 지금 어떤 일을 할 수 있는가?"

그는 대답하였다. "저는 무슨 일이나 다 할 수 있습니다. 3년
동안 일하면 얼마나 찾겠습니까?"

"금 30냥은 찾을 것이다."

장자는 그가 무슨 일이나 할 수 있다는 말을 듣고 곧 그를 썼다. 그는 사람됨이 단정하고 정직하여 금(金)·은(銀)·동(銅)·철(鐵) 등 갖가지 점방(店房)에서 보통 때보다 곱절이나 이익을 얻게 하였다. 연한이 차자, 그는 장자에게서 품삯을 받았다.

장자는 물었다. "너는 지금 그 돈으로 무슨 일을 하려는가?"

그는 대답하였다. "저는 부처님과 스님들을 공양하려 합니다."

장자는 말하였다. "나는 이제 너를 도와 주리라. 갖가지 그릇과 쌀과 국수를 너에게 줄 것이니, 음식을 만들어 부처님과 스님들을 청하여라."

그는 곧 승방(僧房)으로 가서 부처님과 스님들을 청하였다. 부처님께서는 비구들을 시켜 그 청을 받게 하셨다. 그리하여 부처님께서는 당신 방에 계시고 스님들만 장자 아들의 청을 받기로 하였다. 마침 그날은 명절날이 되어 여러 사람들은 갖가지 음식을 스님에게 보내었다.

그래서 스님들은 모두 배불리 먹은 뒤 장자 아들의 집으로 갔다. 그때 장자의 아들은 손수 음식을 돌렸다. 상좌(上座)가 조금만 놓으라 하자, 차례로 모두 조금만 놓으라 하여 아랫줄에 이르렀다. 그때 장자의 아들은 울고 번민하면서 생각하였다.

'3년 동안 고생하여 이 음식을 베푼 것은 여러 스님이 잘 자시기를 바랐던 것인데, 이제 스님들이 드시지 않는구나. 내가 천상에 나기를 구하였지만 끝내 거기 가서 나지 못하겠구나.'

그리고 그는 부처님께 나아가 아뢰었다. "스님들이 저의 공양을 먹지 않습니다. 그러므로 반드시 저의 소원은 이루어지지 않을 것입니다."

부처님께서 말씀하셨다. "조금 먹던가?"

"예, 모두 조금씩 먹었습니다."

"먹지 않더라도 네 소원은 반드시 이뤄지겠거늘, 하물며 조금 먹었는데 어찌 이뤄지지 않겠느냐?"

그는 기뻐하면서 돌아가서 음식을 먹었다. 여러 스님들도 음식 공양을 마치고 모두 돌아갔다.

그때 5백 상인들이 바다에 들어갔다가 돌아와서 성에 들어가 음식을 찾았다. 그러나 마침 세상에는 흉년이 들어 아무도 주는 이가 없었다.

어떤 사람이 그들에게 말하였다. "저 장자의 아들이 오늘 회를 열었으니 반드시 거기에는 음식이 있을 것입니다."

장자의 아들은 상인들이 있다는 말을 듣고 기뻐하여 5백 상인들에게 음식을 주어 모두 충족하게 하고 그들을 따르는 사람들도 모두 배불리 먹였다. 제일 아랫 상인이 만 냥의 가치가 있는 구슬 하나를 풀어 그에게 주었다. 그리하여 5백 상인이 저마다 구슬 하나씩과 발우 하나씩을 주었지마는 그 장자의 아들은 감히 받지 않고, 부처님께 달려가 아뢰었다.

부처님께서 말씀하셨다. "그것이 바로 이 세계에서 받는 갚음[華報]이니 가지더라도 괴로움이 없을 것이요, 뒷날에는 반드시 천상(天上)에 날 것이니 두려워할 것이 아니니라."

그리고 그의 주인 장자는 아들이 없고 외딸이 있었는데, 곧 그 아이에게 딸을 아내로 주었다. 이리하여 드디어 가업이 번창하여 사위성 안에서 제일이 되었다. 장자가 목숨을 마치자, 바사닉왕은 그 아이가 총명하고 지혜가 있다는 말을 듣고, 장자의 가업을 모두 그 아이에게 주었다. 그의 이 세계에서 받는 갚음은 이와 같았고, 과보(果報)는 뒤에 있을 것이다.

49. 불나(弗那)가 부처님께 한 발우의 밥을 드리고
현재의 갚음을 얻은 인연

옛날 부처님께서 세상에 계실 때 범지(梵志 : 바라문) 다섯 형제가 있었다.

첫째 이름은 야사(耶奢)요,

둘째 이름은 무구(無垢)며,

셋째 이름은 교범바제(憍梵波提)요,

넷째 이름은 소타이(蘇駄夷)로, 이 네 형제는 산에 들어가 도를 배워 5신통(神通)을 얻었다.

맨 끝의 아우는 이름이 불나(弗那)였는데, 그는 부처님께서 걸식하시는 것을 보고, 희고 깨끗한 밥을 발우에 가득 담아 부처님께 드렸다. 그때 불나는 농사(農事)를 업으로 삼고 있었는데, 그는 밭일을 마치고 집에 돌아왔다. 그 뒤 어느 날 그는 밭에 나가 보았다. 밭 가운데 난 모종이 모두 금벼[金禾금화]로 변하였는데, 길이가 모두 두어 자나 되었고, 다 베고 나면 처음처럼 도로 나오곤 하였다. 그 나라 왕도 그 말을 듣고 와서 베었으나 다 벨 수 없었다.

그때 형들은 생각하였다. '우리 아우 불나는 지금 어떻게 살아가는가? 구차하지는 않을까?' 그들은 모두 가서 그 아우의 복(福)이 왕보다 나은 것을 보고 아우에게 말하였다. "네가 전에는 가난하였는데, 어떻게 갑자기 이런 부자(富者)가 되었느냐?"

아우는 대답하였다. "나는 구담(瞿曇)에게 한 발우의 밥을 드리고 이런 갚음을 받았습니다."

네 형은 이 말을 듣고 기뻐 뛰면서 또 아우에게 말하였다. "너는 지금 우리를 위해 환희단(歡喜團)을 만들어 다오. 우리 넷은 각각 하나씩 가지고 구담에게 공양하여 하늘에 나기를 발원하리

라. 그 법을 듣지 않으면 해탈(解脫)할 수 없다."

그리하여 그들은 각각 환희단을 가지고 부처님께 나아갔다. 큰 형이 하나를 집어 부처님 발우에 놓자 부처님께서 말씀하셨다.

"모든 행은 덧없으니."

또 둘째가 환희단을 집어 부처님 발우에 놓자 부처님께서 말씀하셨다.

"그것이 곧 나고 죽는 법이다."

셋째가 또 환희단을 부처님 발우에 놓자 부처님께서 말씀하셨다.

"나고 죽음이 아주 사라지면."

또 넷째가 환희단을 부처님 발우에 놓자 부처님께서 말씀하셨다.

"열반(涅槃)이 즐거움 되느니라."

그들은 곧 집으로 돌아가 고요한 곳으로 가서 서로 물었다. "너는 어떤 말씀을 들었는가?"

맏형은 말하였다. "나는 '모든 행은 덧없으니'라고 들었다."

다음 형은 말하였다. "나는 '그것이 곧 나고 죽는 법이다'라고 들었다."

그 다음 형은 말하였다. "나는 '나고 죽음이 아주 사라지면'이라고 들었다."

넷째는 말하였다. "나는 '열반이 즐거움 되느니라'라고 들었다."

네 형제들은 각각 그 게송(偈頌)을 생각하고 아나함을 얻었다. 그리하여 모두 부처님께 나아가 승려(僧侶)가 되기를 구하여 아라한(阿羅漢)의 도를 얻었다.

50. 대애도(大愛道)가 금실로 짠 옷을 부처님께 드린 일과 천주사(穿珠師)의 인연

옛날 부처님께서 세상에 계실 때, 대애도(大愛道: 부처님의 이모님)는 부처님을 위하여 금실로 짠 옷을 가지고 가서 부처님께 올렸다.

부처님께서 말씀하셨다. "그것을 스님들에게 보시하시오."

대애도는 말하셨다. "저는 부처님을 젖을 먹여 길렀습니다. 내 손으로 옷을 만들어 일부러 와서 부처님께 바치는 것은 부처님께서 나를 위해 이것을 받아 주시기를 바라서인데, 어찌하여 스님들에게 주라고 말씀하십니까?"

부처님께서 말씀하셨다. "이모님으로 하여금 큰 공덕(功德)을 얻게 하려고 하는 것입니다. 왜냐 하면, 스님들의 복밭은 가없이 넓고 크기 때문에 권하는 것입니다. 만일 내 말대로 한다면 그것은 이미 내게 공양한 것입니다."

그때 대애도는 그 옷을 가지고 스님들에게로 가서 윗자리에서부터 돌렸으나 아무도 감히 받는 이가 없었다. 차례가 미륵(彌勒)에게 이르자 미륵은 곧 그것을 받아 입고 성에 들어가 걸식하였다. 미륵의 몸에는 32상(相)이 있었고, 몸빛은 자마금빛이었다. 미륵(彌勒)이 성에 들어가자 여러 사람들은 다투어 구경하였지만 아무도 밥을 주는 이가 없었다.

그때 어떤 천주사(穿珠師: 구슬 꿰는 사람)는 아무도 그에게 밥을 주는 이가 없는 것을 보고, 곧 미륵 앞에 나아가 꿇어앉아 청하여 집으로 데리고 가서 밥을 주었다. 미륵이 식사를 마치자, 천주사는 조그만 자리를 미륵 앞에 펴 놓고 앉아 설법을 들으려 하였다. 미륵은 네 가지 변재의 힘이 있었다. 그래서 그를 위해 갖가지 묘법을 설하였다. 그때 천주사는 설법 듣기를 즐겨 조금도 싫증을 내지 않았다.

예전에 어떤 장자가 딸을 시집 보내려고 천주사를 시켜 한 보배 구슬을 뚫게 하고 돈 10만 냥을 주었었다. 마침 그때 그 장자는 사람을 보내어 구슬을 찾으러 왔다. 그러나 천주사는 법을 듣기에 정신이 없어 구슬 뚫을 생각을 하지 않았다. 그래서 그는 대답하였다. "잠깐만 더 기다리시오."

그 사람은 또 찾으러 왔다. 이렇게 세 번이나 오갔지마는 그래도 찾아가지 못하였다. 그 장자는 화를 내어 돈과 구슬을 모두 도로 빼앗아 갔다. 천주사의 아내는 성을 내어 그 남편에게 말하였다. "이제는 일이 없게 되었습니다. 잠깐 동안 구슬을 뚫으면 10만 냥의 이익을 얻을 것인데, 왜 저 도인의 말만 듣고 있습니까?"

천주사는 그 말을 듣고 마음 속으로 매우 한탄하였다. 그때 미륵은 그가 매우 한탄하는 것을 알고 그에게 물었다. "그대는 나를 따라 절에 갈 수 있는가?"

"갈 수 있습니다."

그는 미륵을 따라 승방(僧房)에 가서 상좌 비구에게 물었다. "어떤 사람이 금 10만 근을 얻는 것과 기쁜 마음으로 설법을 듣는 것과 어느 것이 낫습니까?"

교진여는 말하였다. "설령 어떤 사람이 금(金) 10만 근을 얻더라도 다른 사람이 계율을 가지는 이에게 한 발우의 밥을 주는 것보다 못하거늘, 하물며 믿는 마음으로 잠깐 동안이나마 법을 듣는 것이겠는가? 그것은 저것보다 백천만 곱이나 훌륭하니라."

그래서 다시 둘째 상좌에게 묻자, 둘째 상좌는 대답하였다. "설령 어떤 사람이 10만 수레의 금(金)을 얻더라도 계율을 가지는 이에게 한 발우의 밥을 주는 것보다 못하거늘, 하물며 기뻐하는 마음으로 법을 듣는 것이겠는가?"

조금 있다가 또 셋째 상좌에게 물었다. 셋째 상좌는 대답하였다. "설령 어떤 사람이 10만 집의 금(金)을 얻더라도 계율을 가지는 이에게 한 발우의 밥을 주는 것보다 못하거늘, 하물며 법을 듣는 것이겠는가?"

또 넷째 상좌에게 묻자, 넷째 상좌는 대답하였다. "설령 10만 나라의 금(金)을 얻더라도 계율(戒律)을 가지는 이에게 한 발우의 밥을 주는 것보다 못하거늘, 하물며 법(法)을 듣는 것이겠는가? 그것은 백천만 갑절이나 나으니라."

이렇게 차례로 물어 아나율에게 이르자, 아나율은 말하였다. "어떤 사람이 사천하에 가득 찬 금(金)을 얻더라도 계율을 가지는 이에게 한 발우의 밥을 주는 것보다 못하거늘, 하물며 법을 듣는 것이겠는가?"

미륵이 물었다. "존자(尊者)는 '비구에게 한 발우의 밥을 주는 것이 사천하에 가득한 금(金)을 얻는 것보다 낫다'고 하였는데, 어째서 그러합니까?"

존자는 대답하였다. "내 자신이 징험한 바입니다. 생각하면 과거 91겁 전에 어떤 왕자가 있었습니다.

그는 두 아들을 두었는데, 첫째는 이름이 리타(利吒)요, 둘째는 이름이 아리타(阿利吒)였습니다. 장자는 항상 그들에게 말하였습니다. '높은 이도 떨어지며 항상된 듯한 것도 다하는 것이다. 대개 태어남이 있으면 죽음이 있고 모이면 흩어지는 것이다.'

장자(長者)는 병(病)으로 목숨을 마치려 할 때 아들에게 분부하였습니다. '부디 갈라져 살지 말라. 마치 실 한 가닥은 코끼리를 잡아매지 못하지만, 실을 많이 모으면 코끼리도 끊지 못하는 것처럼 형제가 한데 사는 것도 많은 실과 같으니라.'

장자는 이렇게 아들에게 훈계(訓戒)하고 목숨을 마쳤습니다.

그들은 아버지의 유훈(遺訓)이기 때문에 형제가 같이 살면서 서로 공경하고 화목하였습니다. 뒤에 그 아우가 장가들어 생활한 지 얼마 되지 않아, 아우의 아내는 남편이 못마땅해 이렇게 말하였습니다. '당신은 저이의 종과 같습니다. 재물을 쓰는 것과 손님을 대접하는 것은 모두 당신 형님이 맡아 하고, 당신은 그저 옷과 밥을 얻을 뿐이니, 종(婢)이 아니고야 어찌 그렇겠습니까?' 아내는 자주 이런 말을 하였습니다. 그때 부부는 마음에 변화가 생겨 형에게 갈라져 살기를 청하였습니다.

형은 아우에게 말하였습니다. '너는 아버지의 임종(臨終) 때의 말을 생각하지 않느냐?' 그러나 아우는 마음을 고치지 않고 자꾸 갈라져 살기를 청하였습니다.

형은 아우의 뜻을 보고 곧 갈라져 살기로 하되, 모든 소유를 모두 반으로 나누었습니다. 아우 내외는 나이가 젊기 때문에 방탕하게 놀아 낭비가 심하였습니다. 그래서 얼마 지나지 못하고 빈궁(貧窮)하게 되어 그 형에게 와서 구걸하였습니다. 그때 그 형은 그에게 돈 10만 냥을 주었습니다. 아우는 그것을 얻어간 지 오래지 않아 다 써 버리고 또 와서 청하는 것이었습니다. 이렇게 여섯 번까지는 10만 냥씩 주었다가, 일곱 번째에는 형은 아우를 꾸짖었습니다.

'너는 아버지의 임종(臨終) 때 말을 생각하지 않고 갈라져 살기를 청하였는데, 애를 써서 생활하지 못하고 자꾸 와서 물건을 청하는구나. 이제 너에게 10만 냥을 줄 터인데, 네가 생활을 잘하지 않고, 또 와서 청하더라도 다시는 주지 않을 것이다.' 이런 괴로운 말을 듣고 그 내외는 애써 생활하여 점점 부자(富者)가 되었습니다.

그 형은 재물을 잃고 차츰 빈궁(貧窮)하게 되어 아우에게 가서 구걸하였으나 아우는 형에게 밥도 주지 않으면서 이렇게 말하였습니다. '형은 항상 부자(富者)이리라고 생각하였는데, 가난할 때도 있습니까? 나는 옛날 형에게 구걸한 적이 있었는데 몹시 꾸지람을 들었습니다. 지금 왜 저에게 와서 청하는 것입니까?'

형은 이 말을 듣고 매우 근심하고 번민하면서 생각하였습니다. '한 배에서 난 형제도 오히려 이러하거늘, 하물며 남이겠는가?' 그는 그만 생사(生死)가 싫어져 집에는 돌아가지 않고 산에 들어가 도를 공부하되, 부지런히 고행(苦行)하여 벽지불이 되었습니다.

뒤에 그 아우도 점점 빈궁하게 되고 또 세상의 흉년을 만나 나무를 팔면서 살아갔습니다. 그때 벽지불은 성에 들어가 걸식하였으나 아무것도 얻지 못하고, 빈 발우로 도로 성을 나왔습니다. 그 나무꾼은 벽지불이 빈 발우로 성을 나오는 것을 보고, 곧 나무를 팔아 얻은 핏[稗]가루를 주려고 벽지불에게 말하였습니다. '존자(尊者)시여, 이 거친 음식을 드시겠습니까?'

그는 대답하였습니다. '좋고 나쁜 것을 가리지 않고 그저 먹어 몸을 지탱하겠노라.' 그래서 나무꾼은 그것을 주었습니다. 벽지불은 그것을 받아먹고는 허공(虛空)에 날아올라 열여덟 가지 신변을 보인 뒤에 본 자리로 내려왔습니다.

뒤에 나무꾼은 나무하러 가다가 길에서 토끼 한 마리를 보고 지팡이로 쳤습니다. 그것은 죽은 사람으로 변하여 갑자기 일어나 나무꾼의 목을 껴안았습니다. 그는 온갖 방편으로 그것을 떼려 하였으나 뗄 수가 없어 옷을 벗어 주고 사람을 시켜 하였지마는 또한 뗄 수 없었습니다.

끝내 날이 어두워 그것을 업고 집으로 향하였습니다. 집에 이르자 그 시체는 스스로 풀리면서 땅에 떨어져 순금 사람이 되었습니다. 그때 나무꾼은 그 금(金) 사람의 머리를 베었는데, 머리는 도로 났습니다. 그 손과 다리를 베자 손과 다리는 다시 나서 잠깐 동안에 금(金)머리와 금(金)손이 그 집에 가득 차서 큰 무더기로 쌓였습니다.

　이웃 사람들은 관청에 알렸습니다. '저이는 빈궁한 사람인데, 그 집에 저절로 저런 금(金)무더기가 쌓였습니다.' 왕은 그 말을 듣고 사람을 보내어 살펴보게 하였습니다. 그 사람은 그 집에 갔으나 순전히 문드러지고 냄새나는 죽은 사람의 손과 머리밖에 보지 못하였습니다. 그러나 그 주인이 스스로 금(金)머리를 들고 왕에게 바치자, 그것은 바로 순금(純金)이었습니다. 왕은 매우 기뻐하면서 '이이는 복(福) 받은 사람이다' 하고, 큰 마을을 봉(封)해 주었습니다.

　그는 거기서 목숨을 마치고는 둘째 하늘에 나서 제석천이 되었다가 인간에 내려와서는 전륜성왕이 되었습니다. 이리하여 91겁 동안을 끊이지 않고, 하늘 왕과 인간의 왕이 되었고, 지금은 최후의 몸으로 석가 종족(宗族)에 났는데, 처음 나는 날에는 40리 안의 묻힌 창고에서 보배가 저절로 솟아났습니다.

　그 뒤에 그가 점점 자라나자, 부모는 그 형 석마남(釋摩男)을 치우치게 사랑하였습니다. 아나율의 어머니가 여러 아이들을 시험하려고 사람을 보내어 '밥이 없다'고 말하자, 아나율은 '빈 그릇만 가지고 오라'고 하였습니다. 그래서 빈 그릇을 그에게 주었더니, 빈 그릇에는 온갖 맛난 음식이 저절로 찼습니다. 비록 4천하의 금으로 젖을 사서 먹이더라도 한 겁 동안도 모자라겠거늘, 하물며 91겁 동안 언제나 즐거움을 받는 것이겠습니까? 그러므로 내가 지금 이 저절로 된 음식을 받는 것은, 전생에 그 한 발우의 밥을 보시하였기 때문에 이 갚음을 받는 것입니다. 위로 여러 부처님과 아래로 범천(梵天)에 이르기까지 깨끗한 계율을 가지는 이만을 모두 지계자(持戒者)라 합니다."

　그때 천주사는 이 말을 듣고 매우 기뻐하였다.

佛陀悟道頌

한량없는 세월의 생사윤회 속에서
'집을 짓는 자'(渴愛)가 누구인지 알려고
찾아 헤매다 헤매다 찾지 못하여
계속해서 태어났나니, 이는 둑카(苦)였네.
아, 집을 짓는 자여! 나는 이제 너를 보았노라!
너는 이제 더 이상 집(色身)을 짓지 못하리라!
이제 모든 서까래(煩惱)는 부서졌고
대들보(無明)는 산산이 조각났으며,
나의 마음은 닙바나(涅槃)에 이르렀고,
모든 욕망은 파괴되어 버렸느니라.
-법구경

'나무아미타불' 염불은 무명을 지혜로 전환하고,
갈애가 일어나는 순간순간 그를 항복降伏시키며,
아미타불에 일향전념하여 아상我相을 녹여냄으로써
무량한 지혜와 자비광명인 대아大我를 드러낸다.

잡보장경 제5권

51. 천녀(天女)가 가섭부처님 탑에 화만(華鬘)을 공양한 인연

그때 석제환인은 부처님의 설법을 듣고 수다원을 얻고는, 곧 천상으로 돌아가 여러 하늘 무리들을 모아 놓고, 부처님과 법과 승가를 찬탄하였다. 그때 어떤 천녀는 광명이 매우 빛나는 화만을 머리에 이고, 여러 하늘 무리들과 함께 선법당(善法堂)에 왔다. 여러 하늘 무리들은 그 천녀를 보고 놀라운 마음이 생겼고, 석제환인은 곧 게송(偈頌)으로 천녀(天女)에게 물었다.

너는 어떠한 복업을 지었기에
몸은 순금을 녹인 것 같고
그 빛은 마치 연꽃 같으며
그리고 큰 위엄과 덕이 있는가?

몸에는 묘한 광명을 내고
얼굴은 꽃이 피어나는 듯
금빛이 환하게 비치는구나.

어떠한 업으로 그런 몸 얻었는가?
원컨대 나를 위해 설명(說明)하여라.

그때 천녀(天女)는 게송(偈頌)으로 대답하였다.

나는 옛날에 아름다운 화만을
가섭부처님의 탑에 바치고
지금은 이 천상에 나서
이런 훌륭한 공덕을 얻었다.

그래서 이 천상에 나서 살면서
이 금빛 몸을 갚음으로 얻었다.

석제환인은 다시 게송(偈頌)으로 찬탄하였다.

참으로 놀랍구나, 공덕(功德) 밭이여.
온갖 더러운 것 매어 버리면
그러한 조그만 종자(種子)로써도
훌륭한 하늘의 과보를 얻는구나.

그 누가 저이를 공양(供養)하지 않으랴.
저 순금 무더기를 공경(恭敬)하여라.

그 누가 부처님을 공양하지 않으랴.
훌륭하고 묘한 공덕의 밭인 것을.
눈은 매우 길고 넓어서
마치 저 푸른 연꽃 같아라.

위없이 제일 높은 어른에게
너는 잘 공양을 올렸구나.
그리하여 조그만 공덕의 업을 지어
그처럼 훌륭한 모양을 얻었구나.

그때 천녀(天女)는 하늘에서 내려와 꽃일산[화개(華蓋)]을 들고 부처님께 나아갔다. 부처님께서 그를 위해 설법하시니, 그는 수다원을 얻고는 천상으로 돌아갔다. 여러 비구들은 이상히 여겨 곧 부처님께 여쭈었다. "세존이시여, 그 천녀는 어떤 공덕을 지었기에 그런 하늘몸[天身]을 얻어 단정하고 뛰어납니까?"

부처님께서 말씀하셨다. "그는 옛날에 여러 가지 화만을 가섭부처님의 탑(塔)에 공양하였다. 그 인연(因緣)으로 지금 그런 과보를 받은 것이다."

52. 천녀(天女)가 가섭부처님 탑(塔)에 연꽃을 공양(供養)한 인연

그때 또 어떤 천녀는 광명이 빛나는 화만을 머리에 이고, 여러 하늘들과 함께 선법당에 왔다. 여러 하늘들은 그 천녀를 보고 놀라운 마음이 생겼다. 그때 제석천은 게송(偈頌)으로 물었다.

너는 옛날에 어떤 복(福)을 지었기에
그 몸은 마치 순금 무더기 같고
그 빛은 저 연꽃 같으며
그리고 큰 위엄(威嚴)과 덕(德)이 있는가?

몸에는 묘한 광명을 내고
얼굴은 꽃이 피어나는 듯
그 광명 매우 빛나고 밝구나.

너는 어떤 업(業)으로 그 모양 얻었는가?
원컨대 나를 위해 설명하여라.

천녀(天女)는 곧 게송(偈頌)으로 대답하였다.

나는 옛날에 연꽃으로써
가섭부처님 탑에 공양했나니
오늘에 또 세존님 만나
이런 훌륭한 공덕을 얻었네.

그리고 천상에 나서 살면서
이 금빛 몸의 갚음 얻었네.

석제환인은 다시 게송(偈頌)으로 찬탄(贊嘆)하였다.

참으로 놀랍구나, 공덕 밭이여.
온갖 더러운 것 없앴나니
심은 종자(種子)는 아주 작아도
얻은 과보는 훌륭하구나.

누가 공양하기 즐기지 않으랴.
저 순금덩이를 공경하여라.

누가 부처님을 공양하지 않으랴.
훌륭하고 묘한 복(福)밭인 것을.
그 눈은 넓고도 또 길어서
마치 저 푸른 연꽃 같아라.

가장 훌륭하고 거룩한 분에게
너는 능히 옛날에 공양했나니
묘한 복덕의 그 업을 짓고
지금 그러한 갚음을 받았구나.

그때 천녀는 곧 하늘에서 내려와 꽃일산을 들고 부처님께 나아가 부처님의 설법을 듣고는 법안(法眼)이 깨끗하게 되어 천상으로 돌아갔다.

비구들은 부처님께 여쭈었다. "그 여자는 과거(過去)에 어떤 업을 지었기에 그런 갚음을 받았습니까?"

부처님께서 말씀하셨다. "그는 과거에 가섭부처님 탑(塔)에 묘한 연꽃을 공양하였기 때문에 그런 훌륭한 과보를 얻었고, 지금은 도(道)의 자취를 보았느니라."

53. 천녀(天女)가 여덟 가지 재계(齋戒)를 받들어 지니고 천상에 난 인연

그때 또 어떤 천녀는 여덟 가지 재계를 받들어 지니고 천상에 나서 몸의 단정한 갚음을 얻어 빛나는 얼굴과 위엄스런 모양이 사람들과 달랐다. 천녀는 여러 하늘들과 함께 선법당에 왔다. 하늘들은 그를 보고 모두 놀라운 생각을 했고, 석제환인은 게송(偈頌)으로 물었다.

너는 옛날에 어떤 업(業)을 지었기에

그 몸은 마치 순금의 산과 같고
빛나는 얼굴은 환하게 밝으며
빛깔은 깨끗한 연꽃 같은가?

훌륭한 위엄과 덕을 얻어
몸에서는 크고 묘한 광명 내나니
어떤 업(業)으로 그런 몸 얻었는가?
원컨대 나를 위해 설명하여라.

그때 천녀는 게송(偈頌)으로 대답하였다.

나는 옛날 가섭부처님 밑에서
여덟 가지 재계를 받들어 지니고,
지금은 이 하늘에 나게 되어
단정한 이 몸의 갚음 받았네.

석제환인은 다시 게송(偈頌)으로 찬탄하였다.

참으로 놀라워라, 공덕 밭이여.
능히 훌륭하고 묘한 갚음 내나니
옛날에 조그만 인(因)을 닦아
지금 이 하늘 위에 나게 되었네.

그렇게 훌륭한 복 무더기를
그 누가 공양하지 않을 것이며,
그렇게 훌륭하고 거룩한 이를
그 누가 공경하지 않을 것인가?

이 말을 듣는 이는 그 누구나
마땅히 크게 기뻐해야 할 것이요,
하늘에 나기를 바라는 이는
깨끗한 계율(戒律)을 가져야 하네.

그때 그 천녀는 좋은 꽃 일산을 가지고 부처님께 나아갔다.
부처님께서는 그를 위해 설법하시어 도를 얻게 하셨다.

비구들은 부처님께 여쭈었다. "이 천녀는 옛날에 어떤 복을
지었기에 천상에 나서 거룩한 결과를 얻게 되었습니까?"

부처님께서 말씀하셨다. "그는 옛날 사람으로 있을 때 가섭부
처님 앞에서 여덟 가지 재를 받들어 지녔다. 그 선행으로 말미암
아 천상에 나서 도의 자취를 보게 되었느니라."

54. 천녀(天女)가 등불을 켜 공양하고
천상(天上)에 난 인연

그때 왕사성의 빈바사라왕(頻婆娑羅王)은 불법 안에서 도를 닦
고, 무너지지 않는 믿음을 얻어 항상 부처님께 등불을 공양하였
다. 그 뒤에 제바달다가 아사세왕과 나쁜 벗이 되어 불법을 해치
려 하였다. 그래서 그 나라 백성들은 두려워하여 등불을 켜는 공
양(供養)을 못하였다.

마침 어떤 여자가 습관으로 승가의 자자일(自恣日)에 부처님께
서 길에서 거니시는 것을 보고 등(燈)불을 켜 공양하였다. 아사세
왕은 그 소문을 듣고 매우 화를 내어, 곧 칼바퀴[劍輪]로 그 여자
의 허리를 베어 죽였다.

그 여자는 목숨을 마치고 33천의 마니염(摩尼焰) 궁전에 나게 되어 그 궁전을 타고 선법당에 이르렀다. 제석천은 게송(偈頌)으로 물었다.

너는 옛날에 어떤 업(業)을 지었기에
그 몸은 마치 순금덩이 같고
그리고 큰 위엄과 덕이 있으며
그 얼굴은 그처럼 빛이 나는가?

천녀는 곧 게송(偈頌)으로 대답하였다.

세 가지 세계의 진정한 구제요
세 가지 존재의 큰 등불이신
그 부처님을 지극한 마음으로 뵈었더니
뛰어난 상호로 장엄한 몸이었네.

온갖 법 가운데 가장 훌륭하신 이
그를 위해 등(燈)불 켜 공양했나니
등불은 타서 어둠을 없애고
부처님 등불은 온갖 악(惡)을 없앴네.

햇빛과 같은 그 등불 보고
진실로 믿는 마음 일어났고
왕성히 밝게 타는 그 등불 보고
기뻐하면서 부처님께 예배했네.

천녀는 이 게송(偈頌)을 마치고 부처님께 나아갔다. 부처님께서 그를 위해 설법하시니, 그는 수다원을 얻고는 곧 천상으로 돌아갔다.

　비구들은 부처님께 여쭈었다. "그는 어떤 인연으로 천궁에 나게 되었습니까?"

　부처님께서 말씀하셨다. "그는 옛날 인간으로 있을 때, 승가(僧家)의 자자일(自恣日)에 부처님께서 길에서 거니시는 것을 보고 등불을 켜 공양하였으므로, 아사세왕이 그 허리를 베어 죽였다. 그는 그 선(善)의 인(因)으로 말미암아 목숨을 마친 뒤에는 천상에 나게 되었고, 또 내 곁에서 법을 듣고는 믿고 이해하여 수다원의 도를 얻게 되었느니라."

55. 천녀가 수레를 타고 부처님을 뵙고는 기뻐하여 길을 피한 인연

　그때 부처님께서는 사위국에 계시면서 성(城)에 들어가 걸식하셨다. 어떤 소녀가 수레를 타고 장난하면서 동산으로 향하다가 길에서 부처님을 만나자 수레를 돌려 길을 피하고는 마음으로 기뻐하였다. 그 뒤에 그녀는 목숨을 마치고 33천에 나서 선법당으로 갔다. 석제환인은 게송(偈頌)으로 물었다.

　　너는 옛날에 어떤 행을 지었기에
　　그 몸빛은 마치 순금 같으며
　　빛나는 얼굴이 환하고 밝기는
　　마치 저 우발라꽃과 같은가?

　　훌륭한 위엄과 덕을 얻어

이 하늘 위에 태어났나니
원컨대 나를 위해 설명하여라.
무엇으로 말미암아 그리 되었나.

천녀는 곧 게송(偈頌)으로 대답하였다.

저는 부처님께서 성(城)에 드시는 것을 보고
수레를 돌려 길을 피하고는
기뻐하여 공경하고 믿는 마음 내었다가
목숨을 마치고는 천상(天上)에 났습니다.

그는 이 게송을 마치고 부처님께 나아갔다. 부처님께서 그를
위해 설법하시니, 그는 수다원을 얻어 천궁으로 돌아갔다.
비구들은 부처님께 여쭈었다. "그는 무슨 인연으로 저 천상에
나게 되었습니까?"
부처님께서 말씀하셨다. "그는 옛날 인간으로 있을 때 수레를
돌려 나를 피하였으므로 지금 천상에 나게 되었고, 또 내게서 법
을 듣고 믿고 받들어 수다원의 결과를 증득하였느니라."

56. 천녀(天女)가 부처님께 꽃을 뿌려
꽃일산으로 화한 인연

그때 사위국에 어떤 여자가 있었다. 그는 명절날에 아서가화
[阿恕伽華] 꽃을 꺾어 들고 성으로 들어가다가 마침 성에서 나오시
는 부처님을 만나 그 꽃을 부처님 위에 흩었더니, 꽃이 변하여 꽃

일산이 되었다. 그는 기뻐 뛰면서 공경하고 믿는 마음을 내었다. 그때 그는 목숨을 마치고 33천에 태어나 그 궁전을 타고 선법당으로 갔다. 제석천은 게송(偈頌)으로 물었다.

너는 옛날에 어떤 업(業)을 지었기에
이 하늘 위에 와서 났는가?
그 몸은 마치 순금빛 같고
위엄과 덕은 빛나고 밝구나.

어떤 업으로 그런 몸 얻었는가?
원컨대 나를 위해 설명하여라.

천녀는 곧 게송(偈頌)으로 대답하였다.

나는 옛날 염부제에서
아서가화 꽃을 꺾어 돌아오다가
성(城)에서 나오시는 부처님 만나
그것을 부처님께 공양하고
기뻐하여 공경하는 마음 내었으므로
목숨을 마치고는 천상에 났네.

그는 이 게송(偈頌)을 마치고 부처님께 나아갔다. 부처님께서는 그를 위해 설법하시고, 그는 수다원을 얻어 곧 천상으로 돌아갔다.

비구들은 부처님께 여쭈었다. "저 천녀는 무슨 인연으로 하늘 몸을 받게 되었습니까?"

부처님께서 말씀하셨다. "그는 옛날 인간(人間)에 있을 때, 성을 나가 아서가화 꽃을 꺾어 가지고 돌아오다가 마침 나를 만나,

곧 그 꽃을 내게 공양하고 매우 기뻐하였다. 그 선업(善業)으로 인해 목숨을 마치고는 천상에 났고, 또 내게서 법을 듣고 깨달아 수다원을 증득하였느니라."

57. 사리불마제가 부처님 탑(塔)에 공양한 인연

빈바사라왕은 이미 도를 얻고는 부처님께 자주 나아가 예배하고 문안 드렸다. 그러나 궁중의 부녀들은 날마다 부처님께 나아갈 수 없으므로, 왕은 부처님 머리털로 궁중에 탑(塔)을 세웠다. 그래서 궁중 사람들은 항상 거기에 공양하였다. 빈바사라왕이 죽은 뒤에 제바달다는 아사세왕과 정(情)이 매우 두터웠으므로, 비방(誹謗)하는 마음을 내어 궁중에서 이 탑에 공양하는 것을 허락하지 않았다. 그때 사리불마제(舍利弗摩提)라는 궁녀가 승가(僧家)의 자자일이 되어 본래의 풍습을 생각하고 향과 꽃으로 그 탑에 공양하였다.

그때 아사세왕은 그가 부처님 탑에 공양한 것을 미워해 송곳으로 그를 찔러 죽였다. 그는 목숨을 마치고는 33천에 나게 되어 하늘 궁전을 타고 선법당으로 갔다. 제석천은 게송(偈頌)으로 물었다.

너는 옛날에 어떤 복(福)을 지었기에
이 하늘 위에 와서 났는가?
위엄과 덕이 빛나고 밝기는
마치 순금의 빛깔 같구나.

어떤 업을 지어 그 몸을 얻었는가?
원컨대 나를 위해 설명하여라.

천녀는 게송(偈頌)으로 대답하였다.

나는 옛날 인간(人間)에 있을 때
기뻐하고 공경하는 마음으로
온갖 좋은 향과 꽃을
부처님 탑에 공양하였네.

그러자 아사세왕은
송곳으로 나를 찔러 죽였으므로
목숨을 마치고는 하늘에 나서
이런 큰 즐거움을 받게 되었네.

그는 이 게송(偈頌)을 마치고 부처님께 나아갔다. 부처님께서 그를 위해 설법하시니, 그는 수다원을 얻고 곧 천궁으로 돌아갔다.
비구들은 부처님께 여쭈었다. "그는 어떤 인연으로 저 천상에 나게 되었습니까?"
부처님께서 말씀하셨다. "그는 전생에 인간으로 있을 때 꽃과 향으로 부처님 탑에 공양하였다. 그 선업으로 말미암아 지금 하늘 몸을 얻었고, 또 내게서 법을 듣고 깨달아 수다원을 증득하였느니라."

58. 장자(長者)의 부부가
부도(浮圖)를 만들고 하늘에 난 인연

  사위국에 어떤 장자가 부도(浮圖)와 승방(僧坊)을 만들었다. 그 장자(長者)는 병(病)으로 목숨을 마치고 33천에 났다. 아내는 남편을 생각하여 근심하고 괴로워하였기 때문에 남편이 세상에 있을 때처럼 그 부도와 승방을 수리하였다.

  남편은 하늘에 있으면서 스스로를 살펴보고 말하였다. '나는 무슨 인연으로 이 천상에 났을까?' 그리하여 탑과 절을 지었기 때문에 그 천상에 오게 된 것을 알았다. 그리고 자기 몸이 확실히 하늘몸인 것을 보고 기쁜 마음이 생겨 항상 탑과 절을 생각하면서 자기가 만든 탑과 절을 지금은 누가 수리하는지 천안으로 살펴보았다.

  그러다가 아내가 밤낮으로 남편을 생각하며, 근심하고 괴로워하면서 남편을 위하여 탑과 절을 수리하는 것을 보았다. 남편은 생각하였다. '내 아내는 내게 큰 공덕이 있다. 나는 지금 가서 문안하고 위로하리라.' 그는 곧 천상에서 사라져 아내 곁에 가서 말하였다. "당신은 너무 근심하고 나를 생각하는구료."

  아내는 말하였다. "당신은 누구시기에 내게 충고하십니까?"

  "나는 당신의 남편이오. 내가 승방과 탑을 지은 인연으로 33천에 나게 되었고, 당신이 부지런히 그것을 수리하는 것을 보고 여기 온 것이오."

  아내는 말하였다. "가까이 오십시오. 우리 즐기십시다."

  남편은 말하였다. "사람의 몸은 더럽고 냄새가 나기 때문에 가까이 할 수 없소. 만일 내 아내가 되고 싶으면 다만 부지런히 부처님과 스님들에게 공양하시오. 그리하면 목숨을 마친 뒤에는 천궁(天宮) 내 곁에 날 것이니, 당신을 아내로 삼으리다."

아내는 남편 말대로 부처님과 스님들을 공양하고 온갖 공덕을 지으면서 천상에 나기를 발원하였다. 그리하여 목숨을 마친 뒤에는 곧 천궁에 태어났다. 그들 부부는 함께 부처님께 나아갔다. 부처님께서 그들을 위하여 설법하시어 그들은 수다원을 얻었다.

비구들은 놀랍고 이상히 여겨 부처님께 여쭈었다. "저들은 무슨 업연(業緣)으로 저 천상에 나게 되었습니까?"

부처님께서 말씀하셨다. "저들은 옛날 인간에 있을 때 부도와 승방을 만들어 부처님과 스님들에게 공양하였다. 그 공덕으로 지금 천상에 나게 된 것이다."

59. 장자(長者) 부부가 부처님을 믿고 공경하여 하늘에 난 인연

왕사성 안에 어떤 장자가 있었는데, 날마다 부처님께 나아갔다. 그의 아내는 '날마다 저렇게 가는 것은 남의 여자와 몰래 통정(通情)하는 것이 아닌가?' 의심하고, 남편에게 물었다. "날마다 어디 갔다 오십니까?"

남편은 대답하였다. "부처님께 갔다 온다."

"부처님은 잘났습니까, 당신보다 훌륭하십니까, 그래서 항상 가십니까?"

남편은 아내를 위해 부처님의 갖가지 공덕을 찬탄하였다. 그때 아내는 부처님의 공덕을 듣고 마음으로 기뻐하여 곧 수레를 타고 부처님께 갔는데, 부처님 곁에는 여러 왕과 대신들이 좌우를 꽉 막고 있었으므로 앞으로 나아갈 수가 없었다. 그래서 멀리서 부처님께 예배하고 성 안으로 도로 들어왔다.

그 뒤에 그는 목숨을 마치고 33천에 나서 스스로 생각하였다. '부처님 은혜는 중하다. 한 번 예배한 공덕이 나를 하늘에 나게 하였구나.' 그는 곧 하늘에서 내려와 부처님께 나아갔다. 부처님께서 그를 위해 설법하시어 그는 수다원을 얻었다.

비구들은 부처님께 여쭈었다. "그는 어떤 인연으로 하늘에 나게 되었습니까?"

부처님께서 말씀하셨다. "그는 옛날 인간에 있을 그때 내게 예배(禮拜)하였다. 그 한 번 예배한 공덕으로 목숨을 마치고 하늘에 난 것이다."

60. 외도(外道) 바라문의 딸이 부처님 제자들에게 배워 재(齋)를 지내고 하늘에 난 인연

그때 사위국에서 부처님의 제자로서 많은 여자들이 읍회(邑會)를 만들어 자주 부처님께로 갔다. 그 무리 중에는 어떤 바라문의 딸이 있었다. 그는 삿된 소견(所見)으로 부처님을 믿지 않아 한번도 재(齋)를 지내거나 계(戒)를 가진 일이 없었다. 그는 여러 여자들이 모여 재 지낸 음식을 먹는 것을 보고 물었다.

"너희들은 지금 어떤 좋은 모임을 가졌는가? 나는 너희들과 친한 사이인데 왜 내게는 알리지 않았는가?"

여자들은 대답하였다. "우리는 지금 재를 지낸다."

바라문의 딸은 말하였다. "오늘은 6일도 아니요, 12일도 아닌데, 누구의 법을 위해 재를 지내는가?"

"우리는 지금 부처님의 재를 지내는 것이다."

"너희들은 부처님의 재를 지내어 어떤 공덕을 얻는가?"

여자들은 말하였다. "하늘에 나서 해탈한다."

바라문의 딸은 음식을 탐하였기 때문에 물을 받고 잿밥[齋食]을 먹었다. 그리고 맛있는 미음도 받았다. 그는 '바라문의 재법(齋法)에는 마시지도 않고 먹지도 않는데, 부처님의 재법에는 좋은 밥도 먹고 맛있는 미음도 마신다. 이런 재 하기는 아주 쉽다' 하고는, 부처님을 믿고 기뻐하였다.

그 뒤에 그는 목숨을 마치고 천상에 나게 되었다. 그는 천상에서 내려와 부처님께 나아갔다. 부처님께서 그를 위해 설법하시어 그는 수다원을 얻었다.

비구들은 부처님께 여쭈었다. "그는 어떤 인연으로 천상에 나게 되었습니까?"

부처님께서 말씀하셨다. "그는 옛날 인간에 있을 때 여러 여자들이 모여 재하는 것을 보고, 그를 따라 기뻐하고 재하였다. 그 선업(善業)으로 말미암아 천상에 난 것이다."

61. 가난한 여자가 수달(須達)에게 천[氈]을 보시하고 하늘에 난 인연

그때 수달 장자는 이렇게 생각하였다. '우리 집에 난 사람은 목숨을 마친 뒤에도 나쁜 길에 떨어지지 않을 것이다. 왜냐 하면, 내가 모두 깨끗한 법으로 가르쳤기 때문이다. 나는 지금도 빈궁(貧窮)하여 곤고(困苦)한 사람이나 믿거나 믿지 않는 사람은 선법으로

가르쳐 부처님과 스님들에게 공양하게 하리라.'

그리고 이 사실을 바사닉왕에게 자세히 아뢰었다. 왕은 곧 북을 치고 방울을 울리면서 영을 내렸다. "지금부터 이레 뒤에 수달 장자는 사람들을 교화하고 구걸하여 삼보에 각각 공양하려 한다. 모든 인간들은 각각 그를 따라 기뻐하고 얼마라도 보시하라."

이레 되는 날 수달 장자는 여러 사람들에게 보시를 청하였다. 어떤 가난한 여자가 고생하여 번 돈으로 겨우 천[氈] 한 벌을 얻어 몸을 가리고 있다가 수달이 구걸하는 것을 보고 그에게 보시하였다. 수달은 그것을 받고는 그 뜻을 기특히 여겨 재물과 곡식과 비단옷을 그의 요구대로 대어 주었다. 그 뒤 가난한 여자는 목숨을 마치고 천상에 나게 되었다. 그는 부처님께 나아갔다. 부처님께서 그를 위해 설법하시니, 그는 수다원을 얻었다.

비구들은 부처님께 여쭈었다. "저 천녀는 어떤 인연으로 천상에 나게 되었습니까?"

부처님께서 말씀하셨다. "그는 옛날 인간(人間)에 있을 그때 수달 장자가 교화하고 구걸하는 것을 보고 마음으로 기뻐하여 제가 입었던 흰 천을 수달에게 보시(布施)하였다. 그 선업으로 말미암아 천상에 나게 되었고, 또 내게서 법을 듣고는 믿고 이해하여 수다원을 얻었느니라."

62. 장자의 딸이 삼보(三寶)를 믿지 않다가 아버지가 돈을 주어서 5계를 받게 하여 천상에 난 인연

그때 사위국에 불사(弗奢)라는 장자가 있었다. 그에게 두 딸이 있었는데, 첫째는 집을 떠나 부지런히 수행하여 아라한이 되었고, 둘째는 삿된 소견으로 부처님을 믿지 않고 비방(誹謗)하였다. 그때 아버지는 믿지 않는 딸에게 말하였다. "네가 지금 부처님께 귀의 (歸依)하면 나는 너에게 돈 천 냥을 줄 것이요, 나아가서 법과 스님에게 귀의하고 다섯 가지 계율(戒律)을 받들어 가지면 돈 8천 냥을 주리라."

이에 그 딸은 5계(戒)를 받고 오래지 않아 목숨을 마치고 천상에 났다. 그녀는 부처님께로 가서 부처님의 설법을 듣고 수다원을 얻었다.

비구들은 부처님께 여쭈었다. "저 천녀는 어떤 업행(業行)으로 천상에 나게 되었습니까?"

부처님께서 말씀하셨다. "그녀는 전생에 인간에 있을 때 아버지의 돈을 탐하여 삼보(三寶: 불법승)에 귀의하고 오계(五戒)를 받들어 가졌었다. 그 인연으로 지금 천상에 나게 되었고, 또 내게서 법을 듣고 도를 얻었느니라."

63. 여자가 땅을 쓸다가 부처님을 뵙고 기뻐함으로써 하늘에 난 인연

남천축(南天竺: 남인도) 법에는 집에 소녀(少女)가 있으면, 반드시 일찍 일어나 뜰과 지게문의 좌우를 쓸게 하였다. 어떤 장자의 딸이 일찍 일어나 땅을 쓸다가 마침 부처님께서 문 앞을 지나가시는 것을 보고 기쁜 마음이 생겨 마음을 모아 부처님을 바라보았다. 그녀는 명(命)이 짧아 이내 죽어 33천에 났다.

대개 하늘에 나면 세 가지로 생각하는 법이 있다. 그녀는 스스로 생각했다.

'나는 전생(前生)에 어떤 몸이었을까?' 그리하여 사람의 몸이었던 것을 스스로 알았다.

'나는 지금 어떤 곳에 났는가?' 여기는 바로 하늘이라고 알았다.

'옛날 어떤 업(業)을 지었기에 여기 와서 났는가?' 부처님을 뵙고 기뻐한 선업으로 말미암아 이 과보를 받았다고 알았다. 그녀는 부처님의 중한 은혜를 느끼고 천상에서 내려와 부처님을 공양하였다. 부처님께서 그녀를 위해 설법하시어 그는 수다원을 얻었다.

비구들은 부처님께 여쭈었다. "어떤 인연이 저 여자로 하여금 하늘에 나서 도를 얻게 하였습니까?"

부처님께서 말씀하셨다. "그녀는 옛날 인간에 있을 때 일찍 일어나 땅을 쓸다가 문(門) 앞을 지나가는 부처님을 뵙고 마음으로 기뻐하였다. 그 선업으로 말미암아 천상(天上)에 났고, 또 내게서 법을 듣고 도를 깨달은 것이다."

64. 장자(長者)가 집을 지어 부처님을 청하여 공양하고 그 집을 보시함으로써 하늘에 난 인연

왕사성에 큰 장자가 있었다. 그는 집을 새로 짓고 부처님을 청하여 공양하고는, 그 절을 부처님께 보시하면서 말하였다. "세존이시여, 지금부터 성에 들어가실 때에는 언제나 여기 오셔서 손을 씻고 발우를 씻으소서."

그 뒤 그는 목숨을 마치고 천상에 나서 하늘 궁전을 타고 부처님께 나아갔다. 부처님께서 그를 위해 설법하시어 그는 수다원을 얻었다.

비구들은 부처님께 여쭈었다. "그는 어떤 인연으로 천상에 나게 되었습니까?"

부처님께서 말씀하셨다. "그는 옛날에 인간에 있을 때 새 집을 짓고 부처님을 청하여 보시(布施)하였었다. 그 선업으로 말미암아 하늘 궁전에 와서 나게 되었고, 또 내게 법을 듣고 도를 얻었느니라."

65. 부인이 사탕수수를 아라한(阿羅漢)에게 보시하고 하늘에 난 인연

옛날 사위국의 어떤 아라한 비구가 성 안에 들어가 걸식하다가 마침 사탕수수를 짜는 집에 이르렀다. 그 집의 며느리가 굵고 큰 사탕수수 하나를 그 비구의 발우에 넣어 주었다. 시어머니가 그것을 보고 성을 내어 지팡이로 쳤다.

마침 중요한 곳을 맞아 그 며느리는 죽어 도리천(忉利天)에 났는데, 여자의 몸이 되었고, 그가 사는 궁전은 순전히 사탕수수뿐이었다. 여러 하늘들이 선법당에 모일 때 그 여자도 거기 갔다. 제석천은 게송(偈頌)으로 물었다.

너는 옛날에 어떤 업을 지었기에
훌륭하고 묘한 빛의 몸을 얻었는가?

빛나는 광명은 견줄 데 없어
마치 저 녹은 금덩어리 같구나.

천녀는 게송(偈頌)으로 대답하였다.

나는 옛날 인간(人間)에 있을 때
사탕수수를 조금 보시했더니
지금 이러한 큰 갚음 얻어
여러 하늘 중에서 광명이 뛰어나네.

66. 여자가 부처님 발에 향을 바르고 하늘에 난 인연

옛날 사위성 안의 어떤 여자가 땅에 앉아 향을 갈다가 성 안으로 들어가시는 부처님을 만났다. 그녀는 부처님의 몸을 보자 기쁜 마음이 생겨 갈던 향을 부처님 발에 발라 드렸다. 그 뒤 그녀는 목숨을 마치고 하늘에 나게 되어 몸의 향기가 4천리까지 풍기었다. 그녀가 선법당으로 가자 제석천은 게송(偈頌)으로 물었다.

너는 옛날에 어떤 업을 지었기에
그 몸에서 미묘한 향기 나는가?
이 하늘 위에 살면서
광명과 빛깔은 녹인 금과 같구나.

천녀는 곧 게송(偈頌)으로 대답하였다.

나는 그 묘하고 훌륭한 향을
가장 훌륭한 이에게 공양하고서
짝 없는 위엄과 큰 덕을 얻어
이 33천에 와서 태어나
큰 즐거움을 누리고 있다.

몸에서는 온갖 묘한 향기가 나서
백 유순(由旬)까지 풍기나니
이 향기를 맡는 사람들은
모두 큰 이익을 얻을 것이다.

그때 그 천녀는 부처님께 나아갔다. 부처님께서 그녀를 위해
설법(說法)하시어 그녀는 수다원의 도를 얻고 천상으로 돌아갔다.
여러 비구들은 부처님께 여쭈었다. "그녀는 어떤 복(福)을 지었기
에 천상(天上)에 나서 몸이 그처럼 향기롭습니까?"
부처님께서 말씀하셨다. "그 천녀는 옛날 인간(人間)에 있을
때 내 발에 향을 발랐다. 그 인연으로 목숨을 마치고는 하늘에 나
서 그런 과보를 받은 것이다."

67. 수달 장자의 여종(女嫁)이
삼보에 귀의하여 하늘에 난 인연

그때 사위국의 수달 장자는 10만 냥의 금으로 사람을 부려
부처님께 귀의(歸依)시키려 하였다. 그때 어떤 여종(女嫁)이 장자의
말을 듣고 부처님께 귀의하였다. 그리고 목숨을 마친 뒤에는 33

천에 나게 되어 선법당으로 갔다. 제석천은 게송(偈頌)으로 물었다.

너는 전생에 어떤 복이 있었기에
이 하늘 위에 나게 되어서
광명과 빛깔이 그처럼 미묘한가?
이제 나를 위하여 설명하여라.

천녀는 게송(偈頌)으로 대답하였다.
삼계의 굳세고 훌륭하신 분
나고 죽는 괴로움 빼어 버리고,
삼계(三界)를 진실로 건지시는 분
세 가지 번뇌(煩惱)를 끊어 버리네.

나는 옛날에 부처님께 귀의하고
또 법과 스님에게 귀의했나니
나는 그러한 인연으로써
지금에 이 과보 얻었나이다.

그녀는 이 게송을 마치고 부처님께 나아갔다. 부처님께서 그녀를 위해 설법하시어 그녀는 수다원의 도를 얻었다. 비구들은 부처님께 여쭈었다. "그녀는 어떤 업의 인연으로 그런 과보를 받았습니까?"

부처님께서 말씀하셨다. "그녀는 옛날 인간에 있을 때 부처님께 귀의(歸依)하였기 때문에 지금 천상에 나게 되었고, 또 내 설법을 듣고 수다원을 얻었느니라."

68. 가난한 여자가 부처님께 걸식하고 하늘에 난 인연

옛날 사위성 안의 어떤 여자는 빈궁하고 곤고하여 항상 길에서 구걸하며 살아갔는데, 그 생활이 오래 계속되자 어떤 사람도 돌아보지 않았다. 부처님께서 지나가시는 것을 보고 그녀는 부처님께 가서 밥을 빌었다. 부처님께서는 그녀가 굶주려 죽게 될 것을 가엾이 여겨 아난을 시켜 그녀에게 밥을 주게 하였다. 그때 그 가난한 여자는 밥을 얻고 기뻐하였다. 뒤에 그녀가 목숨을 마치고 천상에 나게 되자, 부처님의 은혜를 느끼고 내려와 부처님을 공양하였다. 부처님께서 그녀를 위해 설법하시어 그녀는 수다원을 얻었다.

비구들은 부처님께 여쭈었다. "지금 저 천녀는 어떤 인연으로 천상에 나게 되었습니까?"

부처님께서 말씀하셨다. "저 천녀가 옛날 인간 세상에서 굶주려 죽게 되었을 때에 아난을 시켜 그녀에게 밥을 주었다. 그녀는 밥을 얻고 매우 기뻐하였다. 그 인연으로 말미암아 목숨을 마친 뒤에는 천궁(天宮)에 났고, 또 내게 법을 듣고 도를 얻었느니라."

69. 장자의 여종이 주인의 밥을
부처님께 보시하고 갚음을 얻어 천상에 난 인연

사위국의 어떤 장자의 아들이 다른 여러 장자의 아들과 동산으로 놀러 떠나면서 그 집안 사람에게 말하였다. "내게 밥을 보내라."

조금 뒤에 그 집에서는 여종(女婢)을 시켜 밥을 보냈다. 종은 문 밖에 나갔다가 부처님을 만나 그 밥을 부처님께 공양하고 집으로 돌아왔다. 집에서는 다시 밥을 주어 보내었다. 종(婢)은 또 길에서 사리불과 목건련을 만나 그 밥을 주었다. 그리하여 세 번째에야 밥을 가지고 가서 장자의 아들에게 주었다.

장자의 아들은 밥을 먹고 집에 들어와 아내에게 말하였다. "오늘 왜 그리 늦게 밥을 보냈소?"

아내는 대답하였다. "오늘은 세 번이나 밥을 보냈는데 왜 늦었다고 하십니까?"

이에 곧 종을 불러 물었다. "너는 아침에 세 번이나 밥을 가져다 누구에게 주었느냐?"

여종은 대답하였다. "첫 번째 보낸 밥은 부처님을 만나 보시(布施)하였고, 두 번째 보낸 밥은 사리불과 목건련에게 드렸습니다."

주인은 그 말을 듣고 매우 화를 내어 지팡이로 그녀를 때렸다. 그녀는 곧 목숨을 마치고 천상에 났다. 그녀는 처음으로 하늘에 나서 세 가지를 생각하였다.

첫째로 '나는 지금 어디서 났는가?' 생각하고는 하늘에 난 것을 알았고,

두 번째는 '나는 어디서 죽어 하늘에 와서 났는가?' 생각하고는, 인간에서 죽어 천상에 난 것을 알았으며,

세 번째는 '어떤 업의 인연으로 하늘에 나게 되었는가?' 생각하고는, 밥을 보시하였기 때문에 그런 과보를 받은 것을 알았다.

그녀는 곧 부처님께 내려와 공양하였다. 부처님께서 그녀를 위해 설법하시어 그녀는 수다원을 얻었다. 비구들은 부처님께 여쭈었다. "지금 저 천녀는 어떤 인연으로 천상에 나게 되었습니

까?"

부처님께서 말씀하셨다. "그녀는 본래 인간에 있을 때 어떤 장자의 여종이 되어 그 장자의 아들을 위해 보내는 밥을 부처님을 만나 보시하였으므로, 그 주인이 매우 화를 내어 지팡이로 때려 죽였다. 그녀는 그 업의 인연으로 말미암아 목숨을 마치고는 하늘에 났으며, 또 내게 법을 듣고 도를 깨달았느니라."

70. 장자가 부처님을 위해 강당(講堂)을 짓고 그 갚음을 얻어 천상에 난 인연

그때 왕사성의 빈바사라왕은 부처님을 위해 부도와 승방을 만들었다. 어떤 장자도 부처님을 위해 좋은 집을 지으려 하였으나 땅을 얻지 못하여 부처님께서 거니시는 곳에 한 강당을 짓고 네 문을 열었다. 뒤에 그는 목숨을 마치고 천상에 나서 하늘 궁전을 타고 부처님께 내려와 공양하였다. 부처님께서 그를 위해 설법하시어 그는 수다원을 얻었다.

비구들은 부처님께 여쭈었다. "지금 저 천자는 어떤 업의 인연으로 하늘 궁전에 나게 되었습니까?"

부처님께서 말씀하셨다. "그는 본래 인간에 있을 때 부처님의 강당(講堂)을 지었었다. 그 좋은 인연으로 말미암아 목숨을 마치고 천상에 났다가 은혜를 느끼고 내게 와서 공양하였고, 또 설법을 듣고는 수다원을 얻은 것이다."

71. 장자가 왕이 탑 만드는 것을 보고,
자기도 탑을 만들어 갚음을 얻어 하늘에 난 인연

　　그때 남천축의 어떤 장자가 기사굴산(耆闍崛山)에 있었다. 그는 빈바사라왕이 부처님을 위해 좋은 부도와 승방 만드는 것을 보고, 자기도 부처님을 청하여 부도와 승방을 만들었다. 그 뒤 그는 목숨을 마치고 천상에 났다가 부처님의 은혜를 생각하고 내려와 공양하였다. 부처님께서 그를 위해 설법하시어 그는 수다원을 얻었다.

　　비구들은 부처님께 여쭈었다. "저 천자는 과거에 어떤 인연을 지었기에 천궁(天宮)에 나게 되었습니까?"

　　부처님께서 말씀하셨다. "그는 옛날 인간(人間)에 있을 때 왕이 탑을 일으키는 것을 보고 마음으로 기뻐하여 자기도 부처님을 청하여 부도를 만들어 세웠었다. 그 좋은 업으로 말미암아 천상에 나게 되었고, 또 내게 법을 듣고는 믿고 깨달아 수다원을 증득하였느니라."

72. 상인(商人)이 집을 지어 부처님께 공양하고
그 갚음을 얻어 천상에 난 인연

　　그때 사위국의 어떤 상인(商人)은 멀리 나가 장사하다가 거기서 죽고 돌아오지 않았다. 어머니는 그의 아들을 길렀다. 그 아들이 자라나자 또 멀리 떠나려 하였다. 조모는 그에게 말하였다. "네 아버지는 멀리 떠나 거기서 죽고 돌아오지 않았다. 너는 멀리 떠나지 말고 가까운 곳의 저자에서 점포라도 펴고 앉았거라.”

그는 조모님의 분부를 받들어 시중에다 점포를 짓고 생각하였다. ‘이 성 안 사람들은 모두 부처님을 청한다. 나도 이제 새로 집을 지었으니 부처님을 청하리라.’ 그는 곧 가서 부처님을 청하였다. 부처님께서 오시자 그는 아뢰었다. “저는 이 집을 부처님께 공양하겠습니다. 지금부터 성(城)에 들어가실 때에는 언제나 저의 집에 오셔서 손과 발우를 씻으소서.”

그 뒤 그는 목숨을 마치고 천상에 났다가 다시 내려와 부처님께 나아갔다. 부처님께서 그를 위해 설법하시어 그는 수다원을 얻었다.

비구들은 부처님께 여쭈었다. “저 천자는 옛날 어떤 업의 인연을 지었기에 천상에 나게 되었습니까?”

부처님께서 말씀하셨다. “그는 본래 사람으로 있을 때 점포를 새로 짓고 그 안에다 부처님을 모셨다. 그 선업(善業)으로 말미암아 지금 하늘에 났고, 또 내게 법을 듣고 그 갚음을 얻은 것이다.”

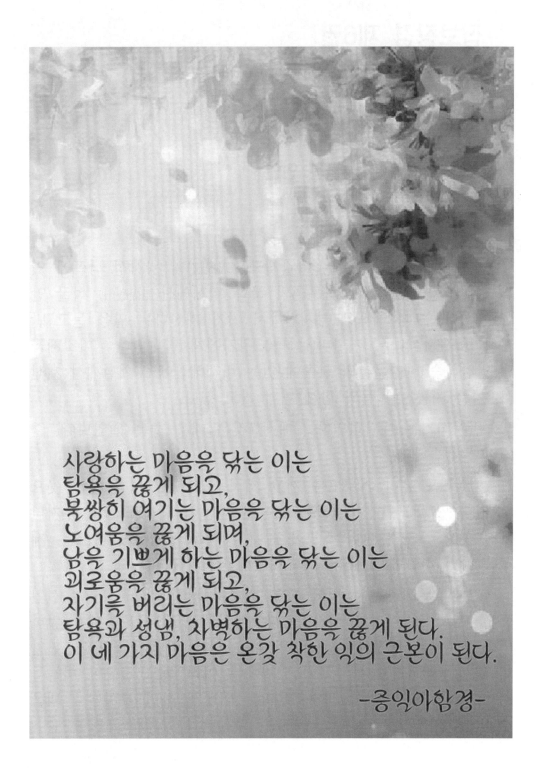

사랑하는 마음을 닦는 이는
탐욕을 끊게 되고,
불쌍히 여기는 마음을 닦는 이는
노여움을 끊게 되며,
남을 기쁘게 하는 마음을 닦는 이는
괴로움을 끊게 되고,
자기를 버리는 마음을 닦는 이는
탐욕과 성냄, 차별하는 마음을 끊게 된다.
이 네 가지 마음은 온갖 착한 일의 근본이 된다.

-증익아함경-

잡보장경 제6권

73. 제석이 일을 물은 인연

이와 같이 내가 들었다.

어느 때 부처님께서는 마갈제국(摩竭提國)의 왕사성 남쪽에 있는 암바라림(庵婆羅林) 바라문촌의 북쪽 비제혜산(毘提醯山) 석굴 안에 계셨다. 그때 제석은 부처님께서 거기 계신다는 말을 듣고 반사식기(槃闍識企)라는 건달바(犍闥婆) 왕자에게 말하였다. "마갈제국의 암바라숲 바라문촌의 북쪽에 있는 비제혜산에 부처님께서 계신다. 나는 지금 너희들과 함께 거기 가고 싶다."

반사식기는 대답하였다. "예, 그것은 매우 좋은 일입니다. 즐거이 듣겠습니다."

그는 곧 유리 거문고를 끼고 제석을 따라 부처님 계신 곳으로 갔다. 그때 여러 하늘들은 제석이 건달바 왕자와 함께 부처님 계신 곳으로 가려 한다는 말을 듣고 제각기 장엄하게 하고는, 제석을 따라 하늘에서 사라져 곧 비제혜산으로 갔다.

그때 그 산에는 광명이 환히 비치어 거기 가까이 사는 선인들은 모두 불빛이라고 생각하였다. 제석은 건달바 왕자에게 말하였다. "여기는 청정하여 모든 악(惡)을 멀리 떠난 아련야다. 편안히 좌선(坐禪)하라. 지금 부처님 곁에는 여러 높고 훌륭한 하늘들이 그 좌우를 꽉 막아 있다. 우리는 어떻게 하면 부처님을 뵈올 수 있겠는가?"

제석은 다시 건달바 왕자에게 말하였다. "너는 나를 위해 부처님께 가서 내 뜻을 전하고 문안 드려라."

건달바 왕자는 분부를 받고 가서 멀지도 가깝지도 않은 곳에서 부처님의 거룩한 모습을 바라보며, 부처님께 들리도록 거문고를 타면서 게송(偈頌)을 읊었다.

욕심(慾心)은 곧 집착(執着)을 내나니
코끼리가 진창에 빠져드는 것 같고
또 코끼리가 취하고 미쳐
갈고리로 막을 수 없는 것 같네.

비유하면 저 아라한들이
묘한 법을 사모하는 것처럼
또 내가 그녀의 색을 탐하여
아버지를 공경하고 예배하는 것처럼
귀하고 훌륭한 것을 내기 때문에
내 마음 더욱더 사랑하고 즐기네.

못 견디게 내 애욕(愛慾)은 자라나
더운 땀이 시원한 바람을 만난 것 같고
극히 목마를 때 찬물을 얻은 듯
너의 모습 참으로 즐길 만하구나.

아라한(阿羅漢)이 묘(妙)한 법을 즐기는 것처럼
병자(病者)가 좋은 약(藥)을 얻은 것처럼
주린 이가 좋은 음식 얻은 것처럼
빨리 그 시원함으로 내 더위를 없애자.
아직도 내 탐욕(貪慾)은 달리고 달리나니

내 마음 붙들어 떠나지 못하게 하네.

부처님께서 말씀하셨다. "장하다. 반사식기여, 지금 너의 그 노랫소리는 거문고 곡조와 어울리는구나. 너는 멀리서 그 노래를 지어 부르는구나."

그는 곧 부처님께 아뢰었다. "저는 옛날 건달바왕(揵闥婆王) 진부루(珍浮樓)의 딸 수리바절사(修利婆折斯)라는 여자를 만났는데, 식건치(識騫稚)라는 마다라(摩多羅) 천자(天子)가 먼저 그 여자를 사랑하였지마는 저도 그때 그 여자를 몹시 사랑하여 거기서 위의 게송(偈頌)을 읊었습니다. 그런데 지금 저는 부처님 앞에서 다시 이 게송을 읊은 것입니다."

그때 제석은 지금 부처님께서는 선정에서 깨어나 반사식기와 말씀하신다고 생각하였다. 그리하여 다시 반사식기에게 말하였다. "너는 지금 내 이름을 말한 뒤에 땅에 엎드려 부처님 발에 예배하고, '병이나 괴로움이 없으시어 기거가 가뿐하시고 음식은 입에 맞으시며, 기력은 편안하시고 아무 나쁜 일이 없이 즐겁게 지내십니까?' 하고 문안드려라."

그는 '그렇게 하겠습니다' 하고, 제석이 시키는 대로 다시 부처님께 나아가 제석의 이름으로 부처님 발에 예배하고, 제석의 말로 문안드렸다.

부처님께서는 말씀하셨다. "제석과 여러 하늘들은 모두 편안한가?"

그는 다시 부처님께 아뢰었다. "제석과 33천이 부처님을 뵙고자 하는데 허락하시겠습니까?"

부처님께서는 말씀하셨다. "지금이 바로 그때이니라."

제석과 33천들은 부처님의 허락을 받고, 곧 부처님께 나아가 땅에 엎드려 발 아래 예배하고 한쪽에 서서 아뢰었다. "세존이시여, 어디 앉으리까?"

부처님께서는 말씀하셨다. "이 자리에 앉아라."

"대중이 이렇게 많은데 이 굴이 너무 비좁습니다."

이렇게 말하고 석굴을 보니, 놀랍게도 석굴은 아주 넓어졌다. 그것은 부처님의 위신력으로 많이 수용하게 된 것이다. 제석은 부처님 발에 예배하고 그 앞에 앉아 아뢰었다.

"저는 항상 부처님을 뵙고 법을 듣고자 하였습니다. 옛날 부처님께서 사위국에서 화광삼매(火光三昧)에 들어 계실 때, 사위의 시녀(侍女) 보사발제(步闍拔提)가 부처님을 향해 합장하였습니다. 저는 그때 그 여자에게 말하였습니다. '지금 부처님께서는 선정에 들어 계시기 때문에 나는 감히 어지럽힐 수가 없다. 너는 나를 위해 부처님 발에 예배하고, 나를 일컫고 문안해 다오.' 그 여자는 저의 말로 부처님께 예배하고 문안하였습니다."

부처님께서는 말씀하셨다. "나는 그때 너희들의 말하는 소리를 듣고 곧 선정에서 일어났다."

제석은 아뢰었다. "저는 옛날 노인에게 들으니, 여래(如來)·아라한(阿羅漢)·삼먁삼불타께서 세상에 나타나시면 하늘 무리는 늘어나고 아수라 무리는 줄어든다고 하였습니다. 제가 지금 하늘에 나자 하늘 무리는 늘어나고 아수라(阿修羅) 무리는 줄어들었습니다. 그리고 지금 제가 보니, 부처님 제자로서 하늘에 나는 이는 수명(壽命)과 광명(光明)과 이름, 이 세 가지가 다 하늘보다 훌륭합니다."

그때 구비야보(具毘耶寶)의 딸이 도리천에 났다. 그는 본래 부처님 제자로 제석의 아들이었고 이름은 거혹(渠或) 천자였다. 또 세 사람의 비구는 부처님 앞에서 범행(梵行)을 닦았지마는 마음이 욕심(慾心)을 떠나지 못하였기 때문에 몸이 무너지고 목숨이 끝난 뒤에 건달바(乾闥婆) 집에 태어나 날마다 세 때로 여러 하늘들을 위하여 심부름하였다.

거혹 천자(天子)는, 세 사람이 심부름하는 것을 보고 생각하였다. '내 마음은 기쁘지 않고 차마 볼 수 없다. 내가 전생에 인간에 있을 때 저 세 사람은 항상 우리 집에 와서 내 공양을 받았는데, 지금은 여러 하늘들의 심부름꾼이 되었으니 나는 차마 볼 수 없다. 저 세 하늘은 본래 부처님의 성문 제자들이다. 내가 본래 인간에 있을 때 저들은 내게서 공경(恭敬)과 공양(供養)과 의복(衣服)과 음식을 받았는데, 지금은 하천(下賤)하게 되었구나.'

그리하여 그들에게 말하였다. "너희들은 부처님의 입에서 법을 듣고 부처님의 가르침을 받았는데, 어찌하여 이런 비루한 곳에 나게 되었는가? 전에는 내가 너희들을 받들어 섬기고 공양하였지마는 다른 부처님에게서 법을 듣고는 보시를 행하고 믿었기 때문에 지금은 제석의 아들이 되어 큰 위덕이 있고 세력이 자재(自在)롭다. 여러 하늘들은 나를 거혹이라 부른다. 너희들은 부처님의 훌륭한 법을 얻고도 왜 부지런히 수행하지 않고 이런 천한 곳에 났는가? 나는 이런 나쁜 일은 차마 볼 수가 없다. 어찌하여 꼭 같은 법 안에서 이런 하천한 사람이 생겼는가? 여기는 부처님의 제자로서는 나지 않아야 할 곳이다."

거혹 천자는 이렇게 조롱하였다. 그 세 사람은 매우 부끄러워하고 자신이 싫어져 합장하고 거혹에게 말하였다. "천자의 말과 같다면 그것은 실로 우리들의 허물입니다. 이제 그런 나쁜 욕심(慾心)은 끊어 버리겠습니다." 이렇게 말하고, 곧 부지런히 노력하여 선정과 지혜를 닦았다.

그들은 곧 구담(瞿曇)의 법을 생각하면서 욕심의 근심됨을 보고 곧 번뇌를 끊었다. 마치 큰 코끼리가 굴레를 끊는 것처럼 그들의 탐욕(貪慾)을 끊는 것도 그와 같았다. 제석과 상나천(商那天)과 세상을 보호하는 사천왕(四天王)과 또 다른 여러 하늘들이 모두 와서 그 자리에 앉았는데, 탐욕을 끊은 그들은 여러 하늘 앞에서 허공으로 날아 올라갔다.

　제석은 부처님께 아뢰었다. "저 세 사람은 어떤 법을 얻었기에 능히 저런 여러 가지 신변(神變)을 부리며 부처님을 와서 뵙습니까? 저들이 얻은 바를 듣고 싶습니다."

　부처님께서는 말씀하셨다. "저 사람은 이미 그곳을 버리고 범천 세계에 났느니라."

　"원컨대 세존께서는 저를 위하여 범천에 나는 법을 말씀하여 주소서."

　"착하다. 어진 제석이여, 의심되는 것을 분별하여 묻는구나." 그때 부처님께서는 생각하셨다. '제석은 아첨이나 거짓이 없다. 진실로 의심되는 바를 묻고 나를 괴롭히지 않는다.' 그리하여 말씀하셨다. "만일 네가 물으면 나는 분별하여 설명하리라."

　제석은 여쭈었다. "어떤 결사(結使: 번뇌)가 사람과 하늘·용·야차·건달바·아수라·가루라·마후라가들을 결박(結縛)합니까?"

　부처님께서 대답하셨다. "탐욕과 질투의 두 결사가 사람과 하늘·아수라·건달바의 일체 무리들을 결박한다. 그들은 모두 탐욕과 질투 때문에 스스로 결박하는 것이다."

　"진실로 그러합니다. 하늘 가운데 하늘이시여, 탐욕과 질투의 인연은 능히 일체를 결박합니다. 저는 지금 부처님께 그 이치를 듣고 의심 그물이 곧 없어졌습니다."

　제석은 큰 기쁨이 생겼다. 그리하여 다시 다른 이치를 여쭈었다. "탐욕과 질투는 무엇으로 인해 생깁니까? 어떤 인연으로 탐욕과 질투가 생기게 되며, 어떤 인연으로 그것은 사라지게 됩니까?"

　"교시가(憍尸迦)여, 탐욕과 질투는 미움과 사랑으로 인해 생기고 미움과 사랑이 인연이 된다. 미움과 사랑이 있으면 반드시 탐욕과 질투가 있고, 미움과 사랑이 없으면 탐욕과 질투는 곧 사라지느니라."

"진실로 그러합니다. 하늘 가운데 하늘이시여, 저는 지금 부처님께 그 이치를 듣고 의심 그물이 없어졌습니다."

제석은 큰 기쁨이 생겼다. 그리하여 다시 다른 이치를 여쭈었다. "사랑과 미움은 무슨 인연으로 생기며, 무슨 인연으로 사라집니까?"

부처님께서 대답하셨다. "사랑과 미움은 욕심에서 생기고, 욕심이 없으면 그것은 사라지느니라."

"진실로 그러합니다. 하늘 가운데 하늘이시여, 저는 지금 부처님께 그 이치를 듣고 의심 그물이 없어졌습니다."

제석은 큰 기쁨이 생겼다. 그리하여 다시 다른 이치를 여쭈었다. "욕심은 무슨 인(因)으로 생기고 무슨 연(緣)으로 자라며, 어떻게 하면 없앨 수 있습니까?"

부처님께서 말씀하셨다. "욕심은 각(覺: 알아차림)으로 인해 생기고, 각관(覺觀: 생각)으로 반연해 자란다. 각(覺)이 있으면 욕심이 있고, 각관(覺觀)이 없으면 욕심은 곧 사라지느니라."

"진실로 그러합니다. 하늘 가운데 하늘이시여, 저는 지금 부처님께 그 이치를 듣고 의심 그물이 없어졌습니다."

제석은 큰 기쁨이 생겼다. 그리하여 다시 다른 이치를 여쭈었다. "각관은 무엇을 인해 생기고 무슨 연으로 자라며, 어떻게 하면 없앨 수 있습니까?"

"각관은 들뜸에서 생기고 들뜸을 연하여 자란다. 들뜸이 없으면 각관이 사라지느니라."

"진실로 그러합니다. 하늘 가운데 하늘이시여, 저는 지금 부처님께 그 이치를 듣고 의심 그물이 없어졌습니다."

제석은 큰 기쁨이 생겼다. 그리하여 다시 다른 이치를 여쭈었다. "들뜸은 무엇을 인연하여 나서 자라며, 어떻게 하면 그것을 없앨 수 있습니까?"

부처님께서 말씀하셨다. "교시가여, 들뜸을 없애려면 8정도(正道)를 닦아야 한다. 즉, 바른 소견[正見]·바른 업[正業]·바른 말[正語]·바른 생활[正命]·바른 방편[正方便]·바른 뜻[正思惟]·바른 생각[正念]·바른 선정[正定]이니라."

제석은 이 말씀을 듣고 부처님께 아뢰었다. "진실로 그러합니다. 하늘 가운데 하늘이시여, 진실로 들뜸은 팔정도(八正道)로 말미암아 사라집니다. 저는 지금 부처님께 그 이치를 듣고 의심 그물이 없어졌습니다."

제석은 기뻐하였다. 그리하여 다시 다른 이치를 여쭈었다. "들뜸을 없애려고 하면 8정도를 닦아야 하겠습니다. 비구는 어떤 법으로 인하여 그 8정도를 더욱 자라게 할 수 있겠습니까?"

부처님께서 말씀하셨다. "거기에는 세 가지 법이 있다. 첫째는 하고자 하는 마음[欲]이요, 둘째는 바른 노력[正懃]이며, 셋째는 마음 껴잡기[攝心]를 많이 익히는 것이다."

제석은 말하였다. "진실로 그러합니다. 하늘 가운데 하늘이시여, 저는 그 이치를 듣고 의심 그물이 없어졌습니다." 비구가 수행할 그 정도(正道)는 이 세 가지 법으로 인하여 더욱 자라게 할 수 있다는 이 말을 듣고 다시 여쭈었다.

"비구가 들뜸을 없애려면 몇 가지 법을 배워야 합니까?"

부처님께서 말씀하셨다. "세 가지 법을 배워야 하나니, 즉 보다 왕성(旺盛)한 계율(戒律)의 마음과 보다 왕성(旺盛)한 선정(禪定)의 마음과 보다 왕성(旺盛)한 지혜(智慧)의 마음을 배워야 하느니라."

제석은 이 말씀을 듣고 말하였다. "진실로 그러합니다. 하늘 가운데 하늘이시여, 저는 그 이치를 듣고 의심 그물이 없어졌습니다." 그리고는 뛰고 기뻐하였다.

　　그리하여 다시 다른 뜻을 여쭈었다. "들뜸을 없애려면 몇 가지 이치를 알아야 합니까? 저는 듣고 싶습니다."

　　부처님께서 말씀하셨다. "여섯 가지 이치를 알아야 한다. 즉,

　　첫째로는 눈으로 빛깔을 보는 것과

　　둘째는 귀로 소리를 듣는 것과

　　셋째는 코로 냄새를 맡는 것과

　　넷째는 혀로 맛을 보는 것과

　　다섯째는 몸으로 닿음을 아는 것과

　　여섯째는 뜻으로 여러 가지 법을 분별하는 것이니라."

　　제석은 이 말씀을 듣고 말하였다. "진실로 그러합니다. 하늘 가운데 하늘이시여, 저는 그 이치를 듣고 의심 그물이 없어졌습니다." 그리고는 기뻐 뛰었다.

　　그리하여 다시 다른 이치를 여쭈었다. "일체 중생들이 탐하는 것과 하고 싶어하는 것과 향하는 곳과 나아가는 곳은 다 꼭같습니까?"

　　부처님께서 말씀하셨다. "일체 중생이 탐하는 것과 하고 싶어하는 것과 향하는 곳과 나아가는 곳은 꼭같지 않다. 중생은 한량이 없고 세계 또한 한량이 없어 그 하고 싶어하는 것과 향해 나아가는 곳은 각기 달라 같지 않고, 제각기 제 소견을 가지고 있느니라."

　　제석은 이 말씀을 듣고 말하였다. "진실로 그러합니다. 하늘 가운데 하늘이시여, 저는 그 이치를 듣고 의심 그물이 없어졌습니다." 그리고는 기뻐 뛰었다.

　　그리하여 다시 다른 이치를 여쭈었다. "모든 사문과 바라문들은 모두 꼭같은 마지막과 번뇌 없음과 마지막 범행(梵行)을 얻습니까?"

　　부처님께서 말씀하셨다. "모든 사문과 바라문들은 모두 꼭같

은 마지막과 번뇌(煩惱) 없음과 마지막 범행(梵行)을 얻지 못한다. 그러나 만일 어떤 사문이나 바라문이 위없이 끊고 애욕(愛慾)의 결박에서 벗어나게 되어 바르게 해탈(解脫)하면, 그들은 모두 꼭같은 마지막과 번뇌(煩惱) 없음과 마지막 범행(梵行)을 얻을 수 있느니라.”

“부처님 말씀과 같이 위없이 끊고 사랑의 결박에서 벗어나 바르게 해탈하게 되면, 그들은 모두 꼭같은 마지막과 번뇌 없음과 마지막 범행을 얻게 될 것입니다. 저는 이제 부처님의 말씀을 듣고 그 이치를 이해하고 그 법을 알게 되어 의심의 저쪽 언덕을 건너고 온갖 소견의 독한 화살을 뽑아 나[我]라는 소견을 버리고 마음이 물러나지 않게 되었습니다.”

이 법을 말씀하실 때 제석과 8만 4천의 여러 하늘들은 티끌과 때를 멀리 떠나 법안(法眼)이 깨끗하게 되었다.

부처님께서 말씀하셨다. “교시가여, 너는 혹 과거(過去)에 저 사문이나 바라문에게 이런 이치를 물은 적이 있는가?”

“세존이시여, 저는 기억합니다. 저는 옛날 여러 하늘들과 함께 선법당에 모였을 때 ‘부처님께서 세상에 나오실 것인지’ 하늘들에게 물은 적이 있습니다. 그 하늘들은 제각기 ‘아직 부처님께서 세상에 나오지 않으실 것이다’라고 말하였습니다. 여러 하늘들은 그 말을 듣고 모두 흩어졌습니다. 그 뒤에 큰 위엄과 덕이 있는 하늘들이 복이 다해 목숨을 마쳤습니다.

그때 저는 그것을 보고 두려워하여, 어떤 사문과 바라문이 한적한 곳에 있는 것을 보고 곧 거기 갔더니, 그들은 저에게 ‘너는 누구냐?’고 물었습니다. 저는 ‘나는 제석이다’ 하고, 그들에게 예배하지 않았더니, 그들이 도로 저에게 예배하였고, 저는 그들에게 묻지 않았는데, 그들이 저에게 물었습니다. 그래서 저는 그들의 무지함을 알았으므로 그들에게 귀의하지 않았습니다. 저는 지금부

터 부처님께 귀의하여 부처님 제자가 되겠습니다." 그는 곧 게송
(偈頌)으로 말하였다.

나는 전에 언제나 의심(疑心)을 가져
마음이 항상 만족하지 않았다.
오랫동안 지혜로운 사람을 구해
내가 가진 의심을 풀려 하였다.

그래서 부처님을 두루 찾다가
저 한적한 여러 곳에서
사문과 바라문들을 보고
저이가 부처님이라 생각하였다.

나는 그들이 있는 곳으로 가서
예배(禮拜)하고 공경하고 문안하고는
어떤 것이 바른 도를 닦는 것인가?
나는 그들에게 이렇게 물었다.

그러나 그 여러 사문들은
도와 도 아님을 알지 못했네.
그러다가 나는 이제 부처님을 뵙고
의심 그물이 모두 다 끊어졌네.

지금 이 세상에 부처님 나셨나니
그는 이 세상의 큰 논사(論師)로
원수의 악마를 부수어 항복받고
번뇌를 모두 없앤 훌륭한 이네.

부처님께서 이 세상에 나오심은
가장 드문 일로서 짝할 이 없어
어떤 하늘도 범(梵)의 무리도
그 부처님과 같은 이 없네.

"세존이시여, 저는 수다원을 얻었습니다. 바가바(婆伽婆)여, 저는 수다원을 얻었습니다."

부처님께서 말씀하셨다. "착하고 착하다, 교시가여. 네가 만일 방일하지 않으면 반드시 수다원을 얻을 것이다."

부처님께서 이어 말씀하셨다. "너는 어디서 그런 무너지지 않는 믿음을 얻었는가?"

제석은 아뢰었다. "저는 부처님 곁에서 그 믿음을 얻었습니다. 또 저는 여기서 하늘의 수명(壽命)을 얻을 것입니다. 원컨대 이 일을 기억하시고 이해하여 주소서."

제석은 이어 아뢰었다. "세존이시여, 저는 지금 이렇게 생각하였습니다. '나는 인간의 고귀한 집에 태어나 온갖 일을 두루 갖추게 되고, 거기서 다시 속세를 버리고 집을 떠나 거룩한 길로 향해 나아가서, 만일 열반(涅槃)을 얻으면 매우 좋고, 열반을 얻지 못하면 정거천(淨居天)에 나리라.'" 그때 제석은 여러 하늘을 모아 말하였다. "나는 하루 세 때로 범천께 공양하였다. 그러나 지금부터는 그것을 그만두고 하루 세 때로 부처님께 공양하리라."

그때 제석은 반사식기(般闍識企) 건달바(乾闥婆) 왕자에게 말하였다. "너는 내게 은혜가 매우 중하다. 네가 능히 부처님을 깨웠기 때문에 나로 하여금 그 깊은 법을 보고 듣게 하였다. 내가 천상에 돌아가면 진부루의 딸 수리바절사를 너의 아내로 주고, 또 그 아버지를 대신하여 너를 건달바의 왕이 되게 하리라."

　　그리하여 제석은 하늘 무리들을 거느리고 부처님을 세 번 돌고는 물러나 고요한 곳에 이르러 모두 '부처님께 귀의합니다' 하고, 세 번 일컫고 천상으로 돌아갔다.

　　제석이 떠난 지 오래지 않아 범천은 이렇게 생각하였다. '제석이 이미 떠났다. 이제 내가 부처님께 가리라.' 마치 장사가 팔을 굽혔다 펴는 것 같은 사이에 부처님 계신 곳에 이르러 부처님 발에 예배하고 한쪽에 앉았다. 범천의 광명이 비제혜산(毘提醯山)을 두루 비췄다. 그때 범천은 게송(偈頌)으로 말하였다.

　　　그런 이치를 나타내시어
　　　많은 이익을 주셨구나.
　　　사지(舍脂)의 그 땅인
　　　마가바(磨伽婆)를
　　　둘러싼 이는 모두 어진 이
　　　능히 어려운 것을 잘 물었나니
　　　사사바(娑娑婆)여.

　　그는 제석의 물음을 거듭 말하고 곧 천상으로 돌아갔다.
　　부처님께서는 이른 아침에 비구들에게 말씀하셨다. "어제 범천왕이 내게 와서 위의 게송(偈頌)을 읊고 곧 천상으로 돌아갔느니라."
　　부처님께서 이렇게 말씀하시자, 비구들은 기뻐하면서 부처님 발에 경례하고 떠났다.

74. 아야교진여(阿若憍陳如) 등을 제도(濟度)한 인연

부처님께서 왕사성에 계시면서 설법하시어 아야교진여를 제도하실 때, 석제환인과 빈바사라왕(頻婆莎羅王)은 각기 8만 4천 무리를 데리고 와서 모두 도를 얻었다.

비구들은 이상히 여겨 여쭈었다. "어떻게 그 많은 사람이 모두 세 가지 나쁜 길에서 구제되었습니까?"

부처님께서 말씀하셨다. "지금만이 아니다. 옛날에도 나는 그들을 구제하였느니라."

비구들은 아뢰었다. "옛날에 구제하신 그 일은 어떠하셨습니까?"

부처님께서 말씀하셨다. "옛날 여러 상인(商人)들이 바다에 들어가 보배를 캐어 돌아오는 도중에 큰 광야에서 뱀 한 마리를 만났는데, 그 몸의 높이는 6구루사(拘樓舍)로 상인들의 주위를 빙 두르고 있어서 드나들 곳이 없었다. 그때 상인들은 너무 놀라고 두려워 외쳤다. '천신(天神)과 지신(地神)이시여, 자비(慈悲)가 있으면 우리들을 구제(救濟)하여 주십시오.'

어떤 흰 코끼리가 사자와 짝이 되었는데, 그 사자가 뛰어가서 뱀의 대가리를 부수어 상인들을 그 어려움에서 벗어나게 하였다. 그때 뱀은 입으로 독기를 뿜어 사자와 흰 코끼리를 해쳤으나 아직 목숨은 끊어지지 않았다.

상인(商人)은 그들에게 말하였다. '너희들은 우리를 구제하여 주었다. 소원이 무엇인가?'

그들은 대답하였다. '오직 부처가 되어 모든 사람들을 구제하려 한다.'

상인들은 말하였다. '만일 너희들이 부처가 되면 우리가 제일 먼저 그 법을 듣고 도를 얻기를 원한다.' 사자와 흰 코끼리는 목숨을 마치고, 상인들은 그들을 화장하여 그 뼈로 탑을 세웠느니라."

부처님께서는 이어 말씀하셨다. "알고 싶은가? 그때의 사자는 바로 지금의 내 몸이요, 흰 코끼리는 저 사리불이며, 장사 주인들은 교진여와 제석과 빈바사라왕이요, 그때의 여러 상인들은 지금의 저 도를 얻은 하늘들이니라."

75. 차마(差摩)가 눈을 앓다가
삼보(三寶)에 귀의하여 눈이 깨끗하게 된 인연

이와 같이 내가 들었다.

어느 때 부처님께서는 석씨(釋氏) 동산에 계셨다. 그때 차두성(車頭城) 안에 차마(差摩)라는 석씨 종족이 있었다. 그는 부처님을 깨끗이 믿고 법과 스님들을 깨끗이 믿어 부처님께 귀의하고 법과 스님들께 귀의하였다. 또 한결같이 부처님을 향하였고, 한결같이 법과 스님들을 향하였다. 부처님에 대하여 의심(疑心)이 없고 법과 스님들에 대하여 의심이 없었다. 그리고 괴로움의 진리에 대하여 의심(疑心)이 없고, 괴로움의 원인과 사라짐과 사라지는 길에 대하여 의심(疑心)이 없었다.

그리하여 도를 보는 자리에 이르러 도의 결과를 얻어 마치 수다원이 일을 알고 보는 것처럼, 그도 모두 알고 보아 삼보리(三菩提)에 있어서 기한을 지내지 않고 결정코 그것을 얻게 되어 있었다. 그러나 차마는 눈병을 앓았기 때문에 갖가지 빛깔이 있지마는 그것을 볼 수 없었다. 그는 항상 부처님을 생각하였다. '눈을 주는 자에게 귀의(歸依)합니다. 밝음을 주는 이, 어둠을 없애는 이, 횟불을 잡는 이에게 귀의(歸依)하며, 바가바(婆伽婆:부처님)께 귀의하

고, 선서(善逝)께 귀의(歸依)합니다.'

부처님께서는 사람 귀보다 뛰어난 깨끗한 하늘 귀[天耳]로 그 음성을 듣고 아난에게 말씀하셨다. "너는 지금 가서 글귀로써 차마를 옹호하여 그를 구제하고 지키고 돌보아 재앙(災殃)을 없애 주고, 또 네 무리를 위해 이익을 주어 편하고 즐겁게 살도록 하라."

그때 부처님께서는 차마를 위하여 눈을 깨끗이 하는 수다라(修多羅)인 '다절타(多折他) 시리(施利) 미리(彌利) 기리(棄利) 혜혜다(醯醯多)'를 말씀하시고, 이 눈을 깨끗이 하는 주문으로 차마의 눈을 깨끗이 하여 그 눈의 막(膜)을 없애게 하셨다.

"바람 눈병이나 더위 눈병, 추위 눈병이나 혹은 등분(等分) 눈병이라도, 타지 않고 지지지 않으며, 곪지 않고 아프지 않으며, 가렵지 않고 눈물이 흐르지 않을 것이다.

이것은 계율(戒律)의 알맹이요 고행(苦行)의 알맹이며, 시선의 알맹이요 하늘의 알맹이며, 약(藥)의 알맹이요 주문의 알맹이며, 인연의 알맹이요 괴로움의 알맹이며, 그 원인의 알맹이요 사라지는 알맹이며, 길의 알맹이요 아라한의 알맹이며, 벽지불의 알맹이요 보살의 알맹이다.

이와 같이 차마의 이름을 일컫고 다른 사람도 그와 같이 그 이름을 일컬으면 눈이 깨끗하게 될 것이요, 눈이 깨끗하게 된 뒤에는 어둠이 없어지고 그 막이 없어질 것이다.

바람 눈병이나 더위 눈병, 추위 눈병이나 혹은 등분 눈병이라도 타지 않고 지지지 않으며, 곪지 않고 아프지 않으며, 가렵지 않고 눈물을 흘리지 않을 것이다.

아난이여, 이런 글귀는 과거 여섯 부처님도 말씀하셨고, 지금 일곱째인 나도 말하며, 사천왕과 제석도 말하고, 범천왕과 범천의 무리들도 모두 따라 기뻐하는 것이다.

아난이여, 하늘이나 사람·악마·범·사문이나 바라문이 이

글귀를 세 번 말하면, 그 눈의 가림이나 어둠·막·곪음·눈푸름이나 혹은 눈물이 흐르는 따위의 병으로서, 그 병을 하늘이 내었거나, 용·약사·아수라·구반다(究槃茶)·아귀·비사(毘舍)가 내었거나, 혹은 독기·나쁜 주문·벌레·비타라(毘陀羅) 주문·나쁜 별이나 혹은 여러 별들이 내었더라도 그것은 모두 나을 것이다."

아난은 곧 그 집으로 가서 차마를 위하여 그 주문을 세 번 외웠다. 그 눈은 본래와 같이 깨끗하게 되어 모든 빛깔을 보게 되었다. 또 그 주문(呪文)으로 사람의 성명을 일컫자, 차마에게서와 같이 어둠이 없어지고, 막과 바람·더위·추위 및 등분이 없어져 타지 않고 지지지 않으며, 곪지 않고 아프지 않으며, 가렵지 않고 눈물이 흐르지 않았다.

"바가바께 귀의(歸依)하며 타아가타(陀阿伽陀)·아라하(阿羅呵)·삼먁삼불타(三藐三佛陀)께 귀의(歸依)합니다."

보살은 이 신비로운 주문의 글귀로써 모든 중생들을 잘 성취하게 하였다. 여러 범천들은 모두 따라 기뻐하면서 말하였다.

"사바하[娑呵]."

76. 일곱 가지 보시(布施)의 인연

부처님께서 말씀하셨다.

"일곱 가지 보시(布施)가 있으니, 그것은 재물의 손해가 없이 큰 과보를 얻는다.

첫째는 눈의 보시니, 언제나 좋은 눈으로 부모·스승·사문·바라문을 대하고, 나쁜 눈으로 대하지 않는 것을 눈의 보시(布

施)라 한다. 그는 몸을 버리더라도 몸을 받아 청정한 눈을 얻고, 미래에 부처가 되어서는 하늘눈[天眼]이나 부처눈[佛眼]을 얻을 것이니, 이것을 첫째 과보라 하느니라.

둘째는 온화한 얼굴과 즐거운 낯빛의 보시이니, 부모·스승·사문·바라문에게 찌푸린 얼굴로 대하지 않는 것이다. 그는 몸을 버리더라도 다시 몸을 받아 단정한 얼굴을 얻고, 미래에 부처가 되어서는 순금색의 몸이 된다. 이것을 둘째 과보라 하느니라.

셋째는 말씨의 보시이니, 부모·스승·사문·바라문에 대하여 부드러운 말을 쓰고 추악한 말을 쓰지 않는 것이다. 그는 몸을 버리더라도 다시 몸을 받아 변재를 얻고, 그가 하는 말은 남이 믿고 받아 주며, 미래에 부처가 되어서는 네 가지 변재를 얻는다. 이것을 셋째 과보라 하느니라.

넷째는 몸의 보시이니, 부모·스승·사문·바라문을 보면 일어나 맞이하여 예배하는 것이다. 이것을 몸의 보시라 한다. 그는 몸을 버리더라도 다시 단정하고 장대하며 남의 공경을 받는 몸을 얻고, 미래에 부처가 되어서는 몸이 니구타(尼拘陀) 나무와 같아서 그 정수리를 보는 이가 없을 것이니, 이것을 넷째 과보라 하느니라.

다섯째는 마음의 보시(布施)이니, 위에 말한 바와 같은 일로써 공양하더라도 마음이 화하고 착하지 못하면 보시라고 할 수 없다. 착하고 화한 마음으로 정성껏 공양하는 것이 마음의 보시이다. 그는 몸을 버리더라도 다시 몸을 받아 밝고 분명한 마음을 얻어 어리석지 않고, 미래에 부처가 되어서 일체를 낱낱이 아는 지혜를 얻을 것이니, 이것을 다섯째 과보라 하느니라.

여섯째는 자리의 보시(布施)이니, 만일 부모·스승·사문·바라문을 보면 자리를 펴 앉게 하고, 나아가서는 자기가 앉은 자리에 앉게 하는 것이다. 그는 몸을 버리더라도 다시 몸을 받아 항상 일곱 가지 보배로 된 존귀한 자리를 얻을 것이요, 미래에 부처가 되어서는 사자법좌(師子法座)를 얻을 것이다. 이것을 여섯째 과보라 하느니라.

일곱째는 방이나 집의 보시(布施)이니, 부모·스승·사문·바라문으로 하여금 집안에서 다니고 서며 앉고 눕게 하는 것이다. 이것을 방이나 집의 보시라 한다. 그는 몸을 버리더라도 다시 몸을 받아 저절로 궁전이나 집을 얻고 미래에 부처가 되어서도 온갖 선실(禪室)을 얻을 것이니, 이것을 일곱째 과보라 하느니라.

이 일곱 가지 보시(布施)는 재물(財物)의 손해(損害)가 없이 큰 과보를 얻느니라."

77. 가보왕국(迦步王國)에 가뭄이 들었을 때
부처님을 목욕시켜 비를 얻은 인연

비록 조그마한 선(善)이라도 좋은 복(福)밭에 심으면 뒤에는 반드시 갚음을 얻을 것이다.

먼 옛날 한량없고 가없는 아승기 겁 전에 가보(迦步)라는 왕이 있어 염부제 안의 8만 4천 나라를 거느리고 있었다. 그 왕에게는 2만 부인이 있었지마는 자식이 없어 여러 해 동안 신(神)에게 기도(祈禱)하였다. 큰 부인이 태자를 낳아 이름을 전단(栴檀)이라 하였다. 그는 전륜왕이 되어 4천하를 거느리고 있었지마는 악을 싫어하여 집을 떠나 바른 깨달음을 이루게 되었다.

그때 그 나라의 상쟁이들은 모두 말하였다. "12년 동안 큰 가뭄이 들 것인데, 어떤 방법으로 이 재앙(災殃)을 물리치겠는가?"

그들은 서로 의논하였다. "우리가 지금 금 항아리를 만들어 저자에 두고, 거기에 향수를 가득 채워 부처님을 목욕시키고, 뒤에 그 향수를 사방에 널리 펴 탑(塔)을 세우면, 저 재앙(災殃)을 없앨 수 있을 것이다."

그들은 곧 부처님을 청하여 향수(香水)에 목욕(沐浴)시키고, 그 향수를 8만 4천 보배 병(甁)에 갈라 넣어 8만 4천 나라에 나누어 주고, 모두 탑을 세워 공양하여 복을 짓게 하였다. 그리하여 탑을 만들어 복을 지은 인연으로 하늘에서 큰 비가 내려 오곡(五穀)이 풍성하고 인민이 안락하였다. 그때 어떤 사람이 그 탑을 보고 마음으로 기뻐하여 한 줌 꽃을 그 탑 위에 흩고 매우 좋은 과보를 얻었다.

부처님께서 말씀하셨다. "내가 천안(天眼)으로 먼 옛날을 관찰하여 보니, 전단부처님의 향수 탑에서 교화를 받은 이는 모두 오랜 뒤에 부처가 되어 열반(涅槃)에 들었었다.

그리고 한 줌 꽃을 보시(布施)한 사람은 바로 이 몸으로, 나는 옛날 그런 인연이 있었기 때문에 그 뒤에 스스로 부처가 된 것이다. 그러므로 수행하는 사람은 정성된 마음으로 온갖 공덕을 짓되, 조그만 선이라도 업신여기는 생각을 내지 않아야 하느니라."

78. 장자(長者)가 사리불과
마하라(摩訶羅)를 청한 인연(因緣)

옛날 사위성 안에 큰 장자(長者)가 있었다. 그 집은 큰 부자로서 재보(財寶)가 한량없었다. 그래서 차례로 사문을 집으로 청하여 공양하였다. 그때 차례는 사리불과 마하라(摩訶羅)였다. 그들이 장자의 집에 가자, 장자는 그들을 보고 매우 기뻐하였다. 마침 그날 바다에 들어갔던 장자의 상인들은 많은 보배를 얻어 무사히 집으로 돌아왔고, 또 국왕(國王)은 촌락을 떼어 장자에게 봉해 주었으며, 그 부인은 아기를 배어 아들을 낳았기 때문에 여러 가지 경사가 한꺼번에 모여들었다.

사리불 등은 그 집에 들어가 장자의 공양을 받았다. 공양이 끝나자 장자는 물을 돌리고, 존자 앞에다 조그만 자리를 펴고 앉았다.

사리불은 축원하였다. "오늘은 좋은 때에 좋은 갚음을 받아 재물의 이익과 즐거운 일이 모두 모여 마음이 기쁘고 즐거울 것이니, 신심(信心)을 내어 부처님을 늘 생각하면, 오늘처럼 뒤에도 그럴 것이다."

그때 장자는 이 축원을 듣고 매우 기뻐하여 훌륭하고 묘한 천 두 필을 사리불에게 보시하고 마하라에게는 주지 않았다.

그래서 마하라는 절로 돌아왔으나, 섭섭하고 슬픈 마음으로 이렇게 생각하였다. '지금 사리불이 그 보시를 얻은 것은 그 축원이 장자의 마음에 들었기 때문이다. 나도 그 축원을 구해야 하겠다.'

그리하여 사리불에게 말하였다. "아까 그 축원(祝願)을 내게 주십시오."

사리불은 대답하였다. "그 축원은 항상 쓸 것이 아닙니다. 쓸 때가 있고 쓰지 않을 때가 있습니다."

그러나 마하라는 간절히 청하였다. "그것을 꼭 내게 주십시오."

사리불은 그 뜻을 차마 거절할 수 없어 그 축원(祝願)을 주었다. 그는 축원을 받아 읽고 외워 아주 익히 통하였다. 그리하여

생각하였다. '언제 또 내 차례가 되어 상좌로서 이 축원을 외우게 될 것인가?'

마침 차례가 되어 그는 장자 집에 가서 상좌가 되었다. 그때 그 장자 집 상인들은 바다에 들어갔다가 보배를 잃어버렸다. 게다가 장자의 부인도 관가의 일에 걸렸고, 또 아이도 죽었다. 그런데 마하라는 그 축원 그대로 말하였다. "뒤에도 항상 그러하리라."

그때 장자(長者)는 그 말을 듣고 매우 화를 내어 그를 때리면서 문 밖으로 쫓아버렸다. 그는 매를 맞고 괴로워하면서 자신도 모르게 왕의 깨밭에 들어갔다가 깨를 밟아 모종이 모두 부러졌다. 깨밭지기는 화를 내어 채찍으로 그를 때려 그는 심한 괴로움과 욕을 보았다. 그는 거듭 매를 맞고 깨밭지기에게 물었다. "내게 무슨 허물이 있기에 그처럼 때리는가?" 깨밭지기는 그가 깨를 밟은 상황을 자세히 말하고, 그 이유를 보여 주었다.

그는 다시 걸어 몇 리를 가기 전에 어떤 사람이 보리를 베어 쌓아 둔 보리 무더기를 만났다. 그때 그 고장 풍속에는 그 무더기를 오른쪽으로 돌면 음식을 차려 놓고 풍년을 빌지마는, 만일 왼쪽으로 돌면 불길하다고 되어 있었다. 마하라는 그 무더기를 왼쪽으로 돌았다. 주인(主人)은 화를 내어 또 몽둥이로 그를 때렸다. 그는 물었다. "내게 무슨 죄(罪)가 있기에 함부로 몽둥이로 때리는가?"

주인은 대답하였다. "너는 왜 보리 무더기를 오른쪽으로 돌면서 '많이 들어오라'고 축원(祝願)하지 않는가? 우리 법을 어겼기 때문에 너를 때려 그 이유를 보인 것이다."

그는 또 얼마를 가다가 어떤 장사(葬事) 지내는 것을 만나 무덤 구덩이를 오른쪽으로 돌면서 아까 보리 무더기에서와 같이 축원하였다. "많이 들어오라, 많이 들어오라."

상주(喪主)는 화를 내어 그를 때리면서 말하였다. "너는 죽은 사람을 보았으면 가엾이 여겨 지금부터 다시는 이러지 말라고 말해야 할 것이 아닌가? 그런데 왜 도리어 '많이 들어오라, 많이 들어오라'라고 말하는가?"

마하라는 말하였다. "지금부터는 당신 말대로 하겠습니다."

또 얼마를 가다가 그는 어떤 결혼(結婚)하는 것을 보고 저 상주가 가르친 말 그대로 하였다. "지금부터는 다시 이러지 말라." 결혼하는 사람은 화를 내어 또 매를 때려 머리가 부서지게까지 되었다.

그는 매를 맞고 미친 듯 달려 얼마를 가다가 어떤 기러기잡이를 만났다. 그는 놀라고 두려웠기 때문에 그의 그물에 부딪쳤다. 그래서 기러기들이 모두 놀라 흩어졌다. 사냥꾼은 화(禍)를 내어 막대기로 때렸다. 그때 마하라는 매를 맞고 몹시 피로해 사냥꾼에게 말하였다. "나는 곧은 길로 걸어가다가 여러 번 미끄러져 정신이 어지럽고 걸음이 경솔하여 당신 그물에 부딪쳤습니다. 너그러이 생각하고 놓아 주어 이 길을 가도록 하십시오."

사냥꾼은 대답하였다. "너는 차분하지 못하고 허둥거렸기 때문에 그렇게 된 것이다. 왜 천천히 기어가지 않는가?"

그는 다시 출발(出發)해 사냥꾼의 말대로 기어가다가 도중에 빨래하는 사람을 만났다. 그 사람은 그가 엎드려 기어오는 것을 보자 옷을 훔칠 것이라 생각하고, 또 그를 잡아 막대기로 때렸다. 마하라는 곤란(困難)을 만나 다급해지자 위의 사실을 자세히 말하고 놓여나게 되었다.

그는 기원정사(祇洹精舍)로 가서 여러 비구들에게 말하였다. "나는 전날의 사리불의 축원을 외웠다가 큰 봉변을 당했다. 매를 맞아 몸이 부서지고 거의 목숨을 잃을 뻔하였다."

비구들은 그를 데리고 부처님께 나아가 그가 매를 맞은 유래를 자세히 아뢰었다.

부처님께서 말씀하셨다. "그 마하라는 지금만 그런 일이 있은 것이 아니다. 옛날 어떤 국왕의 딸이 병에 걸리자 태사(太史)가 점을 치고는, '무덤 사이로 가서 병을 제거하라'고 하였다. 그때 그 왕녀는 시종을 데리고 무덤 사이로 갔는데, 길을 가던 어떤 두 상인(商人)이 왕녀의 시종(侍從)이 엄한 것을 보고 겁을 내어 무덤 사이로 달아났다. 그 한 사람은 왕녀의 시종들에게 귀와 코를 베이었고, 또 한 사람은 놀라고 두려워 급히 시체들 속에 엎드려 거짓으로 죽은 체하였다. 그때 왕녀는 금시 죽어 아직 살이 문드러지지 않은 시체를 골라서 그 위에 앉아 목욕을 함으로써 앓고 있는 병을 고치고자 하였다.

그래서 사람을 보내어 살펴보다가 마침 그 상인을 만나 손을 대어 보니, 그 몸이 아직 따뜻하였다. 그래서 금시 죽은 것이라 생각하고 겨자가루를 몸에 바르고는 그 위에서 목욕하였다. 겨자가루의 매운 기운이 상인의 코에 들어갔다. 상인은 아무리 참으려 하였으나 견딜 수가 없어 그만 크게 재채기를 하고 벌떡 일어났다.

그때 시종들은 그를 송장 귀신(鬼神)이라 생각하고, 어떤 재앙이나 주지 않을까 하여 문을 닫고 버티었다. 왕녀도 급히 붙들고 놓지 않았다. 그때 상인은 사실대로 말하였다. '나는 실은 귀신이 아닙니다.'

그러자 왕녀(王女)는 그를 데리고 성으로 가서 성문을 열라 하고, 그 사실을 자세히 아뢰었다. 그러나 부왕은 그 말을 듣고도 믿지 않고, 무장을 한 채 성문을 열고 나가 보고는 비로소 귀신이 아님을 알았다. 그때 그 부왕은 '여자의 몸은 두 번 드러내는 것이 아니다' 하고, 딸을 아내로 주었다. 상인은 매우 기뻐하였고, 그 경사는 한량이 없었다."

부처님께서는 이어 말씀하셨다. "그때 왕녀를 얻은 그 상인은 바로 저 사리불이요, 귀와 코를 베인 이는 바로 저 마하라이다.

그는 오늘만이 아니라 전생(前生)의 인연도 그와 같았느니라.

그러므로 비구들이여, 지금부터 설법하고, 축원하려 하거든 부디 그 적당한 때를 알아야 한다. 그리고 보시와 계율과 인욕과 정진과 선정과 지혜를 닦아 익히고, 근심하고 슬퍼하며 기뻐하고 즐기는 것도, 그때의 적당하고 적당하지 않음을 알아 함부로 말하지 않아야 하느니라."

잡보장경 제7권

79. 바라문이 여의주를 부처님께 보시(布施)하고 도를 얻은 인연

부처님께서는 사위국에 계셨다. 그때 남천축의 어떤 바라문은 여의주(如意珠)를 잘 감별하였다. 그는 여의주 하나를 가지고 남천축에서 동천축으로 가서 여러 나라를 돌아다녔으나, 아무도 그것을 감별하는 이가 없었다. 마침내는 사위국의 바사닉왕에게 가서 말하였다.

"누가 능히 이 구슬을 감별하여 알겠는가?"

바사닉왕은 여러 신하들과 모든 지혜로운 이를 모아 보았지마는 그것을 아는 이가 없었다. 바사닉왕은 그와 함께 부처님께로 갔다.

부처님께서는 그 바라문에게 말씀하셨다. "너는 이 구슬 이름을 아는가, 이 구슬이 난 곳을 아는가, 이 구슬의 능력(能力)을 아는가?"

그는 대답하였다. "모르겠습니다."

부처님께서는 말씀하셨다. "이 구슬은 마갈(摩竭)이라는 큰 고기 뇌수에서 나왔는데, 그 고기의 몸 길이는 28만 리요, 구슬 이름은 금강견(金剛堅)이다.

첫째 능력(能)은 어떤 독기에 쏘인 사람도 그것을 보면 그 독기가 사라지고 그 빛을 보거나 몸에 닿아도 독기가 사라지는 것이다.

둘째 능력(能力)은 열병(熱病) 든 사람이 그것을 보면 곧 낫고, 그 빛이 몸에 닿아도 병이 낫는 것이다.

셋째 능력은 어떤 사람이 한량없는 백천 사람의 원수를 가졌더라도 그 구슬만 가지고 있으면 모두 친하게 되는 것이니라."

바라문은 이 말씀을 듣고 매우 기뻐하면서 말하였다. "부처님께서는 참으로 일체 지혜를 가지신 어른이시다." 그리고는 곧 그 구슬을 부처님께 바쳤다. 그리고 중이 되기를 청하였다.

부처님께서는 말씀하셨다. "잘 왔구나, 비구여."

그러자 그의 수염과 머리털은 저절로 떨어지고 법복이 몸에 입혀졌다. 부처님께서 그를 위해 설법하시니 그는 이내 아라한(阿羅漢)이 되었다.

비구들은 아뢰었다. "부처님께서 그 구슬을 잘 감별하시고, 또 설법하시어 그로 하여금 도를 얻게 하십니다."

부처님께서 말씀하셨다. "오늘만이 아니다. 과거(過去)에도 그러하였다.

옛날 가시국의 선인산(仙人山)에 다섯 가지 신통을 가진 선인이 있었다. 어떤 바라문이 나뭇잎 하나를 가지고 가서 선인에게 물었다. '이것은 무슨 나무 잎인가?'

선인은 대답하였다. '이 나무 이름은 금정(金頂)인데, 어떤 사람이 독에 쏘여 거의 죽게 되었더라도 이 나무 밑에 앉으면 그 독이 곧 사라지고, 열병 든 사람이 이 나무에 기대면 그 병이 곧 낫는다. 또 이 나뭇잎을 그 사람 몸에 대면, 어떤 독기나 열병도 모두 낫게 된다.'

바라문은 기뻐하여 선인의 제자가 되어 법을 배우고, 또 다섯 가지 신통을 얻기를 청하였다.

　　비구들이여, 그때 나뭇잎을 가진 바라문은 바로 지금의 이 바라문이다. 나는 그때에도 그를 가르쳐 5신통을 얻게 하고, 지금도 생사(生死)의 어려움을 면하여 아라한이 되게 하였느니라."

80. 십력가섭(十力迦葉)이 진실한 말로 부처님 발의 피를 멎게 한 인연

　　어느 날 부처님께서는 가타라(迦陀羅) 나무 가시에 발이 찔렸다. 피가 흘러 멎지 않아 온갖 약을 발라도 낫지 않았다. 그리고 여러 아라한들이 향산(香山)에서 약을 캐어 와 발라도 낫지 않았다.

　　그때 십력가섭이 부처님께 나아가 이렇게 말하였다. "만일 부처님께서 라후라(羅睺羅)와 제바달다를 대하는 것과 조금도 다름없이 일체 중생을 평등한 마음으로 대하신다면 발의 피가 멎을 것입니다." 그러자 피가 곧 멎고 딱지도 완전히 떨어졌다.

　　비구들은 찬탄하였다. "온갖 묘한 약을 다 써도 피가 멎지 않더니 가섭의 진실한 말에 피가 곧 멎었다."

　　부처님께서 말씀하셨다. "그것은 오늘만이 아니다. 과거에도 그러하였느니라.

　　옛날 어떤 바라문이 아들을 낳아 이름을 무해(無害)라 하였는데, 무해는 그 아버지께 말하였다. '밭에 다닐 때에도 중생(衆生)을 해치지 마십시오.'

　　아버지는 말하였다. '너는 신선(神仙)이 되려는가? 살아가려면 어떻게 벌레를 죽이지 않을 수 있겠는가?'

아들은 말하였다. '저는 현세(現世)에도 안락하고 후세(後世)에도 안락하고 싶습니다. 제 말을 들어 주지 않으신다면 이렇게 살겠습니다.' 그리고는 곧 독룡(毒龍)이 사는 우물가에 앉아 죽으려고 하였다. 세상에는 독룡이 있어서 그것을 보면 곧 사람을 해친다. 그때 바라문의 아들은 용을 보았다. 그러자 용의 독기가 그의 온몸에 퍼져 거의 죽게 되었다.

그때 아버지는, 아들이 간 곳을 몰라 몹시 근심하며 찾다가 아들이 죽으려는 것을 보고, 그에게 가서 말하였다. '지금까지 내 아들에게 해치려는 마음이 없었다면 이 독기는 사라질 것이다.' 이렇게 말하자, 독기가 곧 사라져 본래처럼 회복되었다.

그때의 그 아버지는 바로 저 십력가섭이요, 아들은 바로 내 몸이었다. 저 가섭은 지나간 세상에서도 진실한 말로 내 병을 고쳤고, 이 현세에서도 진실한 말로써 내 병을 고친 것이다."

81. 부처님께서 보리수 밑에 계실 때
마왕(魔王) 파순(波旬)이 부처님을 괴롭힌 인연

옛날 부처님께서 보리수 밑에 계실 때 악마 파순(波旬)은 80억 무리를 거느리고 와서 부처님의 도를 부수려고 이렇게 말하였다. "구담이여, 너는 왜 혼자 여기 앉아 있는가? 빨리 일어나 떠나라. 만일 떠나지 않으면 나는 네 다리를 잡아 바다 밖에 던져 버리리라."

부처님께서 말씀하셨다. "나는 세상을 보는데, 아무도 나를 바다 밖으로 던질 사람이 없다. 너는 전생(前生)에 절 하나를 짓고 하루 동안 여덟 가지 계율(戒律)을 지키면서 벽지불에게 한 발우의 밥을 주었기 때문에 여섯째 하늘에 나서 큰 악마(惡魔)의 왕이 되었다.

그러나 나는 세 아승기 겁 동안 널리 공덕을 닦았다. 즉, 첫 아승기겁에서도 한량없는 부처님을 공양하였고, 둘째, 셋째 아승기겁에서도 그리하였다. 그리고 성문과 연각을 공양한 것은 이루 다 헤아릴 수가 없다. 그러므로 **이 온 땅덩이는 바늘만큼도 내 몸의 뼈가 아닌 것이 없느니라.**"

악마(惡魔)는 말하였다. "구담이여, 내가 옛날에 하루 동안 계율을 가지면서 벽지불에게 밥을 주었다는 네 말은 참말이다. 나도 그것을 안다. 너는 나를 아는구나. 그러나 네가 그렇게 말하지마는 그것을 누가 증명해 알겠는가?"

부처님께서는 곧 손으로 땅을 가리키면서 말씀하셨다. "이 땅이 나를 증명할 것이다."

이렇게 말씀하실 때 온 땅덩이가 여섯 가지로 진동하고, 지신(地神)이 금강제(金剛際)에서 나와 합장하고 부처님께 아뢰었다. "제가 증명하겠습니다. 이 땅이 생길 때부터 저는 항상 그 속에 있었습니다. 부처님의 말씀은 진실이요, 거짓이 아닙니다."

부처님께서는 파순에게 말씀하셨다. "너는 지금 먼저 이 물병을 움직여 보고 그 다음에 나를 바다 밖으로 던져라."

그때 파순과 80억 무리들은 아무리 하여도 그것을 움직일 수 없었다. 그리하여 그들은 당황하여 어쩔 줄 모르다가 모두 무너져 별처럼 흩어졌다.

비구들은 아뢰었다. "파순은 언제나 부처님을 괴롭히려 하지마는 이기지 못합니다."

부처님께서는 말씀하셨다. "그것은 지금만이 아니라 과거에도 그러하였느니라.

옛날 가시국의 선인산에 5신통을 가진 선인이 있었는데, 바라내성 안의 젊은이들을 교화하여 모두 집을 나와 선인의 도를 닦게 하였다. 그때 그 성의 신(神)이 매우 화를 내어 선인에게 말하였다. '만일 네가 또 성에 들어와 사람들을 제도하면, 나는 네 다리를 잡아 바다밖에 던져 버리리라.'

그 선인은 물병 하나를 들고 성의 신에게 말하였다. '먼저 이 물병을 움직여 본 뒤에 나를 던져라.'

그는 신력(神力)을 다했으나 움직여 보지 못하고 부끄러워하면서 항복하였다. 그때의 그 선인은 바로 내 몸이요, 그 성의 신(神)은 바로 파순이니라."

82. 부처님께서 비구들을 위하여 이양(利養)5)의 화됨을 말씀하신 인연

그때 부처님께서는 사위국에 계시면서 이양을 싫어하고 근심하셨다. 한 깊은 숲이 있었는데, 이름이 탐장엄(貪莊嚴)이었다. 부처님께서는 이양을 피하여 그 숲으로 가셨다. 숲에는 절이 있고 나익가(那弋迦)라는 아라한이 그 절 주지였다. 부처님께서는 그 숲으로 가셨다. 한낮이 되자 가사를 가지고 공양하는 사람이 숲속에 가득 찼다. 그들은 '우리는 이양을 바라지 않는데, 이양은 항상 우리 뒤를 따른다'고 하였다. 다시 1만 2천 비구도 거기 왔다.

부처님께서는 그 비구들에게 말씀하셨다. "이양이란 큰 재해로서 장애가 된다. 나아가서는 아라한까지도 이양의 장애를 받느

---

5) 재리를 탐하며 자기를 자양하려는 것. 또는 재물 공양.

잡보장경 제7권

니라."

비구들은 아뢰었다. "어떤 장애(障碍)가 됩니까?"

부처님께서는 말씀하셨다. "이양의 해는 가죽을 찢고 살을 찢으며, 뼈를 부수고 골수를 부순다. 어떤 것을 찢고 부수는가? 계율(戒律)을 가지는 이의 가죽을 찢고, 선정(禪定) 닦는 이의 살을 찢으며, 지혜(智慧)로운 이의 뼈와 미묘하고 착한 마음의 골수를 부수느니라."

1만 2천 비구들은 모두 세 가지 옷과 여섯 가지 물건만 가지고 아련야의 생활을 하면서 다른 물건은 받지 않았다.

부처님께서는 찬탄하셨다. "착하고 착하다. 너희들은 아련야의 법을 잘 지키는구나.

그것은 욕심이 적은 법이요, 욕심이 많은 법이 아니다.

그것은 만족할 줄 아는 법이요, 만족할 줄 모르는 법이 아니다.

그것은 한적한 것을 즐겨 하는 법이요, 시끄러움을 즐겨 하는 법이 아니다.

그것은 노력하는 법이요, 게으른 법이 아니다.

그것은 바르게 생각하는 법이요, 삿되게 생각하는 법이 아니다.

그것은 안정한 마음의 법이요, 산란한 마음의 법이 아니다.

그것은 지혜의 법이요, 어리석음의 법이 아니니라."

비구들은 이 말씀을 듣고 모두 아라한이 되었다.

비구들은 부처님께 아뢰었다. "참으로 드문 일입니다, 세존이시여."

부처님께서는 말씀하셨다. "그것은 오늘만이 아니라 과거에도 그러하였느니라.

옛날 가시국에 야차라는 재상이 있었고, 야차의 아들은 이름이 야아달다(夜兒達多)였다. 그는 세상의 덧없음을 깊이 깨닫고 집을 떠나 신선을 배웠다. 그런데 여러 신선(神仙)들은 욕심(慾心)이 많아 모두 과실과 풀을 가지고 서로 다투었다. 그는 그들에게 욕심이 적은 것을 가르치기 위해 부드러운 풀을 버리고 거친 풀을 가지며, 맛난 과실을 버리고 쓴 과실을 가지며, 새로운 과실을 버리고 묵은 과실을 취하였다. 이렇게 과실을 버리고 가지고 한 뒤에는 곧 5신통을 얻었다. 1만 2천 선인은 그가 그렇게 하는 것을 보고 욕심이 적은 것을 배워 다시는 많이 구하지 않고, 또 5신통을 얻었다.

그리하여 야아달다는 차츰 방편을 써서 여러 선인들을 교화하다가 목숨을 마친 뒤에는 불용처(不用處)에 났느니라. 그때의 야아달다는 바로 내 몸이요, 1만 2천 선인들은 바로 지금의 1만 2천의 비구들이었느니라."

83. 도둑이 피살될 때 멀리서 부처님을 뵙고 기뻐함으로써 하늘에 난 인연

그때 사위국의 바사닉왕은 북을 치고 영을 내렸다. "누구든지 도적을 붙들면 죽여라."

때마침 어떤 사람이 도적을 끌고 왕에게 왔다. 왕은 사람을 시켜 끌고 나가 죽이게 하였다. 그는 마침 성 밖의 길에서 부처님을 만나 뵙고 마음으로 기뻐하고, 형장에 나가 왕의 법을 따라 죽었지마는 곧 천상에 나게 되었다.

그는 자기가 죽으려 할 때 부처님을 뵙고 기뻐하였기 때문에 목숨을 마친 뒤에 천상에 난 것을 알고, 부처님의 은덕(恩德)을 느끼고 내려와서 부처님을 공양하였다. 부처님께서 그를 위해 설법 하시니, 그는 수다원을 얻었다.

비구들은 아뢰었다. "그는 어떤 업(業)의 인연으로 하늘궁전에 나게 되었습니까?"

부처님께서 말씀하셨다. "그는 옛날 왕에게 죽게 되었을 때 여래를 보고 기뻐하였다. 그 좋은 인으로 말미암아 저 하늘궁전에 났고 또 내게서 법을 듣고 깨달아 수다원을 얻었느니라."

84. 손발을 베인 사람이 부처님의 은혜를 생각하고 하늘에 나게 된 인연

옛날 사위국의 어떤 사람이 나라의 법을 범하고 그 손발을 베이어 길에 버려져 있었다. 부처님께서 가시다가 그것을 보고 곁 에 가서 물으셨다. "너는 지금 무엇이 가장 괴로운가?"

그는 대답하였다. "저는 배고픈 것이 가장 괴롭습니다."

부처님께서 곧 아라한에게 분부하여 그에게 밥을 주게 하였 다. 그는 목숨을 마치고 천상에 나게 되어 부처님의 두터운 은혜 를 생각하고, 하늘에서 내려와 부처님을 공양하였다. 부처님께서 그를 위해 설법하시니 그는 수다원을 얻었다.

비구들은 여쭈었다. "그는 어떤 업으로 천상에 나게 되었습니 까?"

부처님께서 말씀하셨다. "그는 옛날 인간(人間)에 있을 때 손 발을 베이어 길에 던져져 있었는데, 내가 거기 가서 밥을 주라고 아난에게 분부하였었다. 그는 마음으로 기뻐하여 목숨을 마친 뒤에는 천상에 났고, 또 내게서 법을 듣고 도를 얻었느니라."

85. 장자가 좋은 꿀장[蜜漿]을 나그네에게 공양하고 하늘에 난 인연

옛날 사위국의 어떤 장자가 기원숲(祇洹林)의 빈 땅을 구하여 집을 지으려 하였으나 수달 장자가 이미 차지하였기 때문에 빈 땅이 없었다. 그래서 그는 기원정사(祇洹精舍)의 대문 안에서 좋고 깨끗한 물을 사용하고 갖가지 꿀과 갖가지 보릿가루로 장을 만들어 모든 나그네들에게 주었다.

90일 뒤에 부처님도 그것을 받았다. 그는 목숨을 마치고 천상에 나서 큰 위엄과 덕으로 하늘궁전을 타고 내려와서 부처님께 공양하였다. 부처님께서 그를 위해 설법하시니, 그는 수다원을 얻었다.

비구니들은 아뢰었다. "그는 어떤 업의 행으로 천상에 나게 되어 위엄과 덕이 그와 같습니까?"

부처님께서 말씀하셨다. "그는 전생(前生)에 사람으로 있을 때 기원정사 문에서 갖가지 장을 여러 사람들에게 보시하였고, 나도 그것을 받았다. 그는 그 인연으로 천상에 나게 되었고, 또 내게서 법을 듣고 도를 얻었느니라."

86. 바사닉왕이 사람을 보내어
부처님을 청하였는데 그 사자가 하늘에 난 인연

옛날 사위국의 바사닉왕과 수달 장자는 오랫동안 부처님을 뵙지 못하여 마음으로 몹시 사모(思慕)하였다. 그들은 여름 안거 뒤에 사자(使者)를 보내어 부처님을 청하였다. 사자는 부처님께 나아가 공손히 아뢰었다. "왕과 장자께서 부처님을 뵙고자 합니다. 원컨대 세존께서는 이 수레를 타시고 사위로 가소서."

부처님께서 말씀하셨다. "나는 수레를 타지 않겠다. 내게는 신족(神足)이 있다." 비록 그렇게 말씀하셨지마는 그로 하여금 복(福)을 짓게 하기 위하여 수레 위에서 공중(空中)으로 걸어가시고, 사자는 그 앞에서 왕과 장자에게 알렸다. 왕과 장자는 몸소 나와 맞이하였고, 사자도 왕과 함께 돌아와 부처님을 뵈었다.

사자는 목숨을 마친 뒤에 천상에 났다가 곧 보배 수레를 타고 부처님께 나아갔다. 부처님께서 그를 위해 설법하시니, 그는 수다원을 얻었다.

비구니들은 부처님께 아뢰었다. "저이는 어떤 인연으로 하늘 궁전에 나서 보배 수레를 탑니까?"

부처님께서 말씀하셨다. "그는 옛날 인간(人間)에서 왕의 사자(使者)가 되어 부처님께 나아가 수레를 받들어 타게 하였다. 그 업의 인연으로 지금 천상에 나서 언제나 보배 수레를 타고, 또 내게서 법을 듣고 깨달아 수다원을 얻었느니라."

87. 바사닉왕이 교화하고 구걸할 때 어떤
가난한 사람이 천(縑)을 보시하여 하늘에 난 인연

옛날 사위국의 바사닉왕은 이렇게 말하였다. "수달 장자는 일체 인민을 교화하여 온갖 복업을 짓는다. 나도 중생들을 위하여 교화하고 구걸하여 그들로 하여금 복을 얻게 하리라." 이에 그는 교화하고 다니면서 곳곳에서 구걸하였다.

그때 어떤 빈궁한 사람이 하나뿐인 천(縑:비단천)을 가지고 와서 왕에게 보시하였다. 왕은 얻은 천을 다시 부처님께 바쳤다. 그 뒤에 그 가난한 사람은 목숨을 마치고 하늘에 났다가 부처님의 큰 은혜를 생각하고 내려와서 공양하였다. 부처님께서 그를 위해 설법하시니, 그는 수다원을 얻었다.

비구들은 부처님께 아뢰었다. "저이는 옛날 어떤 업을 지었기에 저 하늘에 났습니까?"

부처님께서 말씀하셨다. "그는 옛날 인간에 있을 때, 왕이 교화하는 것을 보고 흰 천(縑)을 왕에게 보시하였다. 그 선한 인으로 말미암아 지금 하늘에 나게 되었고, 또 내게서 법을 듣고 도를 증득하였느니라."

88. 형이 아우에게 삼보(三寶)를 받들라고 권하여
하늘에 난 인연(因緣)

옛날 사위국에 어떤 두 형제가 있었다. 형은 불법(佛法)을 받들어 닦았고, 아우는 부란나(富蘭那: 외도를 가리킴)를 섬기었다. 형은 항상 아우에게 삼보(三寶)를 섬기라고 권하였으나 아우는 듣지 않았다. 그래서 항상 다투면서 화합하지 못하여 각각 갈라져 살았다.

형은 부처님을 공양하고, 뒤에 목숨을 마치고는 천상에 났다가 부처님께 내려와 은혜를 갚으려고 공양하였다. 부처님께서 그를 위해 설법하시니, 그는 수다원을 얻었다.

비구들은 부처님께 아뢰었다. "저이는 옛날 어떤 업을 지었기에 저 하늘궁전에 났습니까?"

부처님께서 말씀하셨다. "그는 과거(過去) 인간(人間)에 있을 때 바른 법을 즐기고 삼보(三寶)를 받들었다. 그 복(福)의 인(因)으로 말미암아 지금 하늘에 나게 되었고, 또 내게서 법을 듣고 믿어 도를 깨달았느니라."

89. 아버지가 아들이 부처님을 만나 도를 얻었다는 말을 듣고 기뻐함으로써 하늘에 나게 된 인연

옛날 사위국의 어떤 두 형제는 항상 다투기를 좋아하고 서로 원망(怨望)하고 미워하여 왕에게 같이 가서 판결을 구하려 하였다. 도중에 부처님을 만났는데, 부처님께서 그들을 위해 설법하시어 그들은 모두 아라한의 도를 얻었다. 아버지는 그 아들들이 부처님을 만나 도를 얻었다는 말을 듣고 마음으로 매우 기뻐하였다. 그 뒤에 그는 목숨을 마치고 천상에 났다가 부처님께 내려왔다. 부처님께서 그를 위해 설법하시니, 그는 수다원을 얻었다.

비구들은 부처님께 여쭈었다. "저이는 과거에 어떤 업을 지었기에 지금 천상에 나게 되었습니까?"

부처님께서 말씀하셨다. "그는 옛날 인간(人間)에 있을 때 내가 그 아들들을 위해 설법(說法)하여 그들이 도를 얻었는데, 그 말을 듣고 뛰면서 기뻐하였다. 그래서 목숨을 마치고는 하늘에 나게 되었고, 또 내게서 법을 듣고 믿고 이해하여 도를 깨달았느니라."

90. 아들이 아버지의 핍박(逼迫)을 받고 집을 떠나 천상에 난 인연

옛날 사위국의 어떤 사람은 그 아들이 출가(出家)하여 부처님을 섬기게 하였다. 부처님께서 그를 받아들여 승려(僧侶)로 만들고 항상 땅을 쓸게 하였다. 그는 그 괴로움을 견디지 못해 도 닦기를 그만두고 속가로 돌아갔다.

아버지가 그에게 말하였다. "너는 그저 출가하라. 내가 너를 대신해서 땅을 쓸리라."

아버지와 아들이 함께 기원정사로 갔는데, 아들은 그 절이 깨끗한 것을 보고 마음으로 기뻐하여 이렇게 말하였다. "나는 차라리 죽을지언정 출가하여 땅을 쓸고, 다시는 속가에 돌아가지 않으리라."

그 뒤에 그는 목숨을 마치고 천상에 났다가 곧 부처님께 내려왔다. 부처님께서 그를 위해 설법하시니 그는 수다원을 얻었다.

비구들은 부처님께 아뢰었다. "저이는 어떤 업의 인연으로 천상에 났습니까?"

부처님께서 말씀하셨다. "그는 과거(過去) 인간(人間)에 있을 때 괴로움을 견디지 못하여 집에 돌아가려 하였으나, 그 아버지는 듣지 않고 그 일을 대신하면서 억지로 출가(出家)하게 하였다. 이윽고 그는 환희(歡喜)를 얻었으므로 목숨을 마친 뒤에는 천상에 나게 되었고, 또 내게서 법을 듣고 도를 얻었느니라."

91. 아라한 기야다(祇夜多)가
악룡(惡龍)을 몰아 바다에 넣은 인연

옛날 기야다(祇夜多)라는 아라한(阿羅漢)이 있었는데, 부처님께서 세상을 떠나신 지 7백 년 뒤였다. 그는 계빈국으로 나갔다. 그때 계빈국에는 아리나(阿利那)라는 나쁜 용왕(龍王)이 있어서 자주 재해를 부려 여러 성현들을 괴롭혔기 때문에 그 나라 인민들이 모두 걱정하였다.

그때 2천 아라한들은 모두 신력을 다해 그 용을 나라 밖으로 몰아내려 하였다. 그래서 그 중 5백 아라한은 신통을 부려 땅을 흔들었고, 또 5백 명은 큰 광명을 놓았으며, 또 5백 명은 선정에 들어 거닐었다. 이렇게 모두들 신력을 다했으나 용은 꼼짝도 하지 않았다.

그래서 최후로 존자 기야다가 용(龍)이 사는 못가에 가서 손가락을 세 번 튀기면서 말하였다. "용아, 너는 이제 나가거라. 여기서 살지 말라." 용은 감히 머무르지 못하고 곧 떠나갔다.

그때 2천 아라한들은 존자에게 말하였다. "우리도 존자와 같이 번뇌(煩惱)가 다하였습니다. 해탈한 법신은 모두 평등한데, 우리는 모두 신력을 다하였으나 용을 움직일 수 없었는데, 존자는 어떻게 손가락을 세 번 튀겨 저 용을 멀리 바다로 들어가게 하십니까?"

존자(尊者)는 대답하였다. "나는 범부(凡夫)였던 때로부터 지금까지 계율(戒律)을 받들어 가져 돌길라(突吉羅)에 이르기까지 평등(平等)한 마음으로 잘 단속하되, 네 가지 중한 죄처럼 생각하였습니다. 지금 여러분이 그 용을 움직이지 못한 것은 신력이 같지 않았기 때문입니다."

그때 존자 기야다는 제자들과 함께 북천축을 향해 가다가 도중에서 까마귀 한 마리를 보고 미소하였다. 제자들은 물었다. "이상합니다. 존자는 왜 미소하십니까? 그 뜻을 말씀해 주십시오." 존자는 대답하였다. "때가 되면 말하리라."

거기서 더 나아가 석실성(石室城) 문에 이르자, 그는 슬퍼하면서 얼굴빛이 변하였다. 때가 되어 성 안에 들어가 걸식하고 도로 성문을 나오다가 다시 슬퍼하면서 얼굴빛이 변하였다. 제자들은 꿇어앉아 아뢰었다. "이상합니다. 아까는 왜 미소하셨고, 지금은 슬퍼하면서 얼굴빛이 변하십니까?"

존자(尊者)는 대답하였다. "나는 과거 91겁 전, 비바시(毘婆尸) 부처님께서 열반에 드신 뒤에 어떤 장자의 아들이 되었었다. 그때 나는 출가(出家)하려 하였으나 부모들은 듣지 않고 내게 말하였다. '우리 집 일이 중하다. 만일 네가 집을 떠나면 누가 그 뒤를 잇겠느냐? 우리가 너를 장가 보내리니, 네가 아들을 낳으면 집 떠나는 것을 허락하리라.' 나는 장가를 든 뒤에 다시 집을 떠나려 하였다. 부모님은 다시 '만일 아들 하나만 낳으면 집 떠나는 것을 들어 주리라'라고 하였다.

나는 오래지 않아 사내를 낳아 아이가 말할 수 있을 때가 되어 다시 부모님께 아뢰었다. '전에 약속한 대로 집 떠나기를 허락하여 주십시오.' 그때 부모님은 전의 약속을 어길까 두려워하여 가만히 유모를 시켜 손자에게 말하였다. '네 아버지가 집을 떠나려 할 때에 너는 문(門)에 있다가 아비를 붙들고 말하기를, 「이미 나를 낳아 지금까지 길렀는데, 왜 나를 버리고 집을 떠나려 하십니까? 만일 꼭 가시려면 나를 죽이고 가십시오」라고 하라' 하였다. 아들이 시키는 대로 말할 때 나는 슬픔으로 마음이 변하여 '가지 않고 여기 있을 것이다'라고 말하였다. 그 때문에 나는 생사(生死)에 떠돌아다니고 있었다.

내가 도의 눈으로 내 전생(前生)을 관찰해 보니, 천상(天上)과 인간(人間)과 또 삼악도(三惡道)에서 서로 만나기는 참으로 어렵고 어려웠다. 아까 내가 본 그 까마귀는 바로 그때의 내 아들이었다.

또 내가 슬퍼서 얼굴빛이 변한 이유는 이러하다. 내가 아까 성 곁에서 어떤 아귀의 아들을 만났는데, 그는 내게 말하였다. '나는 이 성 곁에서 70년을 지냈습니다. 어머니는 나를 위해 성 안에 들어가 걸식하지마는 아직 한 번도 얻어 온 적이 없습니다. 나는 굶주리고 목말라 매우 위급합니다.

존자(尊者)는 성에 들어가 우리 어머니를 보시거든 나를 위해 말해 주십시오. 빨리 나를 보러 오라고.' 그래서 나는 성 안에 들어가 그 아귀(餓鬼) 어머니를 보고 말하였다. '지금 네 아들은 저 성 밖에 있으면서 굶주리고 목말라 매우 위급하다. 빨리 가 보라.'

그때 아귀 어미는 대답하였다. '나는 이 성 안에 들어온 지 70여 년이 되었지만 내가 박복하여 나 또한 굶주렸고 쇠약해져 기운이 없습니다. 그래서 혹 고름이나 피나 눈물이나 침이나 똥 같은 더러운 먹을 것이 있더라도 여러 힘센 이들이 먼저 앗아 가기 때문에 나는 얻지 못합니다.

최후(最後)로 한 모금 더러운 것을 얻었는데 그것을 가지고 문을 나가 아들과 갈라 먹으려 하지마는 문 안에 여러 힘센 귀신(鬼

神)들이 있어 내가 나가는 것을 허락하지 않습니다. 존자(尊者)는 우리를 가엾이 여겨 나를 데리고 나가 우리 모자가 서로 만나 이 더러운 것을 먹게 하여 주십시오.'

그때 나는 아귀 어미를 데리고 성문을 나가 모자가 서로 만나 더러운 것을 갈라 먹게 하였다. 그때 나는 그 귀신(鬼神)에게 물었다. '네가 여기서 산 지 얼마나 되었는가?'

아귀(餓鬼)는 대답하였다. '나는 이 성이 일곱 번 이루어지고 무너지는 것을 보았습니다.' 나는 탄식하면서 말하였다. '아귀는 오래 살기 때문에 그 고통이 매우 많구나.'"

제자(弟子)들은 이 말을 듣고 모두 생사(生死)를 근심하여 곧 도의 자취를 얻었다.

92. 두 비구(比丘)가 기야다를 보고 천상에 난 인연

그때 남천축의 어떤 두 비구는 기야다가 큰 위덕이 있다는 말을 듣고 계빈국을 향해 갔다. 나무 밑을 지나다가 몸이 아주 여윈 어떤 비구가 부엌 앞에서 불을 지피고 있는 것을 보았다. 두 비구는 그에게 물었다. "너는 존자 기야다를 아는가?"

그 비구는 대답하였다. "나는 안다."

"지금 어디 있는가?"

"이 위의 셋째 굴 안에 있다."

두 비구는 곧 산으로 올라가 그 굴에 이르러 아까 불을 지피던 비구를 보았다. 두 비구는 이상히 여겨 '그처럼 이름과 덕망이 있으면서 무엇 때문에 먼저 여기 와 있을까?' 하고 한 비구가 의

심을 풀기 위해 그에게 물었다. "존자(尊者)는 그처럼 위덕(威德)이 있으신데 손수 불을 때십니까?"

존자는 대답하였다. "나는 과거(過去) 생사의 고통을 생각하고 중생을 위해서라면 머리와 손발을 기꺼이 태우겠는데, 하물며 섶나무를 태우는 일이겠는가?"

그들은 이내 물었다. "알 수 없습니다. 과거(過去) 생사의 고통이란 어떠하였습니까? 듣고 싶습니다."

존자(尊者)는 대답하였다. "나는 기억한다. 과거 5백 세상 동안 나는 개로 태어나 항상 굶주리고 목말랐는데, 오직 두 때만은 배불리 먹었다. 한 때는 마침 취한 사람이 땅바닥에 술을 토해 놓아 그것을 먹고 배가 부른 것이었다.

그리고 다른 한 때는 두 부부만이 사는 집을 만난 때였다. 남편은 밭에 나갔고, 아내는 집에서 밥을 짓고는 무슨 일이 있어서 잠깐 밖에 나갔었다. 그때 나는 안으로 들어가 밥을 훔쳐 먹었는데, 하필이면 밥 그릇 주둥이가 작아서 처음에는 머리를 넣을 수 있었지마는 다시 빼기는 어려웠다.

그래서 한 번 배는 불렀지마는 뒤에는 큰 고통(苦痛)을 당했다. 그 남편이 밭에서 돌아와 내 목을 베어 내 머리는 그릇 안에 있었다." 그때 두 비구는 그 설법(說法)을 듣고 생사를 싫어하여 수다원을 얻었다.

93. 월지국왕(月氏國王)이
아라한(阿羅漢) 기야다를 본 인연(因緣)

월지국(月氏國)에 전단계니타(栴檀罽尼吒)라는 왕이 있었다. 왕은 계빈국에 있는 존자(尊者) 아라한(阿羅漢) 기야다의 큰 명성을 듣고, 그를 보려고 몸소 수레를 타고 신하들과 함께 그 나라로 갔다. 그는 도중에서 가만히 생각하였다. '나는 지금 왕으로서 천하의 왕이다. 어떤 인민도 모두 공경하고 항복한다. 큰 덕이 있는 이가 아니면 어떻게 내 공양을 받들 수 있겠는가?' 이렇게 생각하고 다시 앞으로 나아가 그 나라에 이르렀다.

어떤 사람이 존자 기야다에게 말하였다. "월지국의 왕 전단계니타가 여러 신하들과 함께 멀리서 와서 뵈려고 합니다. 원컨대 존자는 옷을 바르게 하고 나가 대접하십시오."

존자는 대답하였다. "내가 부처님 말씀을 들으니, '출가(出家)한 사람은 예(禮)로서 속세(俗世)의 외양(外樣)을 존경(尊敬)할 뿐 오직 힘쓸 것은 덕(德)이다'라고 하셨는데, 어떻게 옷을 꾸미고 나가서 맞이하겠는가?" 그리고 곧 잠자코 단정히 앉아 있으면서 나가지 않았다.

이에 월지국왕은 존자가 있는 곳으로 가서 존자 기야다의 위덕을 보고는, 더욱 공경하고 믿는 마음이 생겨 앞으로 나아가 머리를 조아리고 한쪽에 물러섰다. 존자(尊者)가 가래침을 뱉고자 하자, 왕은 자기도 모르게 가래침 그릇을 앞에다 바쳤다.

그러자 존자 기야다는 왕에게 말하였다. "빈도(貧道)는 지금 존자를 위해 복(福)밭이 되지 못하는데 어찌하여 몸소 왕림하셨습니까?"

그때 월지국왕은 부끄러워하면서 '내가 아까 가만히 생각한 마음을 아시는구나. 신비한 덕이 아니면 어떻게 그럴 수 있겠는가?' 하고, 거듭 공경하는 마음이 생겼다.

그때 존자 기야다는 왕을 위해 간단히 설법하였다. "왕은 오실 때 길이 좋았습니다. 가실 때에도 오실 때와 같도록 하시오." 왕은 그 분부를 받고 곧 본국으로 돌아갔다.

중도에 이르러 여러 신하들은 원망하였다. "우리는 멀리 대왕을 따라 저 나라에 갔지마는 마침내 아무 들은 것도 없이 헛되이 돌아갑니다."

그때 월지국왕(國王)은 신하들에게 말하였다. "그대들은 지금 아무 얻은 것이 없다고 나를 원망한다. 그러나 아까 그 존자는 나를 위해, '왕은 오실 때 길이 좋았습니다. 가실 때에도 오실 때와 같도록 하시오'라고 설법(說法)하셨다. 그대들은 그 뜻을 모르는가? 나는 과거에 계율을 지키고 보시를 행하며 승방을 짓고 탑을 세웠다. 이런 갖가지 공덕으로 왕이 될 종자를 심어 지금 이 자리를 누리고 있다. 그러므로 지금 다시 복을 닦고 온갖 선을 널리 쌓으면 미래 세상에서도 반드시 복을 받을 것이다. 그래서 존자는 나를 보고, '왕은 오실 때 길이 좋았습니다. 가실 때에도 오실 때와 같도록 하시오'라고 경계하신 것이다."

신하들은 이 말을 듣고 머리를 조아리며 사과하였다. "신들은 하천하고 어리석어 망령되게 가고 오는 길이라고만 생각하였습니다. 대왕의 신기로운 덕은 묘하게 그 말뜻에 꼭 맞습니다. 여러 가지 덕을 쌓았기 때문에 이 국위(國位)를 누립니다." 신하들은 이렇게 말하고 기뻐하면서 물러갔다.

94. 월지국왕(國王)이 지혜(智慧) 있는 세 신하와 친한 벗이 된 인연

그때 월지국의 왕 전단계니타는 지혜로운 세 사람과 친한 벗이 되었다.

첫째는 마명보살(馬鳴菩薩)이요,

둘째는 마타라(摩吒羅)라는 대신이며,

셋째는 차라가(遮羅迦)라는 용한 의사(醫師)였다.

왕은 이 세 사람과 매우 친하여 융숭하게 대접하고 늘 좌우에 있게 하였다. 마명보살은 왕에게 아뢰었다. "만일 왕께서 내말을 쓰시면 나는 왕으로 하여금 내생에도 늘 선(善)과 함께 하면서 온갖 어려움을 아주 떠나고 나쁜 세계를 길이 여의게 하겠습니다."

둘째 대신은 아뢰었다. "만일 왕께서 신의 비밀한 말을 써서 누설하지 않으시면 사해를 모두 얻을 수 있을 것입니다."

셋째로는 의사(醫師)가 아뢰었다. "만일 왕께서 신의 말을 써주시면 왕은 마침내 횡사하시지 않고, 온갖 맛이 마음에 맞으며 모든 일이 맞아 근심이 없도록 하겠습니다."

왕은 의사의 말처럼 일찍이 조그만 병도 앓지 않았다. 그리고 왕은 대신의 말을 써서 군사의 위엄을 떨치는 곳에서 항복하지 않는 것이 없어 사해에서 삼면은 이미 평정하였고, 오직 동쪽만이 항복하지 않았다. 그래서 곧 군사를 일으켜 치러 갈 때 먼저 여러 오랑캐와 흰 코끼리를 보내어 앞에서 인도하게 하고, 왕은 뒤를 따랐다. 총령(葱嶺)에 이르러 험한 관(關)을 넘으려 할 때 먼저 한 코끼리와 말이 나아가려 하지 않았다.

왕은 괴상히 여겨 말에게 말하였다. "나는 지금까지 너를 타고 정벌하여 삼면은 이미 평정하였다. 그런데 너는 지금 왜 나아가려 하지 않는가?"

그때 대신이 왕에게 아뢰었다. "신은 먼저 왕에게 '비밀한 말을 누설하지 말라'고 아뢰었습니다. 그런데 지금 누설하였으니 장차 왕의 목숨이 멀지 않을 것입니다."

대신의 말과 같이 왕은 오래지 않아 반드시 죽을 것을 스스로 알았다. 그런데 왕은 지금까지 남의 나라를 정벌하면서 3억이 넘는 사람들을 죽였기 때문에 장래에는 반드시 중한 벌을 받을 것을 스스로 알고, 마음에 두려움이 생겨 곧 참회(懺悔)하였다. 그리하여 보시(布施)를 행하고 계율(戒律)을 가지며 승방(僧房)을 짓고 스님들을 공양하되 네 가지 일에 모자람이 없었고, 온갖 공덕을 닦되 부지런하여 게으르지 않았다.

그때 여러 신하들은 저희끼리 말하였다. "왕은 온갖 악(惡)을 널리 짓고 무도하게 사람들을 죽였는데 지금 복(福)을 지은들 과거(過去)의 허물에 무슨 이익(利益)이 있겠는가?"

왕은 그 말을 듣고 그들의 의심을 풀어 주기 위하여 곧 방편(方便)으로써 신하들에게 명령하였다.

"너희들은 이레 낮 이레 밤 동안 저 큰 가마에 불을 때어 물을 끓게 하되, 잠깐도 그치지 말라."

그리고 왕은 곧 반지를 그 가마 안에 던져 넣고 여러 신하들에게 명령(命令)하였다. "너희들은 저 가마 안의 반지를 집어 오라."

신하들은 아뢰었다. "다시 다른 죄(罪)로 죽여 주십시오. 저 반지는 집어 올 수 없습니다."

왕은 다시 말하였다. "어떤 방편을 쓰면 저것을 집을 수 있겠는가?"

신하들은 대답하였다. "밑에서는 불을 끄고 위에서 찬물을 부으십시오. 그 방편(方便)이면 사람의 손이 상하지 않고 그것을 집을 수 있을 것입니다."

　　왕은 대답하였다. "내가 이전에 악을 지은 것은 저 뜨거운 가마와 같다. 지금 온갖 선(善)을 닦고 부끄러워하여 참회(懺悔)하고 다시는 악(惡)을 짓지 않는다면 왜 그것을 멸(滅)하지 못하겠는가? 삼악도(三惡道)도 막을 수 있고 인간이나 천상에도 날 수 있을 것이다."

　　신하들은 이 말을 듣고 곧 깨달아 모두 기뻐하면서 지혜로운 사람의 말은 쓰지 않을 수 없다고 하였다.

잡보장경 제8권

95. 구시미국(拘尸彌國)의 재상(宰相) 부부가 부처님께 악심을 품었는데 부처님께서 즉시 교화하여 수다원을 얻게 한 인연

부처님께서는 구시미국(拘尸彌國)에 계셨다. 그때 어떤 재상 바라문은 사람됨이 사나워 도리로써 행동하지 않았고, 그 아내도 사특(邪慝)하고 아첨(阿諂)하기 남편과 다름이 없었다. 남편은 아내에게 말하였다. "사문 구담이 이 나라에 있다. 만일 그가 오거든 문(門)을 닫고 열어 주지 말라."

어느 날 갑자기 부처님께서 그 집안에 가셨다. 바라문의 아내는 부처님을 보고도 잠자코 말을 하지 않았다.

부처님께서 말씀하셨다. "너희들 바라문은 어리석고 삿된 소견으로 삼보(三寶)를 믿지 않는구나."

아내는 이 말을 듣고 매우 화를 내어 제 손으로 영락(瓔珞)을 끊고는 때 묻은 옷을 입고 땅에 앉아 있었다. 남편이 밖에서 돌아와 물었다. "왜 그러느냐?"

아내는 대답하였다. "사문 구담이 나를 욕하면서 말하기를 '너희들 바라문은 삿된 소견으로 불법을 믿지 않는구나'라고 하였습니다."

남편은 말하였다. "우선 내일까지 기다리자."

그들은 그 이튿날 문을 열어 놓고 부처님께서 오시기를 기다렸다. 다음날 부처님께서 그 집에 나타나시자, 바라문은 칼을 들고 부처님을 치려 하였다. 그러나 맞지 않았다. 그는 부처님께서 허공에 계시는 것을 보고 스스로 부끄러워하여 온몸으로 땅에 엎드려 부처님께 아뢰었다. "원컨대 세존께서는 내려오셔서 저의 참회를 받아 주소서."

부처님께서 곧 내려오셔서 그의 참회를 받고, 그들을 위해 설법하시니, 그들은 모두 수다원을 얻었다.

그때 비구들은 부처님께서 그런 나쁜 사람을 교화하여 항복받으셨다는 말을 듣고 각기 이렇게 말하였다. "부처님께서 세상에 나타나심은 참으로 놀랍고 장하신 일이다."

부처님께서 비구들에게 말씀하셨다. "그것은 오늘만이 아니다. 옛날에도 그를 다루어 항복(降伏)받았느니라."

비구들은 아뢰었다. "알 수 없습니다. 옛날에도 그를 다루어 항복 받으셨다는 그 일은 어떠합니까?"

부처님께서 말씀하셨다. "옛날 가시국에 악수(惡受)라는 왕이 있었다. 그는 법답지 못하여 백성들을 괴롭히고 무도하게 사람을 죽이며, 사방에서 오는 장사꾼들의 진기한 물건들을 모두 세(稅)로 빼앗으면서 그 값을 주지 않았다. 그러므로 국내에 보물은 아주 귀하게 되었다. 그래서 백성들은 서로 전해 그의 나쁜 이름이 흘러 퍼졌다.

그때 앵무새의 왕이 숲속에서 있다가 왕의 죄악(罪惡)을 말하는 길 가는 사람들 말을 듣고 가만히 생각하였다. '나는 비록 새이지마는 그 이름을 알 수 있다. 나는 왕에게 가서 선한 도를 말하리라. 그가 만일 내 말을 들으면 반드시 이렇게 말하리라. 「저 새의 왕도 착한 말을 하는데 하물며 사람의 왕이겠는가.」 그리하여 그가 내 꾸짖음을 듣고 혹 고칠는지도 모른다.'

그는 곧 높이 날아 왕의 동산에 내려와 어떤 나무 위에 앉았다. 마침 왕의 부인이 동산으로 놀러 들어갔다. 그때 앵무새는 날개를 치고 울면서 말하였다. '지금 왕은 매우 사납고 무도하여 백성들을 해치며 그 독은 새와 짐승에게까지 미쳐 갑니다. 그리하여 사람과 짐승들은 기가 차서 꾸짖으며 원한을 맺고 슬퍼하는 소리가 온 천하에 두루 들립니다. 또 부인도 가혹하기 왕과 다름이 없다 하는데, 백성의 부모로서 그럴 수 있습니까?'

부인은 이 말을 듣고 불꽃처럼 화를 내며, '저 어떤 조그만 새가 주둥이를 놀려 나를 꾸짖는가?' 하고, 사람을 보내어 잡으려고 하였다. 그러나 앵무새는 놀라거나 두려워하지도 않고 그 사람 손에 잡혔다. 그리하여 부인은 그 새를 왕에게 넘겼다.

왕은 앵무새를 보고 말하였다. '너는 왜 우리를 꾸짖는가?'

앵무새는 대답하였다. '왕의 법답지 않음을 말하여 이익이 되게 하려 하였고, 꾸짖은 것은 아닙니다.'

왕은 또 물었다. '어떤 법답지 않은 일이 있는가?'

'일곱 가지 비법이 있어서 왕의 몸을 위태롭게 합니다.'

'무엇 무엇이 일곱인가?'

앵무새는 대답하였다.

'첫째는 여색에 빠지고 거칠어 곧고 바르기를 힘쓰지 않는 것이요, 둘째는 술을 즐겨 어지러이 취하여 나라일을 돌보지 않는 것이며, 셋째는 장기와 바둑에 빠져 예의 교화를 닦지 않는 것이요, 넷째는 사냥을 다녀 살생(殺生)하면서 조금도 인자한 마음이 없는 것이며, 다섯째는 나쁜 말 쓰기를 좋아하여 좋은 말이 조금도 없는 것이요, 여섯째는 부역을 시키고 벌을 주되 더욱 법칙을 어기는 것이며, 일곱째는 도리에 어긋나게 백성들의 재산을 빼앗는 것입니다. 이 일곱 가지 일은 왕의 몸을 위태롭게 하는 것입니다. 또 세 가지 일이 있어서 왕의 나라를 기울게 합니다.'

왕은 다시 물었다. '세 가지 일이란 무엇인가?'

앵무새는 대답하였다.

'첫째는 사특하고 아첨하는 나쁜 사람들을 친하는 것이요, 둘째는 어진 이를 붙이지 않아 그 충고를 받아들이지 못하는 것이며, 셋째는 남의 나라 치기를 좋아하여 백성들을 기르지 않는 것입니다. 이 세 가지 일을 버리지 않으면 나라가 무너지기는 아침이 아니면 저녁일 것입니다. 대개 왕이 되면 온 나라가 우러르는 것입니다. 그러므로 왕은 다리와 같이 만민을 제도하여야 하고, 저울과 같이 친소(親疎)에 평등하여야 하며, 길과 같이 성현의 자취에 어긋나지 않아야 하는 것입니다.

또 왕은 해와 같이 온 세상을 두루 비춰 주어야 하고, 달과 같이 모든 것에 맑고 시원한 것을 주어야 하며, 부모와 같이 백성들을 사랑하고 가엾이 여겨야 하고, 또 하늘과 같이 일체를 덮어 주어야 하며, 땅과 같이 만물을 싣고 길러야 하고, 또 불과 같이 만민을 위해 나쁘고 근심되는 것을 태워야 하며, 물과 같이 사방을 윤택하게 해야 하고, 또 과거의 전륜성왕처럼 열 가지 선한 도로 중생을 교화해야 하는 것입니다.'

왕은 이 말을 듣고 매우 부끄러워하였다. '앵무새의 말은 매우 정성스럽고 간곡하다. 나는 사람의 왕으로서 소행이 무도하였다. 그러나 이제 그 가르침을 따라 스승으로 받들어 섬기면서 바른 행을 닦으리라.'

그리하여 온 나라에 교화가 퍼지자 왕의 나쁜 이름이 없어지고 부인과 신하들은 모두 충성하고 공경하며 모든 백성들은 다 기뻐하였다.

마치 소들이 물을 건널 때 길잡이가 바르면 따르는 것도 다 바른 것과 같았다. 그때의 앵무새는 바로 지금의 내 몸이요, 가시국왕 악수는 바로 지금의 재상이며, 그때의 부인은 바로 지금의 재상 부인이니라."

96. 부처님의 아우 난타(難陀)가 부처님의 핍박(逼迫)을
받고 집을 떠나 도를 얻은 인연

부처님께서 가비라위국(迦比羅衛國)에 계시면서 성(城) 안에 들어가 걸식(乞食)을 하시다가 난타(難陀)의 집에 이르셨다. 마침 난타는 아내와 함께 있었는데 아내는 얼굴에 화장하면서 눈썹 사이에 향을 바르고 있었다. 부처님께서 문 안에 계신다는 말을 듣고 난타는 밖에 나와 보려 하였다. 그 아내는 약속하였다. "나가서 부처님을 뵙고 내 이마의 화장이 마르기 전에 들어오십시오."

난타는 곧 나가 부처님께 예배하고 발우를 받아 집에 들어가 밥을 담아 바쳤다. 그러나 부처님께서는 그것을 받지 않으셨다. 부처님을 지나서 아난에게 주었다. 아난도 그것을 받지 않고 말하였다. "너는 누구에게서 그 발우를 받았는가? 주인에게 돌려드려라."

이에 그는 발우를 받들고 부처님을 쫓아 니구루정사(尼拘屢精舍)로 갔다. 부처님께서는 곧 이발사에게 명령하여 난타의 머리를 깎으라고 하셨다. 그러나 난타는 듣지 않고 주먹을 쥐면서 화를 내어 이발사에게 말하였다. "너는 지금 이 가비라(迦毘羅)의 모든 사람들의 머리를 다 깎으려는가?"

부처님께서는 이발사에게 물으셨다. "왜 그 머리를 깎지 않느냐?"

이발사는 대답하였다. "무서워서 못 깎겠습니다."

부처님께서는 아난과 함께 몸소 난타 곁으로 가셨다. 난타는 두렵기 때문에 감히 머리를 깎지 않을 수 없었다. 그래서 그는 머리를 깎았지마는 늘 집으로 돌아가고 싶어하였다.

그러나 부처님께서 늘 그를 데리고 다니시기 때문에 그는 돌아갈 수가 없었다. 그 뒤 어느 날 그는 방을 지키는 당번이 되어 못내 기뻐하면서 생각하였다. '이제 집으로 돌아갈 좋은 기회를 얻었다. 부처님과 스님들이 모두 떠난 뒤에 나는 집으로 돌아가자.'

부처님께서 성으로 들어가시면서 이렇게 말씀하셨다. "너는 물을 길어 저 물병을 채워 두고 돌아가라."

그는 곧 물을 길었다. 한 병을 채우면 다른 병(瓶)이 쓰러졌다. 이리하여 얼마를 지났으나 그 병(瓶)을 모두 채울 수가 없었다. 그는 생각하였다. '한꺼번에 다 채울 수가 없다. 비구들이 돌아오면 제각기 긷게 하고 지금은 병(瓶)을 집안에 넣어 두고 돌아가자.'

그는 방문을 닫으려 하였다. 한 짝을 닫으면 한 짝이 열리고 한 문을 닫고 나면 한 문이 다시 열렸다. 그는 다시 생각하였다. '한꺼번에 다 닫을 수가 없다. 우선 내버려두고 가자. 비구들의 옷이나 물건을 잃어버리더라도, 내게 재산이 많으니 보상하기에 넉넉하다.'

그리하여 그는 곧 승방(僧房)을 나가다가 가만히 생각하였다. '부처님께서 반드시 이 길로 오실 것이다. 나는 저 다른 길로 가자.'

부처님께서 그 마음을 아시고 다른 길로 오셨다. 그는 멀리서 부처님께서 오시는 것을 보고 큰 나무 뒤에 숨었다. 나무신이 나무를 들어 허공에 두자 그는 드러난 데에 서 있었다.

부처님께서는 난타를 데리고 절에 돌아가 난타에게 물으셨다. "너는 부인을 사모하는가?"

그는 대답하였다. "진실로 사모합니다."

부처님께서는 또 그를 데리고 아나파나산(阿那波那山) 위에 올라가 다시 물으셨다. "네 부인은 아름다운가?"

"예, 아름답습니다."

그 산에 어떤 늙은 애꾸눈의 원숭이가 있었다. 부처님께서는 또 물으셨다. "네 부인 손타리(孫陀利)의 아름다운 얼굴이 저 원숭이에 견주어 어떠한가?"

난타는 괴로워하면서 생각하였다. '내 아내의 아름다움은 사람 중에서 짝할 이가 드문데, 부처님께서는 지금 왜 내 아내를 저 원숭이에 견주실까?'

부처님께서는 다시 그를 데리고 도리천으로 올라가 그와 함께 여러 천궁을 돌아다니시면서 여러 천자들이 여러 천녀들과 함께 서로 즐기는 것을 보여 주셨다. 그 중의 어떤 궁중에는 5백 천녀만이 있고 천자가 없는 것을 보고, 그는 부처님께 돌아와 이유를 물었다.

부처님께서 말씀하셨다. "네가 가서 직접 물어 보라."

난타는 거기 가서 물었다. "다른 여러 궁전에는 모두 천자가 있는데 왜 여기만 천자가 없는가?"

천녀(天女)들은 대답하였다. "염부제에 사는 부처님 아우 난타는 부처님의 핍박으로 집을 나갔습니다. 그는 집을 나간 인연으로 목숨을 마치고는 이 천궁에 나서 우리 천자가 될 것입니다."

난타는 대답하였다. "내가 바로 그 사람이다."

난타는 곧 거기서 살고 싶어하였다. 그러자 천녀들은 말하였다. "우리는 하늘이요, 당신은 지금 사람입니다. 돌아가서 인간(人間)의 수명(壽命)을 마치고 여기 와서 나면 그때에는 살 수 있습니다."

그는 부처님께 돌아와 위의 사실을 자세히 아뢰었다. 부처님께서 말씀하셨다. "네 아내의 아름다움이 저 천녀들과 어떠한가?"

난타는 아뢰었다. "저 천녀(天女)들에게 비하면 제 아내는 애꾸눈 원숭이와 같습니다."

부처님께서는 난타를 데리고 염부제로 돌아오셨다. 난타는 하늘에 나기 위해 더욱 정성껏 계율(戒律)을 가졌다. 그때 아난은 그를 위해 게송(偈頌)을 읊었다.

　　　　마치 숫양이 싸울 때에
　　　　앞으로 나아갔다가 다시 물러나는 것처럼
　　　　네가 계율을 가지려 하는
　　　　그 일도 그와 같구나.

　　부처님께서는 다시 난타를 데리고 지옥(地獄)으로 가셨다. 여러 끓는 가마들에다 사람을 삶는데, 한 가마솥에는 물만 끓고 있었다. 그는 그것을 괴상히 여겨 부처님께 그 이유를 여쭈었더니, 부처님께서는 말씀하셨다. "네가 가서 직접 물어 보라."
　　난타는 곧 가서 옥졸(獄卒)에게 물었다. "다른 여러 가마솥에서는 사람을 삶으면서 죄(罪)를 다스리는데, 왜 이 가마솥만은 사람을 삶지 않고 비어 있는가?"
　　옥졸은 대하였다. "염부제 안에 부처님의 아우로서 난타라는 사람이 있다. 그는 집을 떠난 공덕으로 장차 하늘에 나겠지마는 탐욕(貪慾) 때문에 도(道)를 파한 인연으로 하늘 수명을 마치고는 이 지옥에 떨어질 것이다. 그래서 지금 나는 이 가마솥을 달구면서 그를 기다리고 있는 것이다."
　　난타는 두려워하면서 옥졸이 붙들까 겁이 나서 이렇게 말하였다. "부처님께 귀의합니다. 원컨대 저를 보호하고 염부제로 데리고 가 주소서."
　　부처님께서 말씀하셨다. "난타여, 너는 정성껏 계율을 가져 너의 하늘 복을 닦아라."
　　난타는 대답하였다. "하늘에 나지 않아도 좋습니다. 오직 이

지옥(地獄)에 떨어지지 않기를 원할 뿐입니다."

부처님께서 그를 위해 설법하시어 이레 동안에 그는 아라한이 되었다.

비구들은 찬탄하였다. "세존께서 세상에 나오심은 참으로 장하고 놀라우신 일입니다."

부처님께서 말씀하셨다. "그것은 오늘만이 아니라 과거에도 그러하였느니라."

"과거에도 그러하였다는 그 사실은 어떠합니까? 저희들을 위하여 말씀하여 주소서."

부처님께서 말씀하셨다. "옛날 가시국에는 만면(滿面)이라는 왕이 있었고, 비제희국(比提希國)에는 얼굴이 뛰어나게 아름다운 어떤 음녀(淫女)가 있었다.

그때 두 나라는 항상 서로 원망(怨望)하고 미워하였다. 가시국의 왕 곁에 어떤 간사(奸詐)한 신하가 있었다. 그는 저 나라에 있는 음녀(淫女)는 아름답기 세상에 드물다고 찬탄하였다. 왕은 그 말을 듣고 마음이 혹하여 사자를 보내어 청하였으나 그 나라에서 주지 않았다. 왕은 다시 사자를 보내어 말하였다. '4, 5일 동안 잠깐 만나고 곧 돌려보내리다.'

그때 그 나라 왕은 음녀에게 분부하였다. '너는 아름다운 자태와 온갖 기능을 모두 다 갖추었으므로 가시국왕은 너에게 혹하여 잠깐 동안도 떠나지 못하게 할 것이다.'

이렇게 말하고 곧 가게 하였다. 그리고 4, 5일이 지난 뒤에 다시 불렀다. '큰 제사를 지내고자 하는데 그 여자가 있어야 하겠소. 잠깐 놓아 돌려보내 주면 뒤에 다시 보내리다.' 가시국왕은 곧 돌려보내 주었다. 제사가 끝난 뒤에 다시 사자를 보내어 청하였을 때, 저쪽에서는 '내일 보내겠소' 하고 답을 하였다.

그러나 그 이튿날이 되어도 보내 주지 않았다. 이렇게 거짓말로 여러 날을 지내자, 왕은 사모하는 마음이 더욱 간절하여 단 몇 사람만 데리고 가보려 하였다. 여러 신하들은 가지 말기를 권하고 충고하였지마는 왕은 그것을 듣지 않았다.

그때 선인산(仙人山)에 사는 어떤 원숭이 왕은 총명하고 널리 통해 아는 것이 많았다. 마침 아내가 죽어 어떤 암컷을 차지하였다. 여러 원숭이들은 모두 화를 내어 꾸짖었다. '이 음탕한 놈아, 그것은 우리의 공동 소유인데 왜 너 혼자만 차지하는가?' 그래서 원숭이 왕은 암컷을 데리고 가시국으로 달아나 왕에게 의지하였다. 여러 원숭이들은 모두 그 뒤를 쫓아와 성 안에 들어와서는 집을 부수고 담을 헐어 어찌할 수가 없었다.

가시국 왕은 원숭이 왕에게 말하였다. '너는 왜 그 암컷을 저 여러 원숭이들에게 돌려주지 않는가?'

원숭이왕은 말하였다. '나는 아내가 죽고 다시 아내가 없는데, 왕은 지금 왜 나를 돌려보내려 합니까?'

'지금 너희 원숭이들이 우리 나라를 부수고 어지럽게 하는데, 어떻게 돌아가지 않을 수 있겠는가?'

'이 일(음행)이 좋지 않습니까?'

'좋지 않다.'

이렇게 좋지 않다고 왕이 재삼 말하기 때문에 원숭이 왕은 말하였다. '왕은 지금 궁중에 8만 4천의 부인을 두고도 그것을 사랑하지 않고, 적국에 있는 음녀(淫女)를 쫓아가려 하십니다. 나는 지금 아내가 없어 이 하나를 가졌는데 왕은 좋지 않다고 말하십니다. 모든 백성들은 당신을 바라보고 살아가는데 왕은 어떻게 한 음녀를 위하여 저들을 버리십니까? 대왕은 아셔야 합니다.

대개 음욕(淫慾)이란 즐거움은 적고 괴로움이 많은 것입니다. 그것은 마치 미련한 사람이 바람을 거슬러 횃불을 잡고 놓지 않다가 마침내 데이는 것과 같습니다. 애욕(愛慾)은 더럽기 저 똥무더기 같지마는 외형(外形)이 좋은 엷은 가죽에 덮이어 있습니다. 또 그것은 똥에 빠진 독사처럼 은혜를 모릅니다. 그것은 원수와 같아서 거짓으로 사람에 붙어 친하고, 그것은 빚과 같아서 반드시 돌려주어야 하는 것입니다.

또 그것은 뒷간에 난 꽃처럼 미워할 만하고, 그것은 옴과 같아서 불을 향해 긁으면 더욱 심하며, 그것은 개가 마른 뼈를 씹을 때 침이 한데 모이면 맛이 있다고 생각하면서 입술과 이가 모두 부숴져도 만족할 줄을 모르는 것과 같고, 그것은 목마른 사람이 짠 물을 마시는 것과 같아서 갈증은 더욱 심하며, 그것은 뭇 새들이 다투어 쫓는 썩은 고기와 같고, 그것은 고기와 짐승이 맛을 탐하여 죽게 되는 것처럼 그 재화는 매우 큰 것입니다.'

그때의 원숭이 왕은 바로 지금의 내 몸이요, 그 왕은 바로 지금의 난타이며, 그 음녀는 지금의 손타리이니라.

그때 나는 저 난타를 애욕(愛慾)의 수렁에서 건져 내었고, 지금은 그를 생사(生死)의 고통에서 건져 내었느니라."

97. 큰 역사(力士)가 광야(廣野)의 도적떼를 교화(敎化)한 인연(因緣)

그때 부처님께서는 왕사성에 계셨다. 왕사성과 비사리국(毘舍離國) 중간에 5백 명의 도적떼가 있었다. 빈바사라왕(頻婆娑羅王)은 인자하고 너그러워 은혜로운 법으로 세상을 다스리고 생물의 목숨을 해치지 않았다.

그래서 곧 광고를 내었다. "만일 누구나 저 5백 명 도적 떼들에게 가서 그들을 교화하여 도둑질하지 않게 하면 벼슬로 상을 주리라."

어떤 역사가 와서 왕의 모집에 응하고, 그 광야에 가서 도적 떼들을 교화하여 다시는 도둑질하지 않게 하였다. 그들이 이미 항복하자 그는 큰 성을 만들고 그들을 그 안에 두었다.

그래서 많은 사람들이 모여와 그에게 붙어 마침내 큰 나라를 이루었다. 그 나라 사람들은 모두 이렇게 말하였다. "우리는 저 큰 역사가 양육해 주는 은혜를 입고 모두 모였다." 그리고 다시 약속하였다. "지금부터 우리가 새로 아내를 맞이할 때에는 먼저 저 역사에게 바치자." 그들은 곧 역사에게 가서 말하였다. "우리들은 새로 아내를 맞이하는 이는 먼저 그 아내를 역사님께 바치자고 약속하였습니다.

그것은 두 가지 일 때문이니, 첫째는 역사님과 같은 좋은 아들을 얻기 위해서요, 둘째는 역사님의 은혜를 갚기 위해서입니다." 역사는 대답하였다. "그렇게 할 필요가 없다." 그러나 그들이 간청하였기 때문에 곧 그들의 뜻을 따라 그 법을 행하였다.

여러 날을 지나 어떤 여자는 그 일을 좋지 않게 생각하고 여러 사람들 앞에 발가벗고 서서 소변을 보았다. 사람들은 모두 꾸짖었다. "너는 부끄러움도 없느냐. 어떻게 여자로서 여러 사람들 앞에 서서 소변을 보는가?"

그러자 그 여자는 대답하였다. "여자가 여자들 앞에서 옷을 벗고 소변을 보는데 무엇이 부끄러우냐? 이 나라에는 모두 여자뿐이요, 오직 저 역사만이 남자다. 만일 그의 앞이라면 부끄러워해야 하겠지마는 너희들 앞인데 무엇이 부끄럽겠는가?"

그때부터 사람들은 서로 전해 말하였다. "그 여자 말이 바로 도리이다."

사리불과 목련은 함께 5백 제자를 데리고 그 광야를 지나갔다. 역사는 그것을 알고 두 존자와 5백 제자들을 청하여 편안히 쉬게 하고 의복과 음식을 이바지하였다.

사흘 뒤에 그 나라 사람들이 모두 모여 모임을 열고는 술을 마시고 잔뜩 취하여 그 역사의 집을 에워싸고 불을 질렀다. 역사는 물었다. "왜 이렇게 타는가?"

그들은 대답하였다. "처음으로 시집오는 여자는 모두 너를 거친다. 우리도 사람인데 그 일을 참을 수가 없다. 그래서 너를 태워 죽이려는 것이다."

역사는 대답하였다. "나는 처음에 듣지 않았는데 너희들이 억지로 그렇게 한 것이다."

그러나 그들은 듣지 않고 그를 태워 죽이려 하였다. 그는 목숨이 끊어지려 할 때 서원(誓願)을 세웠다. '나는 사리불과 목련을 공양한 공덕의 인연으로 이 광야에 나되, 힘센 귀신이 되어 이 사람들을 죽이리라.' 이렇게 말하고 곧 숨이 졌다. 그리고 그는 그 광야에서 귀신으로 바꿔 나서 큰 독기를 뿜어 많은 사람들을 죽였다.

어떤 지혜로운 사람이 그 광야에 가서 그 귀신을 찾아 말하였다. "너는 지금 한량없이 사람을 죽여 그 고기를 다 먹지 못하고 그저 썩히기만 하는구나. 원컨대 우리를 용서하고 저 소나 말을 죽여라. 그렇게 하면 하루에 한 사람씩을 너에게 대어 주리라." 그리하여 그 나라 사람들은 모두 제비를 뽑아 하루에 한 사람씩 죽음을 당하게 되었다.

이리하여 발수타라(拔須陀羅)라는 장자에게 그 차례가 갔다. 그는 한 사내아이를 낳았다. 복덕이 있고 얼굴이 단정하였는데 그 귀신(鬼神)에게 먹히게 되었다. 장자는 생각하였다. '부처님께서는 세상에 나셔서 괴로워하는 모든 중생들을 구제하여 주십니다. 원컨대 부처님께서는 제 아들을 오늘의 이 액난에서 건져 주소서.'

그때 부처님께서는 왕사성에 계시다가 그 장자의 마음을 아시고 곧 광야로 가서 그 귀신의 궁전 안에 앉아 계셨다.

귀신은 부처님을 와서 보고 매우 화를 내어 부처님께 말하였다. "사문이여, 나가라."

부처님께서 곧 나오셨다. 귀신이 막 궁전 안에 들어가면 부처님도 도로 들어가셨다. 이렇게 세 번 되풀이하다가 네 번째에는 부처님께서 나가지 않으셨다.

귀신은 이렇게 말하였다. "만일 나가지 않으면 네 마음을 미치게 하고, 네 다리를 잡아 황하 복판에 던져 버릴 것이다."

부처님께서는 말씀하셨다. "나는 이 세상에서 어떤 하늘이나 악마나 법으로도 내 다리를 잡아 그렇게 하는 자를 보지 못했다."

귀신은 말하였다. "그렇다면 나로 하여금 네 가지 일을 묻게 하라. 나는 말하리라.

첫째는 무엇이 급한 물결을 잘 건너가는가?

둘째는 무엇이 큰 바다를 잘 건너가는가?

셋째는 무엇이 모든 고통을 잘 없애는가?

넷째는 무엇이 깨끗함을 잘 얻는가?"

부처님께서는 곧 대답하셨다. "믿음이 급한 물결을 잘 건너고, 방일하지 않는 것이 큰 바다를 잘 건너며, 정신이 고통을 잘 없애고, 지혜가 깨끗함을 얻느니라."

그는 이 말을 듣고 곧 부처님께 귀의하여 부처님의 제자가 되었다. 그리고 손에서 그 아이를 내어 부처님 발우 안에 두고 아이 이름을 광야수(曠野手)라 지었다. 아이가 점점 자라나자 부처님께서 그를 위해 설법하시니 그는 아나함의 도를 얻었다.

비구들은 아뢰었다. "부처님께서 세상에 나오심은 참으로 놀라우신 일입니다. 그 광야의 그런 나쁜 귀신을 항복받아 우바새(優婆塞)를 만들었습니다."

　　부처님께서는 말씀하셨다. "그것은 오늘만이 아니라 과거(過去)에도 그러하였느니라. 과거에 가시국과 비제혜국 중간에 큰 광야가 있었고, 거기에 사타로(沙吒盧)라는 악귀가 있어 길을 끊었기 때문에 아무도 거기를 지나가지 못하였다. 사자(師子)라는 상인(商人) 우두머리가 5백 명 상인을 데리고 그 길을 지나가려 하였으나 사람들이 두려워하여 지나갈 수가 없었다.

　　우두머리는 말하였다. '부디 두려워하지 말고 그저 내 뒤를 따르라.'

　　이에 앞으로 나아가 그 귀신이 있는 곳에 이르르니, 귀신이 말하였다. '너는 내 이름을 듣지 못하였는가?'

　　우두머리가 대답하였다. '나는 네 이름을 알기 때문에 싸우러 온 것이다.'

　　'너는 무엇이 능한가?'

　　그는 곧 활을 잡아 귀신을 쏘되 5백 발을 쏘았다. 그러나 그것은 모두 귀신의 뱃속으로 사라졌다. 그리고 다시 활과 칼 따위의 무기를 썼으나 그것들도 모두 귀신의 뱃속으로 들어갔다. 앞으로 나아가 주먹으로 치면 주먹도 그 뱃속으로 들어가고, 오른손으로 때리면 오른손이 그 몸에 붙고, 오른발로 차면 오른발이 그 몸에 붙으며, 왼발로 차면 왼발이 붙고, 머리로 치면 머리가 붙었다. 귀신(鬼神)은 게송(偈頌)으로 말하였다.

　　　너는 손과 발과 또 머리를 써도
　　　모든 것은 다 내 몸에 붙거늘
　　　다른 사람의 어떤 물건이 붙지 않으랴.

　　우두머리도 게송(偈頌)으로 대답하였다.

지금 내 손과 발과 또 머리와
모든 재물(財物)과 무기(武器)들은 붙어도
오직 정진(精進)만은 너에게 붙지 않나니.

만일 정진을 쉬지 않으면
너와의 싸움도 그만두지 않을 것이요,
내가 지금 이 정진을 쉬지 않으면
마침내 너를 두려워하지 않으리라.

그때 그 귀신은 말하였다. '지금 너를 위하여 저 5백 상인들
을 모두 놓아 주어 가게 하리라.' 그때의 사자는 바로 지금의 내
몸이요, 사타로는 지금의 저 광야의 귀신(鬼神)이니라."

98. 재상(宰相)이 법을 듣고 욕심(慾心)을 떠난 인연

부처님께서는 왕사성에 계셨다. 빈바사라왕에게 큰 재상(宰相)
이 있었다. 그는 왕과 함께 자주 부처님께 나아가 부처님께서 말
씀하시는 욕심 떠나는 설법 이욕법(離欲法)을 듣고, 그 뒤로는 그
부인에게 가지 않았다. 부인은 나쁜 마음을 품고 독약을 구하여
음식에 넣어 부처님을 청하여 드리려 하였다. 남편은 부인이 나쁜
마음을 품고 있는 것을 알고 부인에게 그 음식을 청하자, 부인은
그것을 주지 않고 다른 음식을 주었다.

부처님께서 오시자 남편은 부처님께 아뢰었다. "그 음식은 자
시지 마소서."

부처님께서 물으셨다. "왜 먹지 말라고 하는가?"

"독이 있기 때문입니다."

부처님께서 말씀하셨다. "이 세상에는 세 가지 독보다 더한 독은 없지마는 나는 그것을 벌써 없앴거늘 어떤 조그만 독이 나를 해칠 수 있겠는가?"

부처님께서 그 음식을 자셨으나 조금도 이상이 없었다. 그때 재상의 부인은 믿는 마음을 내었다. 부처님께서 그들을 위해 설법하시어 그들 부부는 모두 수다원을 얻었다. 비구들이 모두 처음 보는 일이라고 찬탄하였다.

부처님께서는 말씀하셨다. "그것은 오늘만이 아니라 과거 세상에서도 그를 교화하였느니라.

옛날 가시국왕에게 비도혜(比圖醯)라는 지혜로운 신하가 있었다. 그는 항상 도법으로 국왕을 돕고 또 여러 신하들도 모두 선한 법을 닦게 하였다. 그때 명상(明相)이라는 용왕이 비도혜에게 자주 오가면서 그 법의 말을 들어 받들고는, 아내에게 가는 걸음이 드물어졌다. 용의 아내는 성을 내어 이렇게 말하였다. '저 비도혜의 심장을 얻어 불에 제사하고 그 피를 마셔야 살겠다.'

그때 그 용왕과 그의 아내와 자주 오가면서 친히 지내는 야차 귀신이 있었다. 그는 용왕 아내의 말을 듣고 대답하였다. '내가 얻을 수 있다.' 그리하여 용의 아내 곁에 있던 여의주를 가지고 가서 이제 상인이 되어 가시국왕에게로 갔다. 그는 왕과 함께 저포(樗蒲) 놀이를 하였다. 그는 여의주를 걸고 왕은 그 나라의 창고를 걸고, 또 비도혜를 한몫으로 하여 여의주에 맞섰는데 야차가 이겼다. 그러나 야차는 그 나라의 창고는 취하지 않고 다만 비도혜만 요구하고서는 여의주를 왕에게 주었다.

왕은 비도혜에게 물었다. '그대는 가고 싶은가?'

그는 대답하였다. '가고 싶습니다.'

그리하여 야차는 비도혜를 데리고 갔다. 비도혜는 야차에게 물었다. '나를 찾아온 것은 무슨 뜻이었는가?' 야차는 대답하지 않았다.

그러나 이렇게 간절히 묻기를 그치지 않으므로 마침내 말하였다. '용왕의 부인이 당신의 심장을 취하여 불에 제사하고 당신의 피를 취하여 마시고자 합니다.'

비도혜는 말하였다. '만일 그대가 나를 죽여 심장과 피를 가지고 간다면 모든 사람의 심장과 피는 다 똑같은 것인데, 그것이 누구의 것인지 어떻게 알겠는가? 너는 나를 죽이지 말고 데리고 가라. 그가 내 심장을 필요로 한다면 그 대신 나는 내 지혜를 줄 것이요, 그가 내 피를 필요로 한다면 그 대신 나는 내 법을 줄 것이다.'

이 말을 듣고 야차는 생각하였다. '이 분은 참으로 지혜로운 사람이다.' 그리하여 그를 데리고 용왕에게로 가자 용왕은 그를 보고 매우 기뻐하였다. 비도혜는 그들을 위해 설법하였다. 용왕(龍王) 부부와 그 권속들은 모두 공경하고 믿는 마음을 내어 5계(戒)를 받았고, 또 야차 무리들도 5계를 받았다.

그때 염부제 안에 있는 용과 야차들은 모두 많은 보물을 가지고 와서 비도혜에게 주었고, 비도혜는 그것을 왕에게 바치고, 또 백성들에게 나누어 주었다.

그리고 염부제의 사람과 용과 귀신들은 모두 오계(五戒)를 받고 열 가지 선행(善行)을 닦았느니라. 그때의 비도혜는 바로 지금의 내 몸이요, 명상 용왕은 지금의 선견(善見) 재상이며, 용왕의 아내는 바로 지금의 재상 부인이요, 왕은 저 사리불이며, 야차는 바로 지금의 목련이니라."

99. 니건자(尼乾子)들이 불구덩이에 몸을 던졌다가 부처님께 제도(濟度)된 인연

부처님께서는 사위국에 계셨다. 그때 부처님께서는 삿된 소견 (所見)을 가진 외도(外道)의 여섯 스승과 그 권속들을 교화하고 항복받아 그들을 모두 무너져 흩어지게 하였다.

그리하여 5백 명 니건자들은 서로 말하였다. "우리 무리들은 완전히 패해 모두 흩어졌다. 차라리 불에 타 죽어 빨리 뒷 세상으로 가는 것만 못하다." 이렇게 말하고, 섶을 모아 불을 질러 타 죽으려 하였다.

부처님께서는 매우 가엾이 여겨 그들의 고통(苦痛)을 뽑아 없애려고 그 불을 붙지 않게 하시고, 그들 곁에서 화광삼매에 드셨다. 그들은 그 큰 불덩이를 보고 마음으로 기뻐하여 이렇게 말하였다. "우리는 구태여 불을 지를 필요가 없다. 모두 저 속에 몸을 던지자." 그리하여 그들은 그 불덩이 곁으로 갔다.

그런데 몸이 갑자기 맑고 시원해지면서 매우 유쾌하고 즐거워졌다. 그들은 그 불 속에 계시는 부처님을 뵙고 더욱 기뻐하면서 출가하기를 청하였다.

부처님께서 말씀하셨다. "잘 왔구나, 비구들이여." 그러자 그들의 수염과 머리털은 이미 떨어졌고 법복은 몸에 입혀져 있었다. 부처님께서 그들을 위해 설법하시니 그들은 모두 아라한(阿羅漢)이 되었다.

비구들은 말하였다. "참으로 놀랍구나. 세존께서는 저 니건자들을 스스로 타 죽는 고통에서 건져 주시고, 또 아라한이 되게 하셨다."

부처님께서는 말씀하셨다. "그것은 오늘만이 아니다. 옛날 사위국의 5백 명 상인들은 바다에 들어가 보물을 캐기로 하였다. 그래서 비사거(比舍佉)라는 우두머리 상인(商人)은 여러 상인들을 데리고 바람을 따라 나가 보물이 있는 곳에 이르러 보물을 캐어 배에 실었다.

상인들은 보물에 탐이 생겨 보물을 너무 무겁게 배에 실었다. 그래서 비사거는 여러 상인들에게 말하였다. '보물을 너무 무겁게 싣지 말라. 너희들의 목숨을 잃을 것이다.' 그러나 여러 상인들은 그 말을 듣지 않고 차라리 보물과 함께 죽을지언정 버릴 수는 없다고 하였다.

우두머리는 곧 그 배의 보물을 모두 물 속에 던지고 여러 상인들을 자기 배에 태웠다. 여러 보물배들은 모두 바다 속에 침몰하였다. 바다 신(神)은 그 우두머리가 보물을 버려 상인들을 구하는 것을 보고 마음으로 기뻐하여 그 우두머리가 버린 보물들을 가지고 날아와 그의 앞에 있다가 바다에서 나오자 우두머리에게 돌려주었다.

여러 상인들은 말하였다. '우리는 왜 그 보물 있는 데서 목숨을 버리지 않고 이런 고통을 당하는가?' 비사거는 그들을 매우 가엾이 여겨 그가 얻은 보물을 모두 그들에게 나누어 주었다. 그리고 집을 떠난 외도(外道)들의 법을 닦아 오신통(五神通)을 얻었다.

상인들은 말하였다. '저런 큰 선비는 재보를 탐하지 않고 스스로 그 뜻을 닦았기 때문에 큰 이익을 얻었다. 우리도 저이를 본받아야 한다.' 그리고 모두 그 보물을 버리고 선인들이 있는 곳으로 가서 그 법을 닦아 익혀 모두 오신통(五神通)을 얻었느니라. 비구들이여 그때의 비사거는 바로 지금의 이 내 몸이요, 5백 상인들은 바로 지금의 저 니건자들이다."

100. 오백 마리 흰 기러기가 법을 듣고 하늘에 난 인연

부처님께서는 사위국에 계셨다. 그때 반차라국에서 5백 마리 흰 기러기를 바사닉왕에게 바쳤다. 왕은 그것을 기원정사에 보내었다. 여러 스님들의 밥 때에는 사람들이 와서 밥을 빌었다. 그 기러기도 스님들이 모인 것을 보고 그 앞에 와서 섰다. 부처님께서는 한 음성(音聲)으로 설법하시지마는 중생(衆生)들은 각기 제 기틀을 따라 그것을 이해하는 것이다. 그때 기러기들도 부처님 말씀을 이해하여 설법(說法)을 듣고는 모두 기뻐하여 우는 소리를 서로 받으면서 못으로 돌아갔다.

그 뒤에 날개가 길게 자라 다른 곳으로 날아갔는데 사냥꾼이 그물로 덮어 모두 죽게 되었다. 그물에 걸렸을 때 한 마리가 소리를 치자 여러 마리가 모두 받았으니 그것은 설법을 들을 때의 그 소리였다. 그들은 착한 마음으로 말미암아 죽어서 도리천에 났다.

하늘에 났을 때에는 세 가지를 생각한다.
첫째는 '나는 본래 어디서 왔는가?'이고,
둘째는 '다음에는 어디서 날 것인가?'이고,
셋째는 '전생에 어떤 업을 지었기에 이 하늘에 나게 되었는가?'이다. 그 기러기들은 생각하여 보았다. '우리는 전생의 인(因)을 살펴보았지마는 다른 선행은 없고, 오직 부처님에게서 법을 들은 것뿐이다.' 이렇게 생각하고 5백 천자들은 부처님 앞에 내려왔다. 부처님께서 그들을 위해 설법하시니 그들은 모두 수다원을 얻었다.

바사닉왕이 마침 부처님께 나아갔다. 전에는 항상 5백 마리 기러기가 부처님 앞에 늘어서 있는 것을 보았는데, 그 날은 보이지 않기 때문에 부처님께 아뢰었다. "여기 있던 그 기러기들은 모두 어디로 갔습니까?"

"기러기들을 보고 싶은가?"

"보고 싶습니다."

부처님께서는 말씀하셨다. "그 기러기들은 다른 곳으로 날아 갔다가 사냥꾼에게 잡혀 목숨을 마치고 하늘에 났소. 지금 이 좋은 하늘관을 쓰고 얼굴이 뛰어나게 단정한 5백 천자들이 바로 그들인데, 지금 법을 듣고 모두 수다원을 얻었소."

왕은 아뢰었다. "이 기러기들은 어떤 업의 인연으로 축생(畜生)에 떨어졌다가 목숨을 마치고는 천상(天上)에 났으며, 또 지금 도를 얻었습니까?"

부처님께서는 말씀하셨다.

"옛날 가섭부처님 때 5백 명 여자들이 모두 계를 받았으나 마음을 좋게 가지지 못해 그 받은 계율을 깨뜨렸고, 그 계율을 범하였기 때문에 축생에 떨어져 이 기러기가 되었소.

그러나 그 계율을 받았기 때문에 나를 만나 법을 듣고 도를 얻었소. 그리고 기러기 몸으로 있으면서 법을 들은 인연으로 천상에 난 것이오."

101. 제바달다가 호재(護財)라는 술취한 코끼리를 놓아 부처님을 해치려 한 인연

부처님께서는 왕사성에 계셨다. 그때 제바달다는 호재(護財)라는 술취한 코끼리를 놓아 부처님을 해치려 하였다. 그래서 5백 아라한들은 모두 허공으로 날아갔으나 오직 아난만은 부처님 뒤에 남아 있었다. 그때 부처님께서는 오른손을 드시었다. 흰 호재 코끼리는 5백 마리 사자를 보고 두려워하여 곧 항복하였다. 그러자 5백 비구들은 모두 부처님을 버리고 달아났는데, 오직 아난만은 부처님 뒤에 남아 있었다.

부처님께서는 말씀하셨다. "이런 일은 지금만이 아니라 과거에도 그러하였느니라.

옛날 가시국에 5백 마리 기러기가 짝이 되어 살고 있었다. 그때 그 기러기들 왕의 이름은 뢰타(賴吒)요, 뢰타에게는 소마(素摩)라는 신하가 있었다. 그때 기러기 왕은 사냥꾼에게 잡히게 되었다. 5백 마리 기러기 떼들은 모두 그를 버리고 달아났지마는 오직 소마만은 그를 버리지 않고 따라다녔다. 그리고 사냥꾼에게 말하였다. '우리 왕을 놓아 주십시오. 지금 내가 내 몸으로 대신 하겠습니다.' 그러나 사냥꾼은 듣지 않고 마침내 기러기 왕을 범마요왕(梵摩曜王)에게 바쳤다.

왕은 기러기 왕에게 물었다. '편안한가?'

기러기 왕은 대답하였다. '왕의 큰 은혜를 입어 왕의 맑은 물을 마시고 또 좋은 풀을 먹고 생명을 보전하면서 언제나 편안하게 이 나라에서 살아갑니다. 원컨대 대왕은 저 모든 기러기들을 놓아 주어 두려움이 없게 하여 주십시오.'

그때 5백 마리 기러기들은 왕의 궁전 위의 허공에서 소리를 쳤다. 왕은 물었다. '저것은 어떤 기러기인가?'

기러기 왕은 대답하였다. '저것들은 내 권속입니다.' 왕은 그들에게 두려움이 없게 하려고 나라에 영을 내려 기러기를 죽이는 것을 허락하지 않았다.

기러기 왕은 왕에게 아뢰었다. '부디 바른 법으로 나라를 다스리십시오. 세상은 덧없는 것입니다. 비유하면 사방(四方)의 산, 즉 끝없이 높은 동방의 큰 산이 갑자기 들어오고, 남방(南方), 서방(西方), 북방(北方)의 산(山)도 또 그와 같이 와서 이 세상을 갈아 부술 때에는 일체 중생과 사람과 귀신들이 모두 없어지지마는 그것을 피할 수 없고, 믿을 데가 없으며, 구제할 수도 없는 것과 같습니다.

그때를 당해서 무엇을 믿고 힘입겠습니까? 오직 이런 것을 생각하고 부디 사랑하는 마음으로 일체 중생을 두루 기르고, 바른 법을 닦고 행하여 온갖 공덕을 지으십시오. 대왕이여, 아셔야 합니다.

어떠한 부귀(富貴)도 사방(四方)에서 오는, 쇠(衰)하고 멸(滅)하는 법(法)에 꺾이고 부서져 허무로 돌아가는 것입니다. 또 어떠한 건강(健康)도, 사방에서 오는 온갖 병(病) 때문에 부서지고 멸하는 것입니다. 어떠한 젊음도 사방(四方)에서 오는 쇠약의 산 때문에 부서지는 것입니다. 또 어떠한 생명(生命)도 사방에서 오는 죽음의 큰 산(山) 때문에 무너지고 멸하는 것입니다.

이와 같은 네 산은 일체가 다 가진 것으로서, 어떤 하늘이나 용이나 사람이나 귀신 등의 생명을 가진 무리는 그것을 면할 수 없는 것입니다. 그러므로 항상 사랑하는 마음을 닦고 정성껏 바른 법을 행하십시오.

만일 그렇게 할 수 있다면 죽을 때에도 후회하지 않을 것입니다. 후회하지 않기 때문에 좋은 곳에서 나서 반드시 성현을 만날 것이요, 성현을 만나게 되면 생사를 벗어날 수 있을 것입니다.'

왕은 소마에게 물었다. '너는 왜 잠자코 있는가?'

소마는 대답하였다. '지금 기러기 왕과 사람의 왕이 같이 말씀하고 계신데, 만일 거기 끼어들어 말하면 그것은 예의가 아니어서 위에 대하여 공경하고 정성된 마음이 없는 것이기 때문입니다.'

왕은 말하였다. '이는 실로 희유한 일이로다. 너는 기러기 몸

으로서 능히 그러한 충신의 절개를 지키는구나. 그것은 사람으로
서도 미치지 못할 바이다. 그리고 네 목숨으로 기러기 왕을 대신
하려 하였고, 또 겸손하여 말에 참여치 않으니, 너희들과 같은 군
신의 의리는 참으로 세상에 드문 것이다.'

　　왕은 곧 금아(金錏)를 그들의 머리에 씌워 주고, 또 좋은 비단
으로 기러기 왕의 머리에 매어 보내면서 말하였다. '너는 아까 나
를 위해 좋은 법을 말하였기 때문에 곧 놓아 주는 것이다.'

　　그때의 기러기 왕은 바로 내 몸이요, 소마는 바로 아난이며,
사람의 왕은 아버지 정반왕이요, 그 사냥꾼은 바로 제바달다이니
라."

잡보장경 제9권

102. 가전연(迦栴延)이 악생왕(惡生王)을 위해 여덟 가지 꿈을 풀이한 인연

옛날 악생왕이 잔인하고 사나운 행동으로 남을 가엾이 여기는 마음이 없고 삿된 소견이 왕성하였다. 부처님께서는 매우 가엾이 여겨 제자들을 보내어 여러 나라로 돌아다니면서 교화하게 하셨다.

가전연은 바로 그 악생왕국의 바라문 종족이다. 부처님께서는 곧 가전연을 본국으로 보내어 국왕과 백성들을 교화하게 하셨다. 그때 존자 가전연은 부처님의 분부를 받고 이내 본국으로 돌아갔다. 그때 악생왕은 바른 도를 보지 못하고 삿된 도를 받들어 섬겼다. 그래서 언제나 이른 아침에는 사람을 만나지 않고, 먼저 하늘 신(神)을 섬기는 사당(祠堂)에 절하였다.

그때 가전연은 그 악생왕을 교화하기 위해 아침 일찍 일어나 다른 사람으로 변하되, 마치 얼굴이 단정한 멀리서 온 사자처럼 꾸미고, 왕의 문 안에 들어가 왕을 뵐 때에야 본래 모양으로 돌아가 사문의 형상이 되었다. 왕은 특히 머리를 깎은 도사를 미워하였다.

그래서 왕은 매우 화를 내어 말하였다. "너를 이제 죽이겠다." 왕은 곧 사람을 시켜 가전연을 잡아다 죽이려 하였다.

가전연은 왕에게 아뢰었다. "내가 무슨 허물이 있기에 죽이려고 합니까?"

왕은 말하였다. "머리를 깎은 너희들을 보면 불길하다. 그래서 지금 너를 죽이려는 것이다."

존자 가전연은 대답하였다. "그 불길은 내게 있고 왕에게 있는 것이 아닙니다. 왜냐 하면, 왕은 비록 나를 보아도 아무 손해가 없지마는 내가 왕을 보면 왕은 나를 죽이려 합니다. 이것으로 미루어 '그 불길은 바로 내게 있다'고 말한 것입니다."

왕은 본래 총명하므로 이 말을 듣고는 곧 그 뜻을 깨닫고 가전연을 놓아 주면서 나쁜 마음을 내지 않았다.

그리고 가만히 두 사람을 보내어 뒤를 따르게 하면서 그가 머무르는 곳과 먹는 음식은 어떤 것인가를 살피게 하였다. 그들은 가전연이 나무 밑에 앉아 빌어온 밥을 먹되, 밥을 얻었을 때에는 그들에게도 나누어 주고, 남은 것이 있으면 물 속에 쏟아 버리는 것을 보았다.

그들이 돌아가자 왕은 물었다. "존자가 머무르는 곳과 먹는 음식은 어떻던가?" 그들은 위에서 본 대로 자세히 왕에게 아뢰었다.

그 뒤에 왕은 존자 가전연을 청하여 거친 음식을 주고 사람들을 보내어 물었다. "지금 그 음식이 마음에 맞는가?"

가전연은 대답하였다. "음식의 본 뜻은 먼저 배를 채우는 데 있다."

그 뒤에 다시 부드럽고 맛난 음식을 주고 또 사람을 보내어 물었다. "마음에 드는가?"

존자는 또 대답하였다. "음식의 본 뜻은 배를 채우는 데 있다."

그 뒤에 왕은 존자에게 물었다. "내가 음식을 주었을 때 거칠고 부드러운 것을 가리지 않고, 다만 '배를 채우는 데만 있다'고만 말하니, 그것은 무슨 뜻인가?"

존자 가전연은 대답하였다. "몸과 입은, 비유하면 부엌에서는 전단(栴檀)도 타고 더러운 똥도 타는 것처럼, 우리 몸과 입도 그러하여 음식에는 거칠고 부드러운 것 없이 배를 채우면 그만입니다." 그리고 게송(偈頌)으로 말하였다.

이 몸은 마치 수레와 같아
좋고 나쁜 것 가림이 없다.
향기로운 기름이나 냄새 나는 기름이나
조리(調利)하는 데에는 똑같으니.

왕은 그 말을 듣고 그의 큰 덕을 깊이 알았다. 그리고 거칠고 부드러운 음식을 바라문들에게 주어 보았다. 바라문들은 처음에 거친 음식을 받았을 때에는 모두 화를 내어 얼굴빛을 변하고 꾸짖다가 나중에 부드러운 음식을 줄 때에는 기뻐하고 찬탄하였다. 왕은 바라문들이 음식을 따라 기뻐하고 노여워하는 것을 보고는 가전연을 더욱 믿고 공경하였다.

그때 존자의 외생녀(外生女)는 일찍부터 성 밖의 바라문 촌에 살고 있었는데, 좋은 머리털을 가지고 있었다. 안거 때가 되어 그는 지극한 마음으로 공양하기 위하여 자기 머리털을 팔아 5백 냥 금전을 받아 가전연을 청하여 여름 안거 동안 공양하였다. 그래서 존자 가전연은 여름 안거를 거기서 마치고 성 안으로 돌아왔다.

그때 악생왕의 궁문(宮門) 안에 갑자기 죽은 꿩 한 마리가 있었는데, 그것은 전륜왕이 먹던 꿩과 같았으므로 악생왕은 그것을 먹으려 하였다. 어떤 지혜로운 신하가 왕에게 아뢰었다. "이 꿩을 그냥 드시지 마시고 먼저 시험해 보셔야 합니다." 왕은 그 말을 따라 곧 사람을 시켜 그 고기 한 점을 베어 개에게 주었다. 개는 그 고기 맛을 탐하여 혀까지 한꺼번에 먹고는 그만 죽어 버렸다. 또 그 고기를 조금 베어 어떤 사람에게 시험해 보았다. 그 사람도 그 고기를 먹다가 그 맛을 탐하여 마침내 제 손까지 깨물어 먹고는 죽어 버렸다.

왕이 그것을 보고 매우 두려워하자 어떤 사람이 말하였다. "이 고기는 전륜왕이나 번뇌가 없는 지혜를 가진 도인이라야 먹을 수 있는 것입니다."

왕은 곧 사람을 시켜 그 고기로 맛난 음식을 만들어 존자 가전연에게 보내었다.

가전연은 그것을 먹었는데도 몸이 아주 편안하였다. 뒤에 왕은 사람을 보내어 살펴보게 하고는 가전연의 안색이 보통 때보다 더 뛰어나다는 것을 듣고는 더욱 존경하였다. 그리고 저 외도(外道)의 바라문들을 업신여기고 천하게 여겼다.

왕은 가전연에게 물었다. "존자는 이 여름에 어디서 안거를 지내시고 지금 오십니까?"

존자는 외생녀가 머리털을 팔아 돈을 얻어 스님들을 공양하였다는 말을 자세히 하였다.

왕은 그 말을 듣고 이렇게 말하였다. "우리 궁중에 머리털이 매우 아름다운 사람이 있습니다. 그러나 그는 불과 몇 닢 안 되는 동전밖에 받지 못하였는데, 지금 그 여자의 머리털은 5백 냥의 금전을 받았다 하니, 그 여자는 머리털만 보통이 아닐 뿐 아니라 반드시 얼굴도 아름다울 것입니다."

왕은 곧 그 여자 부모의 성명을 묻고는 사람을 보내어 거기 가서 그 여자를 직접 보게 하였는데, 그 자태의 뛰어남은 과연 그 추측과 같았다. 왕은 사자를 보내어 그를 맞아 부인으로 삼으려 하였다. 그런데 그 여자의 집에서는 많은 보물과 도시와 촌락을 요구하였다. 왕은 다시 생각하였다. '그것을 주더라도 여자가 올 때에는 그것은 모두 내게 돌아온다.' 곧 승낙(承諾)하고 그를 맞아들여 부인으로 삼기로 하였다.

처음으로 맞이하는 날에는 온 나라가 모두 기뻐하면서 경사라고 일컬었다. 그 뒤에 또 큰 사면령을 내려 방면하고, 그 부인 이름을 시바구사(尸婆具沙) 부인이라 짓고, 왕은 매우 아끼고 사랑하였다. 그 뒤에 태자를 낳았는데, 이름을 교바라(喬婆羅)라 하였다.

어느 때 왕은 자다가 꿈에 여덟 가지 일을 보았다.

첫째는 왕의 머리에 불이 붙었고,

둘째는 두 마리 뱀이 왕의 허리를 감았으며,

셋째는 가는 쇠그물이 왕의 몸을 감았고,

넷째는 두 마리 빨간 고기가 왕의 두 발을 삼켰으며,

다섯째는 네 마리 흰 따오기가 왕을 향해 날아왔고,

여섯째는 겨드랑이까지 빠지는 피의 진흙 속으로 다녔으며,

일곱째는 태백산에 올랐고,

여덟째는 황새가 머리 위를 스쳐 갔다.

왕은 꿈에서 깨어나 상서롭지 못하다 생각하고, 근심하고 슬퍼하다가 곧 바라문들에게 가서 물었다. 바라문들은 본래부터 왕을 꺼렸고 또 존자를 질투하였기 때문에 왕의 이 꿈 이야기를 듣고 말하였다. "대왕의 꿈은 매우 불길합니다. 만일 푸닥거리를 하지 않으면 그 화가 왕의 몸에 미칠 것입니다."

왕은 그 말을 듣고는 실로 그렇다 생각하고 더욱 근심하고 번민하면서 그들에게 물었다. "푸닥거리를 할 때에는 어떤 물건을 써야 하는가?"

바라문들은 말하였다. "거기에 쓸 것은, 대왕이 매우 사랑하는 것입니다. 우리가 말해도 왕은 결코 그렇게 하시지 못할 것입니다."

왕은 대답하였다. "그 꿈이 하도 나빠 다만 그 재화가 내 몸에 미칠까 두려울 뿐이다. 내 몸 이외에 다른 것은 아까운 것이 없다. 부디 나를 위해 거기에 필요한 물건을 말하라."

바라문들은 왕이 간절한 것을 보아 그 마음이 지극한 것을 알고, 왕에게 말하였다. "그 꿈에 여덟 가지가 있으므로 여기에도 꼭 여덟 가지를 행해야 그 재앙을 막을 수 있습니다.

　　첫째는 왕의 사랑하는 부인 시바구사를 죽여야 하고,

　　둘째는 왕의 사랑하는 태자 교바라를 죽여야 하며,

　　셋째는 재상인 대신을 죽여야 하고,

　　넷째는 왕의 소유인 오신(烏臣)을 죽여야 하고,

　　다섯째는 하루에 3천 리를 달리는 왕의 코끼리를 죽여야 하며,

　　여섯째는 하루에 3천 리를 달리는 왕의 낙타를 죽여야 하며,

　　일곱째는 왕의 그 좋은 말을 죽여야 하고,

　　여덟째는 까까머리 가전연을 죽여야 하는 것입니다.

　　금후 이레 동안 그 여덟 가지를 죽여 그 피를 모으고 그 가운데로 다니면 그 재앙을 면할 수 있을 것입니다."

　　왕은 그 말을 듣고 자기 목숨이 중했기 때문에 곧 허락하고, 궁중으로 돌아와 근심하고 번민하였다.

　　부인이 왕에게 물었다. "왜 그러십니까?"

　　왕은 부인에게 그 상서롭지 못한 꿈을 자세히 이야기하고, 또 바라문이 말한 꿈의 재앙을 막는 조건을 이야기하였다. 부인은 이 말을 듣고 아뢰었다. "다만 대왕의 몸만 편안하여 재화가 없으시다면 첩의 천한 몸이야 말할 것이 있겠습니까?" 그리고는 다시 아뢰었다. "지금부터 이레 뒤에는 저는 죽음으로 돌아갈 것입니다. 그러므로 제가 저 존자 가전연에게 가서 엿새 동안 재를 닦고 법을 듣는 것을 허락하여 주십시오."

　　왕은 말하였다. "안 된다. 만일 네가 그에게 가서 그 사실을 말하여 그가 그런 줄을 안다면, 그는 나를 버리고 날아가 버릴 것이다." 그러나 부인이 하도 간청하기 때문에 왕은 할 수 없어 마침내 가는 것을 허락하였다.

부인이 존자에게 가서 예배하고 문안드린 지 사흘이 지났다. 존자는 이상히 여겨 물었다. "부인은 지금까지 여기 와서 밤을 지낸 일이 없었는데 이번에는 왜 보통 때와 다릅니까?"

부인은 말하였다. "왕의 악몽으로 인하여 지금부터 이레 뒤에는 우리들을 죽여 재화를 막을 것이니, 목숨이 얼마 남지 않았으므로 존자에게 법을 들으러 왔습니다." 곧 존자에게 왕의 꿈을 이야기하였다.

존자 가전연은 말하였다. "그 꿈은 매우 좋습니다. 장차 경사가 있을 것이니 걱정할 것 없습니다. 머리에 불이 붙었다는 것은 보주국(寶主國)에서 10만 냥 금의 가치가 있는 하늘관[天冠]을 가지고 와서 왕에게 바칠 것이니, 그 꿈은 바로 그것입니다."

부인은 만일 이레가 차면 왕에게 죽을 것이라는 생각 때문에 그것이 늦게 올까 걱정이 되어 존자에게 물었다. "그것은 언제 오겠습니까?"

"오늘 저녁 때 반드시 올 것입니다. 그리고 두 마리 뱀이 왕의 허리를 감았다는 것은 월지국왕(月支國王)이 10만 냥 금의 가치가 있는 칼 두 개를 바친다는 것이니, 그것은 밤이 되면 올 것입니다. 가는 쇠그물이 몸을 감았다는 것은 대진국왕(大秦國王)이 10만 냥 금의 가치가 있는 구슬 영락을 바친다는 것이니, 그것은 내일 새벽이면 올 것입니다. 빨간 고기가 발을 삼켰다는 것은 사자국왕이 10만 냥 금의 가치가 있는 비유리(毘琉璃) 보배 신을 바친다는 것이니, 그것은 내일 아침 때에 올 것입니다. 네 마리 흰 따오기가 왔다는 것은, 발기국왕(跋耆國王)이 황금 보배 수레를 바친다는 것이니, 그것은 내일 점심 때에 올 것입니다. 피의 진흙 속이란 안식국왕(安息國王)이 10만 냥 금의 가치가 있는 사슴털옷을 바친다는 것이니, 그것은 내일 점심 중참 때에 올 것입니다. 태백산에 올랐다는 것은 광야국왕(曠野國王)이 큰 코끼리를 바친다는 것이니, 그것은 내일 저녁 무렵에 올 것입니다. 황새가 머리 위를 스쳤다는 것은 왕과 부인 사이에 남모르는 사사로운 일이 있다는 것이니, 그 일은 내일 있을 줄 알아야 합니다."

과연 그 존자의 말과 같이 그때가 되자 여러 나라에서 바치는 물건이 모두 도착하였다. 그리하여 왕은 매우 기뻐하였다. 시바구사 부인은 본래 하늘관을 쓰고 있었는데 보주국에서 바친 하늘관을 겹쳐 써 보았다. 왕은 장난으로 시바구사 부인이 쓴 하늘관 하나를 벗겨 금만(金鬘) 부인의 머리에 씌웠다. 그러자 시바구사 부인은 화를 내며 말하였다. "만일 나쁜 일이 있었다면 내가 먼저 당했을 것입니다. 그런데 이제 하늘관을 얻으니 그에게 씌우십니까?"

그리고는 타락[酪] 그릇을 왕의 머리에 던지자 왕의 머리가 더러워졌다. 왕은 매우 화를 내어 칼을 뽑아 부인을 치려 하였다. 부인은 왕이 두려워 방안으로 달려 들어가 방문을 걸었다. 그래서 왕은 들어가지 못하였다. 그때 왕은 깨달았다. '존자가 남 모르는 사사로운 일이 있을 것이라고 해몽한 것이 바로 이것이구나.'

왕은 곧 부인과 함께 존자 가전연에게 가서 위의 사실을 자세히 이야기한 뒤에 말하였다. "법(法)이 아닌 삿되고 악(惡)한 말을 믿고, 하마터면 존자(尊者)님과 처자(妻子) 대신 등, 내가 사랑하는 사람들을 해치는 큰 죄악(罪惡)을 지을 뻔하였습니다. 이제 존자(尊者)님의 진실한 말을 듣고 어둡던 눈이 뜨이어 바른 도를 보고 나쁜 일에서 떠나게 되었습니다."

곧 존자를 청하여 공경하고 받들어 공양하였다. 그리고 모든 바라문들을 멀리 국경 밖으로 쫓아 버렸다. 왕은 존자에게 물었다. "어떤 인연이 있어 그와 같이 여러 나라에서 각각 그런 보물을 내게 보내었습니까?"

존자(尊者)는 대답하였다. "먼 옛날 91겁 전에 비바시라는 부처님이 계셨습니다. 그 부처님 때에 반두(槃頭)라는 나라가 있었습니다. 그 나라의 왕태자는 부처님을 믿고 정진하였습니다. 그는 부처님께 나아가 공양하고 예배한 뒤에 곧 자기가 가진 하늘관과 보배 칼, 영락, 큰 코끼리, 보배 수레, 흠바라 옷 따위를 그 부처님께 바쳤습니다. 그 복으로 말미암아 나는 곳마다 높고 귀하여 가지고 싶은 보물이 구하지 않아도 저절로 이르렀습니다."

왕은 이 말을 듣고 삼보(三寶)에 대하여 깊이 공경하고 믿는 마음이 생겼다. 그리하여 예배(禮拜)하고 궁중(宮中)으로 돌아갔다.

103. 황금 고양이의 인연(因緣)

옛날 악생왕이 동산(東山)에 나가 놀다가 동산 안의 집 위에서 황금 고양이 한 마리가 동북(東北)쪽에서 나와 서남(西南)쪽으로 들어가는 것을 보았다. 왕은 곧 사람을 보내어 땅을 파다가, 석 섬들이의 구리쇠 독을 하나 얻었는데, 거기에는 금전(金錢)이 가득 차 있었다.

좀더 깊이 파다가 또 독 하나를 얻었다. 이렇게 하여 세 개의 독을 얻었는데, 모두 석 섬들이였다. 또 곁으로 파다가 거기서도 구리쇠 독을 얻었다. 쉬지 않고 자꾸 파서 5리에 이르는 동안 모두 구리쇠 독을 얻었는데 거기에도 금전이 가득 차 있었다.

악생왕은 매우 이상히 여겨 곧 존자 가전연에게 가서 그 돈을 얻은 내력을 자세히 이야기하고는 말하였다. "나는 이것을 쓰려고 하는데 장차 내게나 백성들에게 어떤 재화가 없겠습니까?"

존자(尊者)는 대답하였다. "그것은 왕이 전생에 지은 인(因)으로 말미암아 얻은 복의 갚음입니다. 그저 쓰십시오. 탈이 없을 것입니다."

왕은 다시 물었다. "알 수 없습니다. 과거(過去)의 그 인(因)이 어떠합니까?"

존자는 대답하였다. "자세히 들으십시오. 먼 옛날 91겁 전 비바시 부처님의 끼친 법이 있을 때였습니다. 여러 비구들이 네거리에 높고 큰 자리를 만들고 그 위에 발우를 얹어 두고 이렇게 말하였습니다. '세상에 누가 이 든든한 창고(倉庫) 안에 돈을 넣겠는가? 이 창고에 넣은 돈은 물도 띄울 수 없고 불도 태울 수 없으며, 왕도 빼앗을 수 없고 도둑도 겁탈할 수 없을 것이다.'

그때 어떤 가난한 사람이 마침 나무를 팔아 돈 세 전을 얻은 것이 있었는데, 그는 이 말을 듣고 매우 기뻐하여 곧 그 돈을 모두 발우에 넣고 성심(誠心)으로 발원(發願)하였습니다. 그리고 집을 향해 5리 쯤 걸어오면서 걸음마다 기뻐하고, 집 문에 이르러서는 보시한 그곳을 향해 진심으로 발원(發願)하고는 집에 들어갔습니다."

존자(尊者)는 이어 말하였다. "그때의 그 가난한 사람이 바로 지금의 왕입니다. 왕은 과거(過去)에 세 전을 보시한 인연으로 말미암아 세상마다 존귀하여 그런 세 개의 돈 항아리를 얻었으며, 5리 동안 걸음걸음마다 기뻐한 인연으로 항상 5리 안에 그런 돈이 있게 된 것입니다."

왕은 전생(前生)의 인연을 듣고 기뻐하면서 떠나갔다.

104. 악생왕이 오백 개의 발우를 얻은 인연

옛날 악생왕이 울선연성(鬱禪延城)에 살 때 문지기가 이른 아침에 성문(城門)을 열었더니, 문 밖에 갑자기 5백 대 수레가 있었고, 그 수레에는 각각 보배 발우가 실려 있었는데, 거기에는 금좁쌀이 가득가득 담겨 있었다. 발우에는 모두 인(囚)을 찍어 봉하고, 글이 쓰여 있었는데, 이 발우를 악생왕에게 주노라'라고 되어 있었다.

그래서 문지기는 왕에게 아뢰었다. "성문 밖에 보배 발우가 있는데, 그 발우에 글이 쓰여 있기를, '왕에게 준다'고 되어 있습니다. 이상합니다. 지금 그것을 가져야 합니까?"

왕은 가만히 생각하였다. '저 보물이 갑자기 온 것은 혹 불길한 일이 아닌가? 만일 내가 저것을 가진다면 장차 우리 집이나 나라에 재화(災禍)가 되지 않을까?' 이렇게 생각하고는 존자(尊者) 가전연에게 나아가 물었다. "오늘 새벽에 성문을 열었더니 갑자기 보배 발우가 나타났는데, 거기에 인이 찍혀 있고, '악생왕에게 준다'는 글이 쓰여 있었습니다. 그 길흉을 알 수 없는데, 그것을 가져야 합니까?"

존자는 대답하였다. "그것은 왕이 전생에 지은 복의 갚음입니다. 그저 의심 말고 가지십시오."

왕은 다시 물었다. "내가 과거에 어떤 공덕을 닦았기에 이런 과보가 왔습니까?"

존자는 대답하였다. "옛날 91겁 전에 선인산에 어떤 벽지불이 있었습니다. 그는 비를 만나 발이 미끄러져 넘어지면서 사기 발우를 깨뜨렸습니다. 그래서 곧 옹기집으로 가서 사기 발우를 구걸하였습니다. 옹기장이는 못내 기뻐하면서 곧 다섯 개 발우에 물을 가득 담아 그에게 주었습니다. 그가 얻은 발우를 공중에 던지고, 몸을 솟구어 허공에 올라가 열여덟 가지 변화를 보이니, 모두들 한량없이 기뻐하였습니다.

그때의 옹기장이는 바로 지금의 왕이요, 그 부인은 바로 저 시바구사 부인이며, 아이는 교바라 태자요, 옹기를 산 이는 재상 부로규(富盧閎)이며, 그때 그 옹기를 산 이의 부인은 바로 지금의 저 재상(宰相) 부인입니다."

왕은 다시 물었다. "알 수 없습니다. 지금 저 발우들은 저절로 생긴 것입니까? 어디서 온 곳이 있습니까?"

존자는 대답하였다. "저 발우들은 저절로 생긴 것이 아니요, 항하(恒河: 갠지스강)의 용궁에서 온 것입니다. 이제 그 내력을 말하면, 옛날 라마왕(羅摩王)의 장인되는 바라문이 저 항하 곁에서 청정한 행을 닦고 있었습니다.

그때 라마왕은 날마다 보배 발우에 음식을 담아 그 장인에게 보내 주었습니다. 그런데 바라문 법에는 그릇을 두 번 쓰는 일이 없었습니다. 그래서 그 바라문은 음식을 먹고는, 발우를 항하에 버렸습니다. 장님인 용은 그 보배 발우를 주워 금좁쌀을 가득 담아 궁중에 두었습니다. 이렇게 버린 발우가 날마다 자꾸 많아졌는데 그래서 5백 수레의 발우를 얻게 되었습니다. 그러나 장님인 용이 목숨을 마친 뒤에 그 발우들을 관리할 아들이 없었습니다. 그래서 천제(天帝)가 왕이 옛날에 발우를 보시한 인연을 알고 지금 왕에게 낸 것입니다."

왕은 이 말을 듣고 그 보배 발우를 가져다 복(福)을 짓되, 두루 보시를 향하고 삼보(三寶)를 공양하였다. 그 인연(因緣)으로 후생(後生)에는 좋은 곳에 났다.

105. 비마천(毘摩天)에게 청하여
큰 부자(富者) 되기를 바란 인연

옛날 두 형제가 있었는데 집이 매우 빈곤하였다. 형은 날마다 아침 저녁으로 비마천(毘摩天)에게 정성껏 예배하면서 큰 부자(富者) 되기를 바랐다. 그리하여 그 아우를 들에 보내어 밭을 갈고 씨를 뿌리게 하였다.

이렇게 오랫동안 구하고 청하였다. 그때 비마천은 아우로 변하여 형의 곁에 갔다. 형은 화를 내어 말하였다. "왜 농사일을 하지 않고 무엇하러 여기 왔느냐?"

아우는 대답하였다. "형님은 절에서 밤낮 기도하면서 큰 부자가 되기를 바랍니다. 나도 오늘 형님을 본받아 재계(齋戒)하고 발원하여 큰 부자가 되기를 바라고 싶습니다."

형은 말하였다. "너는 밭도 갈지 않고 종자도 뿌리지 않으면서 풍족한 재물을 어떻게 얻을 수 있겠는가?"

아우는 대답하였다. "참으로 종자를 뿌려야 수확을 얻습니까?" 형은 대답하지 못하였다.

이에 비마천은 도로 하늘 형상으로 돌아가 그 형에게 말하였다. "지금 내 힘으로써 너를 도울 수가 있다. 오늘까지 보시를 행하였더라면 지금은 부자였을 것이다. 그런데 너는 과거(過去)에 보시(布施)를 행하지 않았기 때문에 지금은 빈궁(貧窮)하게 되었다. 지금 아무리 밤낮 정성으로 내게 많은 재물을 구하더라도 그것을 얻을 수 없을 것이다. 마치 암바라(菴婆羅)나무에서 열매를 구하려 할 때 겨울이라면 아무리 백천(百千)의 하늘신을 받들어 섬기더라도 그 열매를 얻을 수 없는 것처럼 너도 그와 같아서 전생(前生)에 인(因)을 닦지 않았으므로, 아무리 내게 큰 부자 되기를 구하여도 얻을 수 없을 것이다. 다만 열매가 익으면 구하지 않아도 스스로 얻어지는 것이다."

그는 게송(偈頌)으로 말하였다.

복(福)의 업(業)은 익은 열매 같나니
신(神)에게 제사(祭祀)하여 얻는 것이 아니다.
사람은 계율(戒律)의 수레를 탄 뒤에야
저 천상(天上)에 이를 수 있고
선정(禪定)의 지혜(智慧)는 꺼지는 등불 같아
하염없는 그곳에 이르게 되네.

106. 귀자(鬼子)의 어머니가 아들을 잃은 인연

귀자(鬼子)의 어머니는 늙은 귀신의 왕 반사가(般闍迦)의 아내로서 1만 명의 아들을 두었는데, 모두 큰 역사의 힘이 있었다. 제일 작은 아들은 이름이 빈가라(嬪伽羅)였다.

귀자의 어머니는 흉악하고 요사하며 사나워 사람의 아이들을 잡아먹었으므로 사람들은 걱정하여 부처님께 아뢰었다. 그때 부처님께서는 그 아들 빈가라를 붙들어다 발우 밑에 숨겨 두었다. 그래서 귀자의 어머니는 천하(天下)를 두루 다니면서 이레 동안 찾았으나 찾지 못하고 근심하고 번민하였다. 어떤 이가 말하였다. "부처님께서는 일체를 아는 지혜를 가지셨다." 그 말을 듣고 부처님께 나아가 아이 있는 곳을 물었다.

부처님께서는 말씀하셨다. "너는 만 명 아들 중에서 겨우 한 아들을 잃었는데, 왜 고민하고 근심하면서 찾아다니느냐? 세상 사람들은 아들 하나나 혹은 셋이나 다섯을 두었는데 너는 그들을 잡아먹지 않았느냐?"

귀자의 어머니는 아뢰었다. "만일 지금 제가 빈가라만 찾으면 다시는 세상 사람들의 아들을 해치지 않겠습니다."

부처님께서는 곧 귀자의 어머니에게 발우 밑에 있는 빈가라를 보여 주셨다. 그는 신력을 다하였으나 들어 낼 수가 없어 도로 부처님께 청하였다.

부처님께서는 말씀하셨다. "만일 네가 지금 삼귀오계(三歸五戒)를 받고 목숨을 마칠 때까지 사람을 죽이지 않는다면 네 아들을 돌려주리라."

귀자의 어머니는 부처님의 분부대로 삼귀오계를 받들었다.

부처님께서는 그 아들을 돌려주면서 말씀하셨다. "너는 지금부터 계율(戒律)을 잘 받들어 가져라. 너는 가섭부처님 때 갈니왕(羯膩王)의 일곱째 딸로서 굳게 공덕을 지었지마는, 계율을 가지지 않았기 때문에 그런 귀신(鬼神)의 형상을 받은 것이다."

107. 하늘을 제사(祭祀)하는 주인의 인연

옛날 어떤 바라문은 마실천(摩室天)을 섬기면서 밤낮으로 받들었다. 하늘이 그에게 물었다. "너는 무엇을 구하는가?"

바라문은 대답하였다. "나는 지금 이 하늘을 제사하는 주인이 되기를 원합니다."

하늘은 말하였다. "저기 여러 마리 소가 있다. 너는 저기 가서 제일 앞에서 걸어가는 놈에게 물어 보라."

그는 하늘이 시키는 대로 그 소에게 가서 물었다. "너는 지금 괴로우냐, 즐거우냐?"

소는 대답하였다. "매우 괴롭습니다. 가시에 찔려 두 갈빗대는 뒤틀리고 등은 부서졌건마는 무거운 수레를 끌면서 쉴 사이가 없습니다."

그는 다시 물었다. "너는 어떤 인연으로 그 소의 형상을 받았느냐?"

소는 대답하였다. "저는 저 하늘을 제사(祭祀)하는 주인으로서 마음대로 하늘에 제사하는 제물(祭物)을 썼으므로 목숨을 마치고는 소가 되어 이런 고통을 받습니다."

그는 이 말을 듣고 하늘에게 돌아갔다. 하늘은 물었다. "너는 지금도 하늘을 제사하는 주인이 되고 싶은가?"

바라문은 말하였다. "내가 그 일을 보니 참으로 그것은 되고 싶지 않습니다."

하늘은 말하였다. "사람은 선악(善惡)을 행하여 스스로 그 갚음을 받느니라."

바라문은 회개(悔改)하고 온갖 선(善)을 행하였다.

108. 나무의 신(神)에 제사(祭祀)한 인연(因緣)

옛날 어떤 늙은이가 있었는데 그 집은 큰 부자(富者)였다. 그 늙은이는 고기가 먹고 싶어 거짓 방편으로 밭머리의 나무를 가리키면서 여러 아들에게 말하였다. "지금 우리 집이 이처럼 부자가 된 것은 저 나무 신의 은총을 입었기 때문이다. 그러므로 너희들은 오늘 양떼 중에서 한 마리를 잡아 제사를 지내야 한다."

그래서 아들들은 아버지 분부를 받고 곧 양을 잡아 그 나무에 제사하고 나무 밑에다 하늘에 제사하는 사당(祠堂)을 세웠다. 그 뒤 아버지는 목숨을 마치고는 그가 행한 업에 쫓기어 도로 자기 집 양떼 속에 태어났다. 그때 마침 여러 아들들은 나무 신에 제사하려고 양 한 마리를 고르다가 그 아버지를 잡아 죽이려 하였다.

그 양(羊)은 "아하하" 하고 웃으면서 말하였다. "그 나무에 무슨 신령이 있겠는가? 나는 과거에 고기가 먹고 싶어 거짓으로 너희들로 하여금 제사를 지내게 하고 너희들과 함께 고기를 먹었는데, 이제 그 재앙(災殃)을 나만 먼저 받는구나."

때마침 어떤 아라한(阿羅漢)이 걸식하러 왔다가 그들의 죽은 아버지가 양의 몸을 받은 것을 보고, 그 아들들에게 도의 눈을 빌려 주고 관찰해 보게 하였다. 그래서 그들은 그것이 바로 아버지인 것을 알고 마음으로 괴로워하여 곧 그 나무 신을 부숴 버리고, 허물을 뉘우치고 복을 닦으면서 다시는 생물(生物)을 죽이지 않았다.

109. 여자가 음욕(淫慾)을 싫어해 집을 나온 인연(因緣)

옛날 얼굴이 뛰어나게 아름다운 어떤 여자가 집을 나와 외도(外道) 법 안에서 도를 닦고 있었다. 그때 어떤 사람이 그 여자에게 물었다. "그처럼 아름다운 얼굴로 세속(世俗)에 있어야 마땅한데 왜 집을 떠났는가?"

그 여자는 대답하였다. "나는 지금은 아름답지 않습니다. 다만 젊어서부터 음욕(淫慾)을 싫어하여 일부러 집을 나왔습니다. 내가 집에 있을 때에는 얼굴이 아름다웠기 때문에 일찍 시집가서 일찍 아들을 낳았습니다. 아이는 차츰 건장해졌는데, 단정하기가 비할 데 없었습니다. 그런데 아이가 차츰 여위어 가면서 마치 병자처럼 되었음을 알게 되었습니다.

나는 아이에게 병(病)의 이유를 물었으나 아이는 말하려 하지 않다가, 내가 자꾸 물으므로 할 수 없이 내게 대답하였습니다. '내가 바로 말하지 않는 것은 목숨이 온전하지 못할까 두렵기 때문입니다. 바로 말하려면 참으로 뻔뻔스러운 일입니다.' 아이는 이어 말하였습니다. '나는 어머니와 가만히 정(情)을 통하고 싶습니다. 그러나 그렇게 할 수 없기 때문에 병(病)이 된 것입니다.'

나는 아들에게 말하였습니다. '옛날부터 어디 그런 일이 있겠는가?' 그리고 다시 생각하였습니다. '만일 내가 들어 주지 않으면 저 아이는 혹 죽을지도 모른다. 차라리 지금 도리에 어긋나더라도 아이의 목숨을 살려야겠다.' 그리하여 아이를 불러 그 뜻을 따르려 하였습니다. 아이가 침상에 오르자 곧 땅이 꺼지면서 아이는 산 채로 땅 속으로 빠져 들어갔습니다. 나는 놀라고 두려워 손으로 아이를 붙들다가 아이의 머리털을 잡았기 때문에 그 털은 지금도 내 품 안에 있습니다. 이 일에 통절(痛切)히 느낀 바 있어 나는 집을 떠난 것입니다."

110. 불효(不孝)한 아들이 고통(苦痛)을 받은 인연

옛날 가묵국(迦黙國)의 구타선촌(鳩陀扇村)에 어떤 노모가 있었는데, 그에게는 아들 하나만이 있었다. 아들은 어머니의 뜻을 거스리고 어기어 자비와 효도를 닦지 않고 어머니에게 화를 내어 어머니를 향해 손을 들어 한 번 내리치고는 그 날로 집을 나갔다.

그는 마침 길에서 도적(盜賊)을 만나 한쪽 팔을 베이었다. 그 불효(不孝)한 죄(罪)가 현재(現在)의 갚음으로 이내 나타나 그 고통(苦痛)이 이러하거늘, 뒷날 지옥(地獄)에서 받는 고통은 이루 헤아릴 수 없을 것이다.

111. 난타왕(難陀王)이 나가사나(那伽斯那)와 변론한 인연

옛날 난타왕(難陀王)은 총명하고 널리 통해 익숙하지 않은 일이 없었다. 그는 자기가 아는 것은 당할 이가 없으리라 생각하고, 신하들에게 물었다. "혹 어떤 지혜롭고 총명한 사람이 있어서 의심되는 일을 물어 나를 당할 이가 있는가?"

그때 어떤 신하는 일찍부터 한 늙은 비구를 집에서 공양하였다. 그 비구는 계행은 청정하였으나 널리 배우지 못하였는데 그가 왕과 변론하기로 하여 왕이 그에게 물었다.

"대개 도(道)를 얻는 사람은 집에 있어서 도(道)를 얻는가, 출가(出家)를 하여서 도(道)를 얻는가?"

비구는 대답하였다. "두 군데서 다 도를 얻을 수 있습니다."

왕은 다시 물었다. "만일 두 군데서 다 도를 얻는다면 무엇하러 출가를 하는가?"

비구가 그만 잠자코 무어라고 대답할 줄을 모르니, 난타왕은 더욱 교만(驕慢)해졌다. 그러자 신하들이 왕에게 아뢰었다. "나가사나(那伽斯那)는 총명하여 지혜가 뛰어난데 지금 산에 있습니다."

그때 왕은 그를 시험하기 위하여 곧 사람을 시켜 병에 맑은

소(酥)를 가득 채워 보내면서 생각하였다. '내 지혜가 원만한데 누가 능히 나보다 나을 것인가?'

나가사나는 소(酥)를 받고는 그 뜻을 알아차리고 어떤 제자로 하여금 바늘 5백 개를 묶어 그 타락에 꽂게 하였다. 그러나 타락은 넘치지 않았다. 그리하여 그것을 곧 왕에게 돌려보내었다.

왕은 그것을 받자 그 뜻을 알고 사자(使者)를 보내어 나가사나를 청하였다. 나가사나는 왕의 명을 받고 떠났다. 나가사나는 제자들을 거느리고 갔는데, 몸이 장대하여 그들 중에서도 특히 뛰어났다. 왕은 마음이 호탕하고 교만(驕慢)해져서 거짓으로 사냥을 핑계하고 나가 길에서 만났다. 왕은 나가사나의 아름답고 장대한 몸을 보자, 곧 손가락으로 멀리 다른 길을 가리키고 가면서 끝내 말하지 않고 침묵(沈黙)으로 누르려 하였는데, 여러 장자들은 아무도 그런 줄을 몰랐다.

그때 나가사나는 자기 손가락으로 자기 가슴을 가리키면서 이렇게 말하였다. "나만이 혼자 안다."

난타왕은 나가사나를 궁중(宮中)으로 맞아들일 때 조그만 집을 두드려 지게문을 아주 낮게 만들고, 나가사나가 몸을 구부리고 엎드려 들어오게 하려 하였다. 그러나 나가사나는 자기를 빠뜨리려고 하는 것임을 알고, 곧 스스로 들어가지 않았기 때문에 왕은 그 굽힘을 받지 못하였다.

그때 왕은 음식을 베풀면서 거친 음식 몇 가지를 내어 놓았다. 나가사나는 너댓 숟갈 먹고는 넉넉하다고 말하였다. 뒤에 또 맛난 음식을 내어 놓자 그제야 다시 먹었다.

왕은 물었다. "아까 만족하다고 하였는데 지금 왜 다시 먹습니까?"

사나는 대답하였다. "나는 아까는 거친 음식에는 만족하였지마는 맛난 음식에는 만족하지 않았기 때문입니다." 그리고 이어서 말하였다. "지금 왕의 궁전 위에 가득 차도록 사람을 모이게 하십시오."

왕은 곧 사람들을 불러 두루 가득 채워 다시 들일 곳이 없었다. 왕이 뒤에 와서 궁전에 오르려 하자, 사람들은 모두 두려워하여 엎드렸기 때문에 그 안이 자꾸 넓어져 많은 사람들을 들이게 되었다.

그때 사나는 왕에게 말하였다. "추한 음식은 백성과 같고 맛난 음식은 왕과 같습니다. 백성으로서 왕을 보고 누가 그 길을 피하지 않겠습니까?"

왕은 물었다. "출가하는 것과 집에 있는 것과 어느 편이 도를 얻겠습니까?"

사나는 대답하였다. "둘 다 도를 얻습니다."

"만일 둘 다 도를 얻는다면 무엇하러 출가(出家)를 하겠습니까?"

사나는 대답하였다. "비유하면 여기서 3천여 리의 길을 가는데, 젊고 건강한 사람을 시키되 말을 타고 양식을 싣고 무기를 들게 하였다면 빨리 도착할 수 있겠습니까?"

"있습니다."

"만일 노인을 시키되 여윈 말을 타고 또 양식(糧食)이 없다면 도착할 수 있겠습니까?"

"양식을 가지고도 도착하지 못할까 걱정인데, 하물며 양식이 없는 것이겠습니까?"

사나는 말하였다. "출가하여 도를 얻는 일은 마치 저 젊은이와 같고 집에 있으면서 도를 얻는 것은 저 늙은이와 같습니다."

왕은 다시 물었다. "나는 지금 내 몸 안의 일을 묻고 싶습니다. 나의 항상되고 항상되지 않음이 내 마음대로 되는 것입니까?"

사나는 왕에게 반문하였다. "왕의 궁중에 있는 암바라나무의 열매는 답니까, 씁니까?"

왕이 대답하였다. "내 궁중에는 그 나무가 전연 없는데 어찌하여 내게 단 것, 쓴 것을 묻습니까?"

사나는 말하였다. "나도 이제 그렇습니다. 모든 오음(五陰)에는 이미 나[我]라고 할 만한 것이 없는데 어찌하여 내게 항상됨과 항상되지 않음을 묻습니까?"

왕은 다시 물었다. "모든 지옥에서 칼로 사람 몸을 쪼개어 여러 군데 흩어져 있어도 그 목숨은 존재한다 하는데 사실 그렇습니까?"

사나는 대답하였다. "비유하면 여인과 같나니, 여인이 떡과 고기와 오이와 나물을 먹으면 그 음식을 모두 소화하지만, 아기를 배어 가라라(歌羅羅) 쯤 되었을 때에는 오히려 그 크기가 마치 가는 티끌 만한데, 어떻게 그것은 점점 더 커지고, 소화되지 않습니까?"

"그것은 업(業)의 힘입니다."

사나는 반문하였다. "그 지옥에서도 그 업의 힘으로 말미암아 목숨 뿌리는 존재하게 되는 것입니까?"

왕은 다시 물었다. "해가 하늘에 있어서 그 몸은 하나인데, 왜 여름에는 아주 덥고, 겨울에는 아주 추우며, 여름에는 해가 길고, 겨울에는 해가 짧습니까?"

사나는 대답하였다. "수미산에는 아래위에 두 길이 있습니다. 여름에는 해가 윗길을 다니므로 길이 멀고 걸음이 느리며 금산을 비추기 때문에 해가 길고 또 매우 덥습니다. 그리고 겨울에는 해가 아랫길을 다니므로 길도 가깝고 걸음도 빠르며 큰 바닷물을 비추기 때문에 해가 짧고 또 매우 춥습니다."

112. 불효(不孝)한 며느리가 시어머니를 죽이려다가 도리어 남편을 죽인 인연

옛날 어떤 며느리가 성질이 사납고 거칠어 예법(禮法)을 따르지 않았고, 하는 말은 항상 시어머니와 어긋났다. 시어머니의 꾸중을 들을 때마다 늘 불평을 품고 원망(怨望)하는 마음이 더욱 왕성하여 가만히 시어머니를 죽이려 하였다.

그 뒤에 한 꾀를 쓰되, 남편을 시켜 시어머니를 죽이게 하였다. 남편은 어리석어 아내의 말을 듣고, 어머니를 데리고 광야(廣野)로 가서 손발을 묶고 죽이려 하였다. 그 심한 죄역(罪逆)은 하늘에까지 사무쳐 구름과 안개가 사방에서 모여들면서 벼락을 내려 그 아들을 쳐 죽였다.

어머니가 집에 돌아가자 아내는 문을 열면서 남편인 줄 생각하고 곧 물었다. "죽였습니까?"

시어머니는 대답하였다. "죽였다."

그 이튿날이 되어 여자는 비로소 남편이 죽은 것을 알았다. 불효한 죄의 현재 갚음[現報]이 이와 같거늘, 뒤에 지옥(地獄)에 들어가면 한량없는 괴로움을 받을 것이다.

113. 바라내왕이 무덤 사이에서
부르는 소리를 들은 인연

　　대개 어떤 일이라도 구할 만한 것은 방법을 쓰면 얻을 수 있고, 구하지 않아야 할 것은 아무리 억지로 하여도 될 수 없는 것이다. 비유하면 모래를 눌러 기름을 짜고 얼음을 저어 타락 웃물을 얻으려고 하는 것처럼 이미 얻을 수 없는 것은 한갖 괴롭기만 할 것이다.

　　옛날 바라내국에 범예(梵譽)라는 왕이 있었다. 그는 항상 밤중에 무덤에서 부르는 소리를 들었다. "아, 왕이여, 아, 왕이여." 이렇게 하룻밤에 세 번씩 그 소리를 들었다. 왕은 오랫동안 끊이지 않는 그 이상한 소리를 듣고 매우 놀라고 두려워하여 여러 바라문들과 태사(太史)와 점쟁이들을 모으고 의논하였다. "나는 항상 밤에 무덤에서 나를 부르는 소리를 듣지마는, 나는 너무 겁이 나서 감히 대답하지 못한다."

　　사람들은 말하였다. "그 무덤에는 반드시 요망한 물건이 있어 그런 소리를 내는 것일 것입니다. 지금 담이 큰 사자를 보내어 그 무덤을 가 보게 하십시오."

　　왕은 곧 사람을 모집하였다. "만일 누구든지 밤에 저 무덤에 가는 사람이 있으면 5백 금전의 상을 주리라."

　　아버지가 없는 어떤 고독한 사람은 집이 매우 가난하였으나 큰 담력이 있었다. 그는 곧 응모하여 갑옷을 입고 투구를 쓰고, 손에는 칼과 막대기를 들고, 밤에 그 무덤으로 가서 왕을 부르는 소리를 듣고 꾸짖으면서 말하였다. "너는 누구냐?"

　　그는 대답하였다. "나는 패이복장(貝耳伏藏)이다."

　　그리고는 이어 말하였다. "너는 건장한 장부이구나. 나는 밤마다 왕을 부르는데 만일 그 왕이 내게 대답하였더라면 나는 그 창고에 가려고 하였었다. 그러나 왕은 겁을 내어 한 번도 대답하지 않았다. 나는 내일 이른 아침에 일곱 사람들을 데리고 너의 집에 갈 것이다.”

그는 물었다. “내일 올 때 나는 어떻게 맞이하여야 하는가?”

패이는 대답하였다. “너는 집안을 물 뿌려 쓸고, 더러운 것을 치우고, 향과 꽃으로 장식하여 아주 깨끗하게 한 뒤에 포(蒲)와 복숭아·미숫가루·장·타락 웃물·우유로 만든 죽을 여덟 그릇에 담아라. 그리고 여덟 도인의 머리를 지팡이로 치되, 먼저 그 상좌의 머리를 치면서, ‘뿔[角]을 넣어라’ 하고, 이렇게 차례로 그 뿔을 모두 몰아넣어라.”

그는 이 말을 듣고 집으로 돌아가 왕으로부터 5백 금전을 청해 가지고 그것으로 음식을 차리고 기다리려 하였다. 왕은 물었다. “그 소리를 내는 것은 어떤 물건인가?”

그는 거짓으로 대답하였다. “그것은 귀신이었습니다.”

그는 패이에게 들은 말에 가만히 기뻐하면서 이발사를 청하여 스스로 장엄하고, 이튿날이 되어 음식을 갖추어 차렸다.

여덟 도인이 와서 마치자, 그가 상좌의 머리를 쳐서 뿔을 몰아넣게 하였더니, 그것은 곧 한 동이의 금전으로 변하였다. 이렇게 차례로 몰아넣어 금 여덟 동이가 되었다.

그때 이발사는 문구멍으로 그가 보물 얻는 것을 보고 가만히 생각하였다. ‘나도 저 법을 알았다. 저이를 본받아 시험해 보리라.’

그 뒤에 그는 앞에서와 같이 준비한 뒤에 여덟 도인을 청하였다. 그들이 음식을 마치자 상좌의 머리를 치고는 먼저 사람처럼 보물덩이 얻기를 바랐다. 그러나 그 도인은 머리가 부숴져 피가 흥건히 흘러 젖어 자리를 더럽혔다. 그래도 독촉하여 뿔을 넣게 하자, 그는 너무 황급하여 그만 똥을 쌌다. 이렇게 차례로 일곱 사람들은 모두 막대기를 맞고 땅에 뒹굴었다. 그 중의 어떤 사람은 기운이 왕성하여 곧 그의 손을 붙들고 밖으로 뛰어나와 소리를 높여 크게 외쳤다. "아무 주인이 우리를 해치려 한다."

그래서 왕은 사람을 보내어 가서 보고 그 주인을 붙잡고 와서 그 사정을 자세히 물었다. 그때 이발사는 위의 사실을 자세히 왕에게 아뢰었다. 왕은 사람을 보내어 그 품팔이 집에 가서 금보물을 보고 바로 빼앗으려 하자, 그 보물들은 독사로 변하였다가 또 불덩이로 변하였다.

왕은 그에게 말하였다. "이것은 너의 복이다. 세상의 어리석은 사람들도 모두 이와 같다."

왕은 정진하면서 여덟 가지 계율[八戒]을 받들어 가지고 좋은 과보를 얻었다. 그리하여 차츰 8정(正)을 행하여 무루과(無漏果)를 얻었다.

남을 본받으려 하여 여덟 가지 계율을 받들어 가지더라도 마음에 진실한 믿음이 없어 이익과 즐거움을 바라서 구하면 좋은 결과는 벌써 없어지고, 도리어 재앙만 받는 것은 저 어리석은 사람과 다름이 없는 것이다.

114. 늙은 비구가 네 가지 결과[四果]를 얻은 인연

불법(佛法)은 너그럽고 넓어 그 구제는 가이없다. 지극한 마음으로 도를 구하면 얻지 못할 결과가 없느니라. 그러므로 심지어는 장난으로 한 것도 그 복은 헛되지 않다.

옛날 어떤 비구는 나이가 많아 정신이 혼미하면서도 여러 젊은 비구들의 갖가지 설법과 또 4과(果)의 설명을 듣고 마음으로 부러워하고 숭상하여 그 젊은 비구들에게 말하였다. "너희들은 총명하고 지혜롭구나. 원컨대 4과를 내게 다오."

젊은 비구들은 비웃으면서 말하였다. "우리에게는 4과가 있습니다. 좋은 음식을 주어야 그것을 드리겠습니다."

늙은 비구는 이 말을 듣고 마음 속에 기쁨이 솟아나, 곧 흠바(欽婆)를 끌러 요구를 들어 주고, 다시 갖가지 맛난 음식을 차리고 젊은 비구들을 청하여 4과를 구걸하였다.

젊은 비구들은 그 음식을 먹고, 늙은 비구를 손가락으로 어루만지면서 희롱하여 말하였다. "대덕님, 당신은 이 집 한쪽 모퉁이에 앉으십시오. 당신에게 그 과(果)를 드리겠습니다."

늙은 비구는 이 말을 듣고 기뻐하여 그 말대로 앉았다. 젊은 비구들은 곧 가죽공으로 머리를 치면서 말하였다. "이것은 수다원과(須陀洹果)입니다."

늙은 비구는 이 말을 듣고 생각을 잡아 매어 산란하지 않다가 곧 첫째 과[初果]를 얻었다.

젊은 비구들은 다시 희롱하여 말하였다. "당신은 이제 수다원과를 얻었지마는 아직도 일곱 번 나고 일곱 번 죽어야 합니다. 다시 다른 모퉁이에 옮겨 앉으십시오. 다음에는 사다함과(斯陀含果)를 드리겠습니다."

그때 늙은 비구는 이미 첫째 과를 얻었기 때문에 마음이 더욱 왕성하여져, 곧 다른 자리로 옮겨 앉았다.

젊은 비구들은 다시 가죽공으로 머리를 치면서 말하였다. "당신에게 둘째 과[二果]를 드립니다."

늙은 비구는 더욱 생각을 오로지하여 둘째 과를 증득하였다.

젊은 비구들은 다시 희롱하여 말하였다. "당신은 이제 사다함과를 얻었지마는 아직도 나고 죽음으로 오가는 어려움이 있습니다. 다시 다른 자리로 옮겨 앉으십시오. 우리는 당신에게 아나함과(阿那含果)를 드리겠습니다."

늙은 비구는 그 말대로 옮겨 앉았다.

젊은 비구들은 다시 가죽공으로 머리를 치면서 말하였다. "우리는 지금 당신에게 셋째 과[三果]를 드립니다."

그때 늙은 비구는 이 말을 듣고 기뻐하면서 더욱 지극한 마음이 생겨 곧 아나함의 과를 얻었다.

젊은 비구들은 다시 희롱하여 말하였다. "당신은 지금 돌아오지 않는 결과를 얻었지마는 아직도 색계(色界)와 무색계(無色界)에서 번뇌가 있는 몸을 받아 덧없이 무너지고 변할 것입니다. 그 고통을 생각하여 다시 다른 자리로 옮겨 앉으십시오. 다음에는 아라한과(阿羅漢果)를 드리겠습니다."

그때 늙은 비구는 그 말대로 옮겨 앉았다.

젊은 비구들은 다시 가죽공으로 머리를 치면서 말하였다. "우리는 지금 당신에게 넷째 과[四果]를 드립니다."

그때 늙은 비구는 한마음으로 생각하다가 곧 아라한이 되었다. 그는 이 4과를 얻고는 매우 기뻐하여 온갖 음식과 갖가지 향과 꽃을 차리고 젊은 비구들을 청하여 그 은덕을 갚았다.

젊은 비구들과 더불어 도품(道品)의 번뇌 없는 공덕을 논할 때에, 젊은 비구들이 말이 막히자 늙은 비구가 그것을 대답하고는 말하였다. "나는 이미 아라한의 결과를 증득하여 마쳤다."

젊은 비구들은 그 말을 듣고 모두 먼저 희롱한 죄를 뉘우쳐 사과하였다. 그러므로 수행하는 사람은 마땅히 선을 생각하여야 한다. 희롱조차도 진실한 갚음을 얻거늘 하물며 지극한 마음이겠는가?

115. 여자가 지극한 정성(精誠)으로 도를 얻은 인연

만일 사람이 도(道)를 구하려면 반드시 정성(精誠)이 있어야 한다. 정성이 서로 감응하면 능히 도를 얻을 수 있느니라.

옛날, 총명하고 지혜로운 어떤 여자가 삼보를 깊이 믿어 항상 승차(僧次)에 따라 한 비구를 집에 청하여 공양하였다. 그때 그 비구가 차례가 되어 그 집에 이르렀다.

그는 나이 늙고 근기가 둔하여 조금도 아는 것이 없었다. 그 여자가 재식(齋食)을 마치고 그 늙은 비구(比丘)에게 설법하여 주기를 청하면서 혼자 자리를 펴고 눈을 감고 잠자코 있었다. 그러자 그 늙은 비구는 자기가 무식하여 설법할 줄 모르는 줄을 스스로 알고, 그가 눈을 감은 때를 엿보아 그를 버리고 절로 달아났다.

그러나 그 여자는 지극한 마음으로 하염이 있는 법은 덧없고 괴롭고 공하여 자유롭게 되지 못하는 것임을 생각하고, 깊이 관찰하다가 곧 첫째 결과를 얻었다.

그 여자는 이미 결과를 얻고는, 그 늙은 비구를 찾아 은혜를 갚으려 하였다. 늙은 비구는 자기의 무식(無識)으로 그 여자를 버리고 달아난 것을 알고 더욱 부끄러워하여 다시 그 여자를 피해 달아나 숨었다.

그러나 그 여자가 쉬지 않고 괴로이 찾아서야 비로소 스스로 나타났다. 그때 그 여자는 그 동안에 도의 결과를 얻은 내력을 자세히 이야기하고 일부러 공양을 가져와 그 큰 은혜를 갚았다.

그때 그 늙은 비구는 매우 부끄러워하고 스스로 꾸짖고는 이내 도의 결과를 얻었다. 그러므로 수행하는 사람은 마음이 지극하여야 한다. 만일 마음만 지극하면 구하는 것을 반드시 얻을 것이다.

세 가지 정업淨業
왕생극락 하는
윤회를 벗어나

저 극락세계에 태어나고자 하는 이는
마땅히 삼복三福을 닦아야 하느니라.
첫째는 부모님께 효도 봉양하고,
스승과 어른을 받들어 모시며,
자비로운 마음으로 살생을 하지 말고,
열 가지 선업을 닦아야 하며,
둘째는 삼보를 받아들이고 늘 기억하여,
온갖 계행을 구족하고 위의를 범하지 않아야 하며,
셋째는 보리심을 발하고서 인과(염불성불)를 깊이 믿고
대승경전을 독송하도록 수행자를 권진勸進하여야 하느니라.
이와 같은 세 가지 일을 정업淨業이라 이름하느니라.
- 관무량수경

잡보장경 제10권

116. 우타선왕의 인연

옛날 우타선왕(優陀羨王)이 여류성(廬留城)에 있었는데 총명하고 통달하여 큰 지혜가 있었다.

그의 한 부인의 이름은 유상(有相)이었다. 얼굴만 뛰어났을 뿐 아니라, 또 덕행이 있어서 왕은 매우 사랑하고 정이 두터웠다. 그때 그 나라 법에는 왕이 된 사람은 스스로 거문고를 타지 않게 되어 있었다. 그런데 그 부인은 자기에 대한 왕의 사랑을 믿고 왕에게 아뢰었다. "원컨대 나를 위해 거문고를 타 주십시오. 나는 대왕을 위해 춤을 추겠습니다."

왕이 그 뜻을 받아들여 거문고를 당겨 타자, 부인은 손을 들고 춤을 추었다. 왕은 본래부터 상(相)을 잘 보았다. 그 부인의 춤추는 것을 보고 죽을 상임을 알고, 곧 거문고를 밀치고 슬퍼하면서 길이 탄식하였다.

부인은 왕에게 아뢰었다. "나는 지금 대왕의 은혜와 사랑을 받아 감히 그윽한 방에서 왕에게 거문고를 타게 하고 일어나 춤을 추면서 함께 즐겼습니다. 그런데 무엇이 마땅치 않아 거문고를 놓고 탄식하십니까? 원컨대 왕은 숨기지 말고 말씀하여 주십시오."

왕은 대답하였다. "내가 길이 탄식한 것은 그대가 들을 일이 아니다."

부인은 아뢰었다. "나는 지금 정성껏 왕을 받들어 변함이 없습니다. 만일 도리에 어긋나는 일이 있으면 분부하여 주십시오."

이렇게 간청하여 마지 않으므로 왕은 그제야 사실대로 대답하였다. "내가 너에 대해 어찌 다른 마음이 있을 수 있겠는가? 지금 네가 일어나 춤을 출 때 죽을 상이 밖으로 나타났다. 너의 남은 목숨은 이레를 넘지 못할 것이다. 그 때문에 거문고를 놓고 탄식한 것이다."

부인은 이 말을 듣고, 매우 걱정되고 두려워 왕에게 아뢰었다. "왕의 말씀과 같다면 목숨은 멀지 않습니다. 나는 저 돌집[石窋] 비구니의 말을 들었습니다. '만일 믿는 마음으로 단 하루 동안이라도 출가하면 반드시 하늘에 나게 된다'고. 그러므로 나는 지금 출가하려 합니다. 원컨대 왕은 허락하여 주소서. 그렇게 하면 도를 얻을 수 있을 것입니다."

그러자 왕은 과중한 정과 사랑하는 마음을 걷잡을 수 없어 그 부인에게 말하였다. "엿새 뒤에는 네가 출가하여 도에 들어가는 것을 허락하리라."

그리하여 엿새가 되자 어쩔 수 없이 그 부인에게 말하였다. "너에게 착한 마음이 있어 굳이 출가하여, 만일 하늘에 나게 되거든 꼭 와서 나를 보라. 그렇게 하면 나는 네가 출가하는 것을 허락하리라."

이렇게 맹세하고 부인에게 허가하였다. 그리하여 부인은 집을 나와 여덟 가지 계율을 받고, 바로 그 날 석밀장(石蜜漿)을 너무 많이 먹었기 때문에 뱃속이 맺히어 이레째 날 새벽이 되자 목숨을 마쳤다.

부인은 그 좋은 인연으로 말미암아 천상에 나게 되어 곧 세 가지를 생각하였다.

첫째는 나는 본래 어떤 몸이었던가 하는 것이고,

둘째는 본래 어떤 복덕을 닦았는가 하는 것이고,

셋째는 현재 이 몸은 틀림없이 하늘몸이라는 것이었다.

이렇게 생각하고는, 본래의 인연과 왕의 맹세를 자세히 알고, 그 맹세를 위하여 왕에게로 내려갔다.

그때 광명이 왕궁에 두루 찼다. 왕은 물었다. "지금 이 상서로운 광명은 누구인가? 바로 알려라."

그러자 하늘은 대답하였다. "나는 왕의 부인 유상(有相)입니다."

왕은 그 말을 듣고 말하였다. "여기 와 앉아라."

부인은 대답하였다. "지금 나는 왕의 그 더러움을 보고 가까이할 수가 없습니다. 나는 이전에 맹세가 있었기 때문에 와서 뵙는 것입니다."

왕은 그 말을 듣고 마음이 곧 열리어 이렇게 말하였다. "지금 저 하늘은 본래 내 아내다. 착한 마음이 있어 도에 들어가기를 구하여 하루 동안 집을 떠났다가 이내 목숨을 마치고는 그 공덕으로 말미암아 하늘에 나게 되었다. 그 신령스런 뜻은 높고 멀어 나를 더럽고 천하다 한다. 나는 지금 왜 출가하지 못하는가? 나는 일찍이 하늘 손톱 하나가 염부제에 값한다고 들었다. 하물며 내한 나라를 탐하고 아낄 것이 무엇인가?"

이렇게 말하고 아들 왕군(王軍)을 세워 왕위를 물려주고는, 집을 떠나 도를 배워 아라한이 되었다.

그때 왕군왕은 나라를 맡아 다스린 뒤부터 참소하고 간사한 사람을 믿고 나라 일은 돌보지 않았다. 우타선왕은 아들과 백성들을 가엾이 여겨, 가서 교화하고 권하여 선행을 닦게 하려 하였다. 그때 왕군왕은 아버지가 온다는 말을 듣고 한량없이 기뻐하여 길에 나가 맞이하려 하였다.

그때 여러 간사한 신하들은 쫓겨날까 두려워하여 왕에게 아뢰었다. "대왕은 지금 머리에 하늘관을 쓰시고 사자자리에 앉아 계십니다. 사자자리에는 두 번 앉는 법이 없습니다. 만일 부왕을 맞아 왕위에 도로 앉게 하시면 반드시 왕을 죽일 것입니다. 그러므로 대왕은 부왕을 해치셔야 합니다."

그러자 왕군왕은 마음으로 놀라고 걱정하여 더욱 의혹이 생겼다. 그러나 신하들이 쉬지 않고 간하므로, 왕은 드디어 악한 마음을 내어 전타라(栴陀羅)를 품꾼으로 사서 그 아버지를 죽이러 보내었다. 전타라는 분부를 받고 부왕에게 나아가 땅에 엎드려 예배하고 아뢰었다.

"저는 옛날부터 부왕의 은혜로운 대우를 받아 조금도 반역할 마음이 없습니다. 그러나 지금 심부름으로 왔는데, 만일 해치지 않으면 반드시 제가 벌을 받을 것입니다."

부왕은 대답하였다. "내가 지금 여기 온 것은 너의 왕을 교화하기 위해서이다. 그런데 어찌 내 몸을 아껴 너를 벌 받게 하겠는가?"

부왕은 곧 목을 여나믄 발[十餘丈]이나 빼고는 전타라에게 말하였다. "네 마음대로 베어라."

그러나 전타라가 아무리 힘을 다해 베어도 칼이 들어가지 않았다. 부왕은 그를 가엾이 여겨 신력(神力)을 빌려 주고 말하였다. "너는 지금 나를 위해 네 왕에게 가서 말하라. 너는 지금 아버지를 죽이고 또 아라한(阿羅漢)을 죽였으니, 두 가지 역죄(逆罪)를 지었다. 만일 잘 참회(懺悔)하면 죄가 가볍게 될 것이다."

그때 전타라는 이미 분부를 받은지라, 다시 칼을 들어 부왕의 머리를 베어 가지고 그 나라로 돌아갔다. 왕군 왕은 아버지의 머리를 보자 얼굴빛이 변하지 않았으므로 아버지는 도를 얻어 왕위를 탐하지 않았음을 알고는, 후회하는 마음이 생겨 괴로워하고 슬피 울면서 까무러쳤다가 한참 만에야 깨어났다.

그리하여 전타라에게서 부왕이 한 말을 들었다. 전타라는 부왕의 명령을 그 왕에게 아뢰었다. "너는 아버지를 죽이고 다시 아라한을 해쳤으니 두 가지 역죄를 잘 참회하라."

왕은 이 말을 듣자 더욱 애가 끊어 이렇게 말하였다. "지금 우리 부왕은 아라한의 도를 얻었는데 어찌 나라를 탐하겠는가? 그런데 나로 하여금 아버지를 죽이게 하였구나."

간사한 신하들은 왕의 해침을 받을까 두려워하여 왕에게 아뢰었다. "이 세상에 무슨 아라한(阿羅漢)이 있겠습니까? 왕은 공연한 말을 믿고 스스로 괴로워하시는 것입니다."

왕은 대답하였다. "지금 우리 아버지 머리가 죽은 지 오래지마는 안색이 변하지 않았다. 도를 얻지 않고서야 어떻게 이럴 수가 있겠는가? 또 우리 아버지 때의 대신이던 바질사(婆咥師)·우파질사(優波咥師)들도 모두 집을 떠나 아라한의 도를 얻어 갖가지 신변을 나타내던 일은 우리가 다 본 바이다. 그리고 여기서 열반(涅槃)하여 그 뼈를 거두어 탑(塔)을 만든 것은 지금 현재와 같은데 어떻게 없다고 하겠는가?"

간사(奸詐)한 신하들은 대답하였다. "세상의 환주술(幻呪術)이나 또 약의 힘으로도 신변을 보일 수 있습니다. 그 두 신하들은 아라한의 유가 아닙니다. 며칠 뒤에는 그 증험을 왕에게 보여 드리겠습니다."

이렇게 말하고 그들은 탑에다 두 구멍을 뚫고는, 거기에 고양이 한 마리씩을 넣어 길렀다. 그리고 "질사여, 나오라"고 부르면 고양이가 나와서 고기를 먹고, "도로 들어가라"고 말하면, 고양이는 도로 구멍으로 들어갔다. 이렇게 가르치자 고양이는 곧 훈련되었다. 그리하여 그들은 왕에게 아뢰었다. "대왕은 지금 그 질사들을 보시고 싶습니까? 원컨대 같이 가서 보소서." 왕은 곧 수레를 명하여 타고 탑이 있는 곳으로 갔다.

그때 그 신하들은 말하였다. "질사여, 나오라." 고양이는 곧 구멍에서 나왔다. 다시 말하였다. "도로 들어가라." 그러자 고양이는 곧 구멍으로 들어갔다. 왕은 그것을 보고, 마침내 의혹하는 마음이 성하여져서 모든 것을 뜻대로 맡기고 죄와 복을 믿지 않았다.

어느 때 왕은 군사를 거느리고 나가 놀다가 돌아오는 길에 어느 고요한 곳에서 단정히 앉아 선정에 들어 있는 가전연을 보았다. 왕은 문득 나쁜 마음이 생겨 손으로 흙을 쥐어 가전연에게 뿌리면서 좌우에게 말하였다. "너희들도 나를 위해 각기 흙을 쥐고 저 가전연에게 뿌려라."

그리하여 흙무더기가 존자를 덮었다. 삼보를 믿는 어떤 대신이 뒤에서 오다가 이 사실을 보고는 매우 괴로워하여 존자를 위해 그 흙을 헤쳐 주면서 여러 사람들에게 말하였다.

"나를 생각하는 사람이 있거든 이 흙을 헤쳐라."

그때 존자는 유리보배 굴 안에 앉아 있었는데, 신령스런 위의는 윤택하고 고와서 흙으로 더러워진 빛이 없었다.

대신은 매우 기뻐하여 땅에 엎드려 그 발에 예배하고 존자에게 아뢰었다. "지금 왕은 무도하여 이런 죄악을 짓지마는, 선악에는 반드시 갚음이 있는데 어떻게 재앙이 없겠습니까?"

존자는 대답하였다. "지금부터 이레 뒤에는 하늘이 흙을 내려 성 안을 채우고 흙산을 쌓아 왕과 백성들을 모두 덮어 죽일 것이다."

대신은 그 말을 듣고 걱정하고 괴로워하면서 왕에게 아뢰고 또 스스로 꾀를 내어 땅속 길을 만들어 성 밖으로 나갔다. 이레가 되자 하늘에서는 향과 꽃과 보물과 옷을 내려 그 성 안 사람들은 모두 기뻐하였다. 그러자 간사한 신하들은 왕에게 아뢰었다. "지금 이 상서는 모두 왕의 덕 때문입니다. 그러나 무지한 사람들이 도리어 비방하여 흙을 내린다고 말하였는데 이런 보물을 얻었습니다."

이렇게 속여 흐린 적이 지금까지 한두 번이 아니었다. 나쁜 인연을 지은 뒤에 좋은 상서가 생겼다는 말을 듣고 사람들은 모두 구름처럼 모여들었다.

그때 성의 네 문은 나쁜 인연의 힘으로 쇠빗장이 모두 내려왔기 때문에 사람들은 도망하거나 숨을 길이 없었다. 그때 하늘이 곧 흙을 내려 성을 채우고 산을 쌓았다.

그러나 그 대신과 함께 마음을 같이한 이들은 땅속 길로 나가 존자가 있는 곳으로 가서 아뢰었다. "생각하면, 하늘에서 흙을 내려 산을 만들어 하루 동안에 이 성을 뒤덮었습니다. 그리하여 임금과 신하들이 모두 죽었습니다. 전생에 어떤 인연이 있었기에 지금 이런 고통을 같이 받습니까?"

그때 존자(尊者)는 대신에게 말하였다. "자세히 들어라. 너를 위해 말하리라. 먼 옛날 여러 겁 전에 그 나라의 어떤 장자의 딸이 이른 아침에 다락 위를 소제하다가 똥을 쓸어 비구 머리에 떨어뜨렸다. 그러나 그는 참회(懺悔)할 줄도 몰랐는데, 마침 훌륭한 남편을 얻게 되었다.

그래서 여러 여자들은 그 여자에게 물었다. '너는 무슨 인연으로 그런 좋은 배필을 얻었는가?'

그 여자는 대답하였다. '다른 일이 없고, 내가 다락을 쓸어 비구 머리에 뿌렸는데, 그 때문에 좋은 남편을 만났다.'

여러 여자들은 그 말을 듣고 모두 말하였다. '만일 그 말과 같다면, 우리도 흙을 모아 비구 머리에 뿌리자.' 이 업의 인연으로 지금 모두 이러한 과보를 받는 것이다."

이렇게 말하고 공덕천(功德天)과 함께 화씨성(花氏城)으로 향하였다. 옛날부터 여류성(盧留城)과 화씨성은 서로 번갈아 성하고 쇠하였으니, 이 성이 망하면 저 성이 번성하였다. 그로 말미암아 존자 일행은 화씨성을 향하여 갔다. 호음성(好音聲) 장자는 그 성의 우두머리로서 존자를 공양하였다. 장자는 원래 부자였지마는 존자가 그 집에 이르자 넘치는 재보가 전보다 더 많았다.

존자 가전연은 화씨성에 당도한 후 부처님께 여쭈었다. "호음성 장자는 무슨 인연으로 음성이 아름다우며 또 큰 부자로서 한량없는 재보가 넘칩니까?"

부처님께서 말씀하셨다. "먼 옛날 어떤 장자가 날마다 사람을 보내어 5백 명의 벽지불을 청해 자기 집에서 공양하였다. 그 심부름꾼은 늘 개를 데리고 갔었는데, 한 번은 마침 그가 다른 일이 있어 청하러 가지 못하였다. 개는 때를 맞추어 혼자 승방으로 가서 스님들을 향해 짖었다.

그때 벽지불들은 이렇게 말하였다. '속세의 일이 많아 주인이 청하기를 잊어버리자, 저 개가 와서 짖어 우리를 부르는 것이다.' 그들이 서로 이끌고 장자의 집으로 가니, 장자는 매우 기뻐하여 법답게 공양하였다.

그때의 장자는 바로 내 몸이요, 심부름꾼은 바로 아나율(阿那律)이며, 개는 바로 호음 장자니라.

그 때문에 호음 장자는 나는 세상마다 음성이 아름답고, 또 재보가 많으니라. 그러므로 지혜로운 사람은 복(福)밭에 정성껏 공양하여야 하느니라."

117. 라후라의 인연(因緣)

나는 일찍이 들었다. 부처님께서 처음으로 집을 떠나는 밤에 부처님의 아들 라후라(羅睺羅)가 비로소 어머니 태에 들었다. 실달보살(悉達菩薩 : 부처님)은 6년 동안 고행하여 보리수 밑에서 네 악마를 항복받고 온갖 가림덮개[陰蓋]를 없애고 활연히 깨달아 위없는 도를 이루었다.

그리하여 십력(十力)과 사무소외((四無所畏)를 두루 갖추고, 십팔불공법(十八不共法)을 성취하고, 사변재(四辯才)를 갖추어 모든 길에서 저 언덕에 이르게 되고, 여러 부처의 법을 밝게 알아 모든 성문과 연각에서 뛰어났다.

처음으로 성도(成道)한 밤에 라후라가 태어났다. 온 궁중의 궁녀들은 모두 창피하게 여겨 크게 걱정하고 번민하면서 이렇게 말하였다. "괴상한 큰 죄악이다. 야수타라(耶輸陀羅)는 옳고 그름을 생각하지 않고 경솔한 짓으로 스스로 삼갈 줄 몰라 우리 온 궁중을 모두 더럽혔다. 실달보살이 집을 떠난 지 이미 오래인데, 이제 갑자기 아이를 낳았으니, 이것은 큰 치욕이다."

그때 전광(電光)이라는 석씨의 여자가 있었는데, 그녀는 바로 야수타라 이모의 딸이다. 그는 화를 내어 가슴을 치면서 야수타라를 꾸짖어 말하였다. "너는 존장(尊長)의 친족으로서 왜 스스로 업신여기느냐? 실달 태자는 집을 떠나 도를 배운 지 이미 6년이 지났는데 이 아이를 낳았으니, 이것은 도저히 때가 맞지 않는다. 누구를 보았느냐? 너는 부끄럼도 없이 우리 종족을 욕되게 하였다.

종족(宗族)을 생각하지 않았기 때문에 나쁜 이름을 면하지 못한다. 실달보살은 큰 공덕이 있고 좋은 이름이 널리 퍼졌는데, 너는 왜 그를 아끼지 않고 이제 욕되게 하느냐?"

그때 정반왕은 누각 위에 있다가 대지가 여섯 가지로 진동하면서 기이한 현상이 나타나는 것을 보고, 보살이 죽었다고 생각하고는, 근심 화살이 가슴을 찔러 심히 괴로워하면서 말하였다. '내 아들의 계율 향기는 사방에 가득 찼고, 상호는 장엄하여 연화만(蓮花鬘)과 같았다.

그런데 오늘 죽는 날에 그것은 모두 말라 버렸다. 계율의 깊고 든든한 뿌리와 부끄러움의 가지와 잎사귀며, 명예의 향기와 큰 자비의 두터운 그늘로서, 내 아들은 큰 나무와 같았는데, 이제 죽음의 코끼리에게 짓밟혔구나. 내 아들은, 크기는 금산과 같아서 온갖 보배로 장엄한 금산의 왕으로 상호가 장엄한 그 몸은 이제 무상(無常)의 금강저(金剛杵)에 모두 부서졌구나. 마치 큰 바다에 온갖 보배가 가득 찼을 때 저 마갈어가 바닷물을 휘젓는 것처럼, 내 아들의 큰 바다도 그와 같아서 죽음의 마갈어의 침노를 받았구나. 보름달이 뭇 별들에게 둘러싸인 것처럼, 내 아들도 그와 같이 한량없는 공덕과 장엄한 상호가 지금 무상의 라후라에게 먹히었구나. 우리 종족은 대장부에서 로월(盧越)·진정(眞淨) 등 이런 왕이 서로 이어 오늘에 이르렀는데, 장차 우리 종족이 끊어지지 않겠는가? 특히 내 아들이 전륜성왕이 되거나 혹은 불도를 이루기를 바랐는데, 과연 지금 죽었을까? 만일 내 아들을 잃는다면 나는 반드시 근심 끝에 쇠약하여 목숨을 보전하지 못할 것이다. 나는 내 아들이 출가하여 가사를 입고 발우를 들고 다니면서 감로법(甘露法)을 널리 연설하기를 바랐었다. 그러나 이제 그런 갖가지 일을 보지 못하게 되었구나.' 그는 아들을 생각하고 이와 같이 갖가지로 근심하였다.

그때 궁중에서 소리를 높여 크게 우는 소리가 들렸다. 왕은 더욱 놀라고 두려워하면서 태자(太子)가 죽었다 생각하고, 앞으로 달려가는 하녀(下女)에게 물었다. "저것은 곡성(哭聲)이냐? 내 아들이 죽지는 않았는가?"

하녀는 아뢰었다. "태자님은 죽지 않고, 야수타라가 지금 아들을 낳았기 때문에 온 궁중(宮中)이 창피하다 하여 우는 것입니다."

왕은 그 말을 듣고 더욱 걱정하고 괴로워하면서 소리내어 울고 부르짖으며 외쳤다. "괴상한 일이다. 아주 더럽고 욕된 일이다. 내 아들이 집을 떠난 지 이미 6년이 지났는데 이제 아이를 낳다니."

그때 그 나라 법에는 북을 한 번 치면 모든 군사가 모이고, 9만 9천 석씨들이 모두 모이게 되어 있었다. 그들은 모두 모여 야수타라를 불렀다.

야수타라는 희고 깨끗한 옷을 입고 아이를 품에 앉고 있으면서 전연 놀라거나 두려워함이 없이 친족들 속에 서 있었다. 지팡이를 든 어느 석씨가 안색을 고치고 화를 내어 야수타라를 꾸짖었다. "이 더러운 것아, 너무도 창피한 일이다. 우리 종족을 욕되게 해 놓고 무슨 낯짝으로 우리 앞에 섰느냐?"

비뉴천(毘紐天)이라는 석씨가 있었는데 그는 야수타라의 외삼촌이다. 그는 야수타라에게 말하였다 "더럽고 어리석기 너보다 더할 이가 없을 것이다. 외삼촌에게 사실대로 말하라. 너는 어떤 놈한테서 그 아이를 얻었느냐?"

그러나 야수타라는 조금도 부끄럼이 없이 정직하게 말하였다. "집을 떠난 종족 실달에게서 이 아이를 얻었습니다."

정반왕은 이 말을 듣고 화를 내면서 말하였다. "그 아이를 생각하지 않고 딴 말을 하는구나. 참이거나 거짓이거나 여러 석씨들은 다 안다. 내 아들 실달은 본래 집에 있을 때부터 오욕(五慾)이 있다는 말을 귀로도 듣지 않았는데, 하물며 욕심(慾心)이 있어 아이를 낳았겠느냐? 그 따위 말은 실로 야비하고 무례하다. 누구에게서 아이를 얻어 가지고 우리를 욕되게 하는가? 그것은 진실로 거짓이요 정직한 법이 아니다.

내 아들 실달은 옛날 집에 있을 때 어떤 보물이나 맛난 음식에도 조금도 집착하지 않았다. 그런데 하물며 지금 고행하면서 하루에 마미(麻米) 하나를 먹고 있을 때이겠느냐?"

그런 비방을 듣고 정반왕은 더욱 화를 내어 여러 석씨들에게 물었다. "지금 저것을 어떻게 괴롭고 독하게 죽이면 좋을까?"

어떤 석씨는 말하였다. "내 생각 같아서는 불구덩이를 만들고, 저 모자를 그 속에 던져 조금도 남는 것이 없게 하였으면 합니다."

여러 사람도 모두 그것이 가장 좋다 하고, 곧 불구덩이를 파고 그 안에 거타라(佉陀羅) 나무를 쌓아 불을 붙이고는 야수타라를 끌고 그 곁으로 갔다.

야수타라는 그 불구덩이를 보고서야 비로소 놀라고 두려워하였다. 마치 들사슴이 혼자 동산에 있을 때 아무 데도 의지할 곳이 없는 것처럼, 야수타라는 스스로 꾸짖되, 아무 죄도 없는데 이런 화를 받는다 하고, 여러 석씨들을 둘러보았으나 아무도 자기를 구원할 이가 없었다.

그래서 야수타라는 아기를 안고 길이 탄식하고는, 보살을 생각하면서 '당신은 자비가 있어 일체 중생을 가엾이 여기십니다. 그러므로 모든 하늘과 귀신들도 모두 당신을 공경합니다. 지금 우리 모자는 복이 엷어 아무 죄도 없이 고통을 받는데, 보살은 왜 생각하지 않으며, 왜 우리 모자를 오늘의 이 액운에서 구하시지 않습니까? 어떤 하늘 선신도 우리를 생각하지 않습니다. 옛날 보살이 여러 석씨들 가운데 계실 때에는 마치 보름달이 뭇 별 가운데 있는 것과 같았는데, 지금은 다시 볼 수 없습니다' 하고, 곧 부처님 계신 곳을 향하여 일심으로 경례하였다.

그리고 다시 여러 석씨들에게 절하고는 불을 향해 합장하고 진실한 말을 하였다. "이 아이는 진실로 남에게서 생긴 것이 아니다. 만 6년 동안 내 태 안에 있은 사실이 진실이요 거짓이 아니라면 마침내 이 불은 우리 모자를 태워 죽이지 않고 스스로 꺼질 것이다."

이렇게 말하고 곧 불구덩이 속으로 뛰어들었다. 그러자 그 불구덩이는 못으로 변하고 자기 몸은 연꽃 위에 있음을 보았다.

그녀는 조금도 두려움이 없이 온화하고 즐거운 안색으로 여러 석씨들을 향해 합장하고 말하였다. "만일 내 말이 거짓이었더라면 곧 타 죽었을 것입니다. 이 아이는 진실로 보살의 아들입니다. 나는 진실한 말로 불의 화를 면하였습니다."

어떤 석씨는 말하였다. "그 형상을 보면 놀라거나 두려워하지 않는다. 그로 미루어 보아 그것이 진실인 것을 알 수 있다."

또 어떤 석씨는 말하였다. "불구덩이가 맑은 못으로 변하였다. 그것을 증험하여 그의 허물이 없음을 알겠다."

그때 여러 석씨들은 야수타라를 데리고 궁중으로 돌아가, 더욱 공경하고 찬탄하였다. 그리고 그녀를 위해 유모를 구하여 아들을 받들어 섬기게 하였는데 처음 낳은 때와 조금도 다름이 없었다.

할아버지 정반왕은 손자를 매우 사랑하고 소중히 여겨 라후라가 보이지 않으면 밥을 먹지 않았다. 그리고 보살 생각이 날 때에는 라후라를 안고 그 시름을 잊었다. 간략히 이 사실을 말하면, 6년이 지난 뒤에 정반왕은 부처님을 간절히 사모하여 사람을 보내어 부처님을 청하였다. 부처님께서는 가엾이 여겨 본국으로 돌아가셨다.

석씨 궁전에 이르시자 부처님께서는 1천 2백50 비구로 변하셨다. 그들은 모두 부처님 몸과 같았고, 빛나는 모양도 다름이 없었다. 야수타라는 라후라에게 말하였다. "어느 분이 너의 아버지

시냐? 그 곁으로 가라." 그때 라후라는 부처님께 나아가 예배하고, 부처님의 왼쪽 발 곁에 섰다. 부처님께서는 곧 한량이 없는 겁 동안 닦은 공덕으로 된, 바퀴 모양이 있는 손으로 라후라의 정수리를 어루만지셨다.

그때 여러 석씨들은 모두 이렇게 생각하였다. "부처님께서는 지금도 사사로이 사랑하는 마음이 있구나." 부처님께서는 여러 석씨들의 마음 속 생각을 아시고, 다음 게송(偈頌)으로 말씀하셨다.

나는 왕의 권속이나
또 낳은 아들을
치우치게 사랑하는 마음이 없고
다만 손으로 정수리를 만졌다.

나는 갖가지 번뇌 다하여
사랑과 미움이 아주 다 없어졌다.
너희들은 의심을 가지지 말라.
아들에 대하여 망설이고 있다고.

이 애도 장차 집을 떠나게 하여
거듭 나의 법 아들로 만들 것이니
그의 공덕을 간단히 말하면
이 애는 집을 떠나 참도를 배워
반드시 아라한(阿羅漢)을 이룰 것이다.

118. 늙은 바라문이 아첨과 거짓을 물은 인연

모든 교활과 거짓과 간사와 홀림은 그 겉모양은 곧은 듯하지마는 속에는 간악과 속임을 품고 있다. 그러므로 지혜로운 사람은 참과 거짓을 잘 분별해야 하느니라.

옛날 어떤 바라문이 나이 늙어 젊은 아내를 맞이하였다. 아내는 남편이 늙은 것을 꺼리어 쉬지 않고 딴 남자와 정을 통하였다. 음욕에 맛을 붙여 남편을 속이고 연회를 베풀어 젊은 바라문들을 청하였다.

그러나 남편은 아내의 간음하는 버릇을 알기 때문에 연회를 계속하는 것을 즐겨하지 않았다. 아내는 갖가지 꾀를 써서 남편을 현혹하였다. 늙은 바라문의 전처 아들이 불 속에 떨어졌다. 그때 젊은 아내는 눈으로 보고도 아이를 붙들지 않고 떨어지게 하였다.

바라문은 말하였다. "아이가 지금 불에 떨어지는데 왜 붙들지 않았는가?"

아내는 대답하였다. "나는 젊어서부터 나의 남편만 가까이하고, 일찍이 다른 남자를 붙든 일이 없었는데, 어떻게 갑자기 이 사내아이를 붙들라고 하십니까?"

바라문은 그 말을 듣고 그렇겠다 생각하고, 아내를 믿는다고 말하였다. 그리고 그 집에 큰 연회를 열고 바라문들을 모았다. 그러자 아내는 여러 사람들과 정(情)을 통하였다. 바라문은 이 사실을 알자 분하고 원통(冤痛)하여 보물을 모아 옷에 싸 가지고는 아내를 버리고 집을 떠났다.

집을 떠나 멀리 가는 도중에 어떤 바라문을 만나 동행하게 되었다. 해가 저물어 어느 집에서 같이 자고, 이튿날 아침에 다시 길을 떠났다. 주인 집을 떠나 차츰 길이 멀어지려 할 때에 그 바라문은 늙은 바라문에게 말하였다.

"어제 밤 자던 집에서 풀잎 하나가 내 옷에 붙어 왔습니다. 나는 젊을 때부터 남의 물건을 침노하지 않았는데, 지금 이 잎이 내게 붙어 왔으니, 나는 매우 부끄럽습니다.

이것을 그 주인에게 돌려주고 오겠습니다. 당신은 여기서 기다리십시오."

늙은 바라문은 이 말을 듣고, 그를 깊이 믿어 더욱 사랑하고 존경하면서 기다리기를 승낙하였다. 그 바라문은 거짓으로 그 풀잎을 주인에게 돌려주려고 떠났다. 얼마 가지 않아 어떤 산골짜기에 들어가 드러누웠다가 한참 만에 돌아와 말하였다. "그 풀잎을 주인에게 돌려주었습니다."

늙은 바라문은 그렇게 믿고 더욱 사랑하고 존경하였다. 늙은 바라문은 마침내 대소변이 보고 싶었다. 대소변을 보고 그것을 씻으려고, 보물을 그에게 맡겼다. 그는 그 보물을 가지고 곧 달아났다.

늙은 바라문은 자기 보물을 도둑맞은 것을 보고, 그 사람을 원망하고 탄식하였다. 그리고 스스로 슬퍼하고 근심하고 고민하면서 다시 길을 떠났다. 조금 가다가 어떤 나무 밑에 쉬고 있을 때, 황새 한 마리가 입에 풀을 물고 여러 새들에게 말하는 것을 보았다. "우리는 서로 가엾이 여기면서 한 곳에 모여 같이 살자."

여러 새들은 그 말을 믿고 모두 모여 왔다. 그때 황새는 여러 새들이 모두 밖에 나간 틈을 엿보아 그들의 둥우리로 가서 알을 쪼아 즙을 마시고 그 새끼들을 잡아먹었다. 그리고는 새들이 올 때가 되자 다시 풀을 물고 있었다. 새들이 돌아와 그 사실을 보고 모두 그를 꾸짖었으나 황새는 버티며 말하였다. "나는 그러지 않았다." 그때 여러 새들은 그것이 거짓임을 알고, 모두 그를 버리고 떠났다.

　그 나무 밑에서 조금 있다가 집을 떠난 어떤 외도(外道)를 만났다. 누더기 옷을 입고 조용하고 천천히 걸으면서 말하였다. "가거라 가거라, 중생들아."

　바라문은 물었다. "왜 나란히 걸어가면서 입으로 가거라 가거라고 외치는가?"

　외도는 대답하였다. "나는 집을 떠난 사람으로서 일체 중생을 가엾이 여기기 때문에 저 개미 따위를 해칠까 두려워하여 그렇게 하는 것입니다."

　그러자 늙은 바라문은 그 외도가 입으로 그렇게 하는 말을 듣고, 돈독히 믿는 마음이 생겨 그를 따라 그 집으로 갔다.

　날이 저물어 그는 바라문에게 말하였다. "나는 고요히 내 마음을 닦아야겠습니다. 당신은 딴 방에 가서 누워 주무십시오."

　그때 바라문은 도를 닦는다는 말을 듣고 마음으로 매우 기뻐하였다. 그러나 밤중이 지나자 풍류를 잡히어 노래하고 춤추는 소리만이 들렸다. 바라문은 곧 나가 보아 그것이 집을 떠난 외도의 방임을 알았고, 땅 밑에서 여자가 나와 그와 정(情)을 통하는 것을 보았다.

　그리고 여자가 춤을 추면 그 외도(外道)는 거문고를 타고 외도가 춤을 추면 그 여자가 거문고를 탔다. 바라문은 이것을 보고 스스로 생각하였다. '천하 만물은 사람이나 짐승이나 할 것 없이 하나도 믿을 것이 없구나.' 그리고 게송(偈頌)을 읊었다.

　　남의 남자(男子)를 붙들지 않기
　　그 주인(主人)에게 풀잎을 돌려주기
　　황새가 거짓으로 풀을 머금기

외도(外道)가 벌레 다칠까 두려워하기
이러한 모든 아첨(阿諂)하고 거짓된 말
그것들 아무 것도 믿을 것 없네.

그때 나라 안에 집이 아주 부자인 한 장자가 있어 진귀한 보물이 많았다. 그런데 어느 날 밤에 재물들을 많이 잃어버렸다. 그때 왕은 이런 사실을 듣고 장자에게 물었다. "누가 와서 가져가 잃어버리게 되었는가?"

장자는 아뢰었다. "처음에는 간악하고 난잡함이 없이 함께 왕래했습니다. 그런데 어떤 한 바라문이 오랫동안 함께 출입했는데 몸을 청결하게 하여 세상의 물건들을 범하지 않고 풀 잎사귀로 옷을 만들어 입고는 오히려 주인에게 돌려주었습니다. 그 이후로는 다시 이상한 사람이 없었습니다."

왕은 이 말을 듣고 바라문을 잡고 추궁하였다.

그때 장자가 왕에게 가서 아뢰었다. "저 사람의 정결한 행실은 세상에 비길 데가 없습니다. 그런데 어찌하여 하루 아침에 구속하려 합니까? 차라리 재물을 잃어버려도 좋으니, 놓아 주었으면 합니다."

왕은 대답하였다. "나는 예전에 이와 같은 비유를 들은 적이 있으니, 밖으로는 거짓으로 청정한 듯하지만 안으로는 간악함을 품은 것이라 했다. 너는 근심하지 말고 내가 사실을 조사하는 대로 따라라."

이렇게 말하고, 즉시 조사하여 추궁하니, 변명할 말이 궁하고 이치상 막히자 사실대로 엎드려 자수하였다. 그러므로 지혜(智慧)로운 자는 거울처럼 세상에 처하여 진실과 거짓을 잘 분별하여 세상을 인도하는 스승이 되어야 하느니라.

119. 바라문의 아내가 시어머니를 죽이려 한 인연

옛날 어떤 바라문이 있었다. 그의 아내는 한창 젊어 얼굴은 곱고 아름다우며, 정욕(情慾)은 깊고 무거워 그 뜻은 음탕(淫蕩)한 데만 있었다. 그러나 시어머니가 있기 때문에 마음대로 하지 못하였다. 그래서 가만히 간악한 꾀를 내어 시어머니를 해치려 하였다. 거짓으로 효양하여 남편의 마음을 미혹시키면서 아침 저녁으로 정성껏 이바지하여 조금도 모자람이 없었다.

남편은 기뻐하여 아내에게 말하였다. "당신이 지금 어머니를 공양하는 것은 효도하는 며느리가 할 일이오. 우리 어머니가 늘그막에 의지할 곳은 당신 힘뿐이오."

아내는 대답하였다. "지금 제가 이 세상에서 받드는 공양은 얼마 남지 않았습니다. 만일 하늘의 공양을 받는다면 제 소원은 만족할 것입니다. 혹 하늘에 날 어떤 묘한 법이 없습니까?"

남편은 대답하였다. "바라문 법에 바위에서 떨어지거나 불 속으로 들어가거나 다섯 가지 뜨거움으로 몸을 지지는 등 이런 일을 행하면 곧 천상에 난다고 하였소."

아내는 말하였다. "만일 그런 법이 있다면 시어머님은 하늘에 나서 자연의 공양을 받으실 일이지 무엇하러 애써서 세상 공양을 받겠습니까?"

이렇게 말하자 남편은 그 말을 믿고, 곧 들밭에 큰 불구덩이를 파고는 나무섶을 많이 쌓아 아주 사납게 불을 붙였다. 그리고 그 위에 큰 연회를 베풀고 늙은 어머니를 모시고는 친족들을 불러 모았다. 바라문들은 모두 거기 모여 음악과 노래로 종일토록 즐겼다.

손님들은 모두 흩어지고 어머니만 혼자 남았다. 부부는 어머니를 데리고 불구덩이 있는 곳으로 가서 어머니를 불구덩에 밀어 넣고는 돌아보지도 않고 달아났다. 그때 그 불구덩이 안에 마침 조그만 발판이 있었다.

어머니는 그 발판 위에 걸려 마침내 불에는 떨어지지 않았다. 어머니는 곧 그 구덩이에서 나왔다. 날이 이미 어두웠으므로 올 때의 자취를 더듬어 집으로 향하였다. 숲속을 지나게 되었는데, 사방이 깜깜하였다. 호랑이와 나찰 귀신들이 두려워 노모는 낮은 나무를 더위잡고 올라가 그 두려움을 피하고 있었다.

그때 마침 도적(盜賊)들이 많은 재보(財寶)를 훔쳐 와서 떼를 지어 그 나무 밑에서 쉬고 있었다. 그는 겁이 나서 꼼짝도 않고 있다가, 나오는 기침을 누를 수 없어 그만 나무 위에서 기침을 하였다. 도적들은 그 기침 소리를 듣자 저것은 악귀라 생각하고, 그 재보를 버린 채 모두 흩어져 달아났다.

새벽녘이 되어 노모는 아무 두려움 없이 태연히 나무에서 내려왔다. 거기서 그 보물들을 가지어 향기로운 영락과 온갖 구슬과 금팔찌와 귀고리 등 여러 가지 진귀한 물건을 가득 지고 집으로 돌아갔다.

그들 부부는 어머니를 보고 깜짝 놀라면서 저것은 기시귀(起尸鬼)라 생각하고 감히 가까이 가지 못하였다.

어머니는 그들에게 말하였다. "나는 죽어 하늘에 나서 이런 재보를 많이 얻었다."

그리고 그 며느리에게 말하였다. "이 향기로운 영락과 구슬·금팔찌·귀고리 등은 네 부모와 고모부·이모부·자매들이 가지고 와서 너에게 준 것이다. 나는 늙고 약하기 때문에 많이 가지고 오지 못하였다. 그리고 '너에게 말하여 오게 하면 얼마든지 주리라'라고 하였다."

며느리는 이 말을 듣고 못내 기뻐하면서 시어머니가 한 법처럼 불구덩이에 몸을 던지고자 하여 그 남편에게 아뢰었다. "늙으신 시어머님은 불구덩이에 몸을 던졌기 때문에 이런 재보를 얻었습니다. 그러나 힘이 약하여 많이 지고 오지 못하였다니 내가 가면 반드시 많이 얻어 올 수 있을 것입니다."

남편은 그 말대로 불구덩이를 만들었다. 아내는 거기에 몸을 던져 몸이 타서 아주 죽고 말았다. 그때 여러 하늘들은 게송(偈頌)으로 말하였다.

대개 사람은 높은 이에게
부디 나쁜 생각 내지 말지니
며느리가 시어머니 해치려다가
도리어 제 몸 태워 죽는 것 같으리.

120. 까마귀가 올빼미의 은혜를 원수(怨讐)로 갚은 인연(因緣)

옛날에 까마귀와 올빼미가 있었는데 그들은 서로 미워하는 원수(怨讐) 사이였다. 까마귀는, 올빼미가 보지 못하는 것을 알고 낮을 기다려 올빼미 떼를 밟아 죽여 그 고기를 먹었고, 올빼미는 밤이 되면 까마귀의 눈이 어두움을 알고 까마귀 떼를 쪼아 창자를 내어 먹었다. 이렇게 낮과 밤을 두려워하면서 그칠 새가 없었다.

그때 까마귀 떼 가운데 한 지혜로운 까마귀가 여러 까마귀들에게 말하였다. "서로 원망하고 미워하면 구제할 길이 없고, 끝끝내 서로 죽이면 양쪽이 다 보전할 수 없다. 어떤 방법을 써서라도 저 올빼미들을 아주 없애 버려야 우리는 즐거이 살 수 있다. 만일 그렇게 하지 않으면 마침내 우리가 패하게 될 것이다."

까마귀들은 말하였다. "네 말과 같다. 어떤 방편을 써야 저 올빼미들을 모두 죽일 수 있겠는가?"

지혜로운 까마귀는 말하였다. "너희들 모두 나를 쪼아서 내 깃털을 뽑고 내 머리를 쪼아서 부숴라. 내가 계략을 세워 반드시 모두 없애겠다." 그러자 모두 그 말대로 하였다.

지혜(智慧)로운 까마귀는 가엾은 꼴을 하고 올빼미들이 사는 굴 밖에 가서 슬피 울었다. 올빼미는 그 소리를 듣고 나와 말하였다. "너는 지금 왜 머리가 부서지고 털이 빠진 채로 여기 와서 슬피 울면서 괴로워하는가, 무슨 할 말이 있는가?"

까마귀가 말하였다. "여러 까마귀들이 나를 미워하기 때문에 나는 살 수가 없다. 그래서 여기 와서 몸을 던져 저 원수들을 피하고자 하는 것이다."

그때 올빼미는 가엾게 여겨 그를 기르려고 하였다. 그러자 여러 올빼미들은 말하였다. "그는 우리 원수(怨讐)다. 가까이 할 수 없다. 무엇 때문에 원수를 기르려고 하는가?"

그러자 올빼미가 말하였다. "그는 지금 매우 곤고하여 우리에게 와서 몸을 의지하려 한다. 그 고단한 신세를 어떻게 하겠는가?"

드디어 그를 기르면서 남는 고기를 주어 먹였다. 얼마 지나 까마귀는 털이 회복되었다. 까마귀는 거짓으로 기뻐하면서 가만히 꾀를 내었다. 마른 나뭇가지와 풀을 물고 와서 올빼미 굴에 쌓으면서 무슨 은혜를 갚는 체하였다.

그러자 올빼미는 물었다. "무엇하러 그러는가?"

까마귀는 대답하였다. "이 굴 속은 순전히 찬 돌뿐이다. 그러므로 이것으로써 추운 바람을 막으려는 것이다."

올빼미는 그러려니 생각하고 잠자코 있었다. 그래서 까마귀는 굴을 지키면서 거짓으로 심부름꾼이 되었다.

그때 마침 심한 눈이 내려 추위가 대단하였다. 올빼미들은 모두 굴 속으로 모여들었다. 까마귀는 그 기회를 만나 기뻐하면서 소치는 사람의 불을 몰고 와서 굴 속에 불을 질렀다. 그래서 올빼미들은 한꺼번에 모두 타 죽고 말았다.

그때 여러 하늘들은 게송(偈頌)으로 말하였다.

오랜 갈등이 있는 사이에서는
그를 너무 믿지 말라.
까마귀가 거짓으로 착한 체하여
올빼미들을 태워 죽인 것 같으리.

121. 여종이 염소와 싸운 인연

옛날 어떤 여종(女嫝)이 있었다. 그는 성질이 얌전하고 청렴하여 항상 주인을 위하여 보리와 콩을 관리하였다. 그때 그 집에 있는 숫양이 빈틈을 엿보아 보리와 콩을 먹어 한말 쯤이나 축을 내었다. 그래서 주인에게 꾸중을 들었다. 그는 주인이 자기를 믿지 않는 것은 모두 저 양(羊)이 먹었기 때문이라고 생각하였다.

그 때문에 그는 양(羊)을 미워하여 막대기로 양을 쳤다. 그러면 양(羊)도 성을 내어 그 여종을 들이받았다. 이렇게 하기가 한두 번이 아니었다.

어느 날 여종은 빈 손에 불을 가지고 있었다. 양은 그 손에 막대기가 없는 것을 보고, 곧 쫓아와 여종을 들이받았다. 여종은 황급하여 가졌던 불을 양 잔등에 던졌다. 양은 뜨거움을 못 견뎌 사방으로 뛰어다녔다.

그래서 그 불은 마을 사람들을 태우고 또 산과 들에까지 번져 갔다. 그때 그 산에는 5백 마리 원숭이가 있었는데, 불어오는 불길을 피할 수가 없어 한꺼번에 타 죽고 말았다. 여러 하늘들은 그것을 보고 게송(偈頌)으로 말하였다.

성내어 서로 싸우는
그 사이에는 머물지 말라.
숫양과 여종이 싸우는 바람에
마을 사람들과 원숭이가 죽었느니라.

잡보장경 雜寶藏經

1판1쇄 펴낸날 2021년 9월 2일
한역 길가야吉迦夜 · 담요曇曜 **편역** 제안용하
발행인 김재경 **편집 · 디자인** 김성우 **마케팅** 권태형 **제작** 경희정보인쇄
펴낸곳 도서출판 비움과소통(blog.daum.net/kudoyukjung)
　　　　경기 평택시 목천로 65-15 송탄역서희스타힐스 102동 601호
　　　　전화 031-667-8739 팩스 0505-115-2068
　　　　이메일 buddhapia5@daum.net

© 제안용하, 2021
ISBN 979-11-6016-079-6 03220